Calum MacLean arbeitet als Killer, aber sein neuester Auftrag, so hat er entschieden, wird sein letzter sein. Er will raus. Für den Unterweltboss Peter Jamieson muss er zwei Leute erledigen: den Buchhalter von Shug Francis, Jamiesons Gegenspieler im Glasgower Verbrechermilieu; und Kenny McBride, Jamiesons Fahrer, der dummerweise zu viel an die Polizei ausgeplaudert hat. Danach, glaubt Calum, hat er eine Chance auszusteigen und zu verschwinden. Aber sein Auftraggeber Jamieson befindet sich mitten im finalen Machtkampf um die Herrschaft in der Glasgower Szene. Das Letzte, was er in dieser Situation brauchen kann, ist, dass sein Auftragskiller abhaut. Also jagt er Calum, und auch die Polizei ist dem Killer auf der Spur ...
»Herausragend!« The Times

Malcolm Mackay stammt aus Stornoway in Schottland. Er kennt Glasgow gut. Sein erster Roman wurde für den »New Blood Dagger« nominiert. Auch die beiden weiteren Thriller seiner ›Glasgow-Trilogie‹ sind bereits Bestseller in Großbritannien. Mackay wurde mit dem »Scottish Crime Book of the Year Award« ausgezeichnet und wird von der Presse als die wichtigste neue Krimistimme Schottlands gefeiert.

Weitere Bücher des Autors:
›Der unvermeidliche Tod des Lewis Winter‹
›Der Killer hat das letzte Wort‹

Weitere Informationen finden Sie auf
www.fischerverlage.de

Malcolm Mackay

Der Killer hat genug vom Töten

Thriller

Aus dem Englischen von
Thomas Gunkel

FISCHER Taschenbuch

Deutsche Erstausgabe
Erschienen bei FISCHER Taschenbuch
Frankfurt am Main, August 2016

Die Originalausgabe erschien 2014
unter dem Titel ›The Sudden Arrival of Violence‹
bei Mantle/Macmillan, London
© Malcolm Mackay 2014

Für die deutschsprachige Ausgabe:
© 2016 S. Fischer Verlag GmbH, Hedderichstr. 114,
D-60596 Frankfurt am Main
Satz: Pinkuin Satz und Datentechnik, Berlin
Druck und Bindung: CPI books GmbH, Leck
Printed in Germany
ISBN 978-3-596-03061-3

Personen

Calum MacLean – So viel Talent, doch er will es nicht nutzen. Hat sein Können als Killer bei Frank gezeigt, einem Mann, der ihm viel bedeutet hat. Jetzt will er ein anderes Leben.

Peter Jamieson – Zu viel Unruhe, zu viel Verrat. Jetzt muss er sich wieder den Dingen widmen, die er am besten kann: Feinde ausschalten und mit seinen Organisationen Geld verdienen.

John Young – Es war hart, als Frank ihnen in den Rücken fiel. Doch jetzt gehen sie zum Angriff über, mit dem Planer Young als Jamiesons rechte Hand.

DI Michael Fisher – Die Fälle sind ihm durch die Finger geglitten. Mögliche Informanten weggebröckelt. Die anderen fangen schon an zu reden. Vielleicht ist er nicht mehr der fähigste Polizist der Stadt.

William MacLean – Jahrelang hat er sich um seinen kleinen Bruder Calum Sorgen gemacht. Er würde alles tun, ihm helfen, sein Leben als Killer aufzugeben.

Hugh ›Shug‹ Francis – Wer ins Geschäft einsteigt, lernt als Erstes, dass man das nicht allein durchziehen kann. Doch mit den richtigen Verbündeten kann alles gutgehen.

David ›Fizzy‹ Waters – Er ist Shugs rechte Hand und würde alles für ihn tun. Doch das verlangt Risiken und Opfer, die ihm gegen den Strich gehen.

Kenny McBride – Er ist bloß Fahrer, wird aber langsam nervös. Ist zu Fisher gegangen und hat geplaudert. Doch solange Jamieson nichts erfährt, ist es kein Problem.

Shaun Hutton – Shugs Killer, was bisher ein Kinderspiel war. Er kennt alle Tricks und ist mit den richtigen Leuten befreundet.

George Daly – Gibt sich damit zufrieden, für Jamieson die Muskeln spielen zu lassen, aber dieses Talent erweist sich als Unglück. Jemand anders erwartet mehr, zum Beispiel, dass man Freunde verrät.

Deana Burke – Sie liebt Kenny, doch manchmal ist er ziemlich feige. Sie hat ihn gedrängt, zur Polizei zu gehen, und hofft, es fällt nicht auf sie zurück.

Richard Hardy – Mit jahrzehntelanger Erfahrung als Buchhalter weiß er, wie man Bilanzen fälscht. Shug hat ihm seine gesamten Finanzen anvertraut.

Alex MacArthur – Stillstand macht einen nicht zu einem der größten Gangster der Stadt. Man darf sich keine Gelegenheit entgehen lassen und muss überall seinen Profit suchen.

Nate Colgan – Vielleicht der einschüchterndste Mann der Stadt. Man bezahlt ihn, er erledigt den Auftrag und erwartet im Gegenzug keine Freundschaft.

PC Joseph Higgins – Ist er korrupt, weil er mit Young redet? Gut, er redet, doch er tut sein Bestes, und mit zunehmendem Selbstvertrauen wird sein Bestes immer besser.

PC Paul Greig – Je größer das Netz, das man spinnt, umso wahrscheinlicher, dass man sich selbst darin verfängt. Wie lange kann man so weitermachen wie er?

Don Park – Viele halten ihn für MacArthurs natürlichen Nachfolger. Als einer seiner führenden Leute glaubt er, dass ihm die Zukunft gehört.

Barry Fairly – Im Geschäft immer unverzichtbar sind gefälschte Pässe. Ein guter Fälscher wie Barry kann groß abkassieren, solange er sich keine Feinde macht.

Frank MacLeod – Ein legendärer Killer, für Jamieson eine Vaterfigur. Doch er hat's vermasselt und fand sich nicht damit ab, dass er in den Ruhestand geschickt werden sollte. Jamieson blieb nichts anderes übrig, als ihn zu beseitigen.

DC Ian Davies – Wenn er weiter mit Fisher im selben Büro sitzt, könnte es tatsächlich passieren, dass er irgendwann richtig arbeiten muss.

Emma Munro – Aus ihrer Beziehung mit Calum hätte was werden können, wenn sie nicht rausgefunden hätte, womit er sein Geld verdient. Doch Young wollte es so, und sie hat Calum verlassen.

Kirk Webster – Jemanden wie Kirk will man eigentlich nicht beschäftigen, doch vielen bleibt nichts anderes übrig. Er arbeitet für eine Telefongesellschaft, was ihn zu einem nützlichen Idioten macht.

DCI Anthony Reid – Die Leute verlieren den Glauben an Fisher, doch eigentlich zählt nur, was Reid von ihm hält. Vorerst glaubt er an seinen beharrlichsten Mann.

Elaine Francis – Sie liebt ihren Mann, sieht aber, dass Shug nicht mehr derselbe ist. Er trifft Entscheidungen, die ihr Leben und das ihrer Kinder verändern, doch sie darf nichts sagen.

Tommy Scott – Als er für Shug zu dealen anfing, hatte er große Ambitionen. Er glaubt, Frank bezwungen zu haben, bis Calum auftauchte und ihn erledigte.

Andy ›Nullchecker‹ McClure – Nullchecker folgte Tommy auf Schritt und Tritt, auch ins Grab. Calum hat beide ausgeschaltet, Frank gerettet und Nullchecker einen Mord mit anschließendem Selbstmord angehängt.

Lewis Winter – Er war Shugs erster Versuch, ins Drogengeschäft einzusteigen. Ein schlechter Versuch, und Calum hat ihn problemlos in Jamiesons Auftrag beseitigt.

Glen Davidson – Shugs zweiter Versuch. Ein unbedachter Plan, um Calum auszuschalten, der mit Davidsons Tod endete und Shug wieder bei null anfangen ließ.

PC Marcus Matheson – Junge Polizisten müssen ihre Chefs auf sich aufmerksam machen, einen guten Eindruck hinterlassen. Matheson tut sein Bestes.

Roy Bowles – Ein kleiner alter Mann, stets die Nettigkeit in Person. Jahrzehntelang hat er Leuten wie Calum Waffen verkauft und ist indirekt für jede Menge Leichen verantwortlich.

Des Collins – Einer von Alex MacArthurs Killern. Ein zäher Brocken mit einer allgemein bekannten Erfolgsbilanz.

Alan Bavidge – Schien ein wirklich netter Kerl zu sein, doch ihn umgab stets was Düsteres. Arbeitete für Billy Patterson, das sagt schon eine ganze Menge. Irgendwann wurde er umgelegt.

Billy Patterson – Er leitet ein professionelles Unternehmen. Schulden eintreiben und so. Hat es immer verstanden, niemandem ins Handwerk zu pfuschen.

Helen Harrison – Eine sympathische Frau in mittlerem Alter, arbeitet für eine gute Sache, an die sie glaubt. Ihr Büro liegt direkt gegenüber von dem des netten Mr. Hardy.

Ashraf Dutta – Auch er hat Hardy seine Finanzen anvertraut. Mr. Dutta hat weniger zu verbergen und macht sich mehr Sorgen um seinen Buchhalter.

PC Tom McIntyre – Wenn man schon fast zehn Jahre PC ist, nervt die Begeisterung der jüngeren Kollegen.

Tony O'Connor – Die Stärke von Shugs Autoschieberring sind Männer wie Tony. Ein langjähriger Freund, ein ausgezeichneter, verlässlicher Mann für die Leitung einer Werkstatt.

Maurice »Sly« Cooper – Schon seit Jahren mit William MacLean befreundet. Alle mögen William; niemand weiß was über seinen Bruder.

Morven Rae – Sie war sechs Jahre lang Williams Freundin, dennoch würde er sie nicht heiraten. Sie hat ihn verlassen, und William will nicht darüber reden.

Kevin Currie – Einer von Jamiesons Spitzenverdienern: steuerfreie Zigaretten und Alkohol. Ein selbstsicherer Typ, wie er in jeder Organisation gebraucht wird.

Angus Lafferty – Ein weiteres wichtiges Rädchen in Jamiesons Maschinerie. Ein Drogenimporteur, der im Geschäftsablauf eine Schlüsselrolle spielt, und ein gewinnbringender Mann. Das macht ihn beliebt.

DC Curtis Baird – Er ist nicht bemüht, anonym zu bleiben, wie DC Davies, doch das wird ihm durch Fishers Dominanz aufgedrängt.

Marty Jones – Nur zu ertragen wegen der Profite, die er mit Frauen und Geldgeschäften macht. Versucht sich wieder einzuschleimen, nachdem er von diesen Profiten mehr für sich behalten hat, als er sollte.

Potty Cruickshank – Ein Kredithai der zweiten Generation, und in jeder Hinsicht einer der größten Fische in der Stadt. Fett, furchterregend und steht nur auf Leute, die er beherrschen und ausbeuten kann.

Bobby Wayne – Hat ein großes Lagerhaus in der Stadt, das Leute wie Peter Jamieson benutzen, um ihre Ware durchzuschleusen.

Greg Lacock – Ein korpulenter, überheblicher Kerl mittleren Alters, der irrtümlicherweise dachte, er könnte einer der Großen werden. Calums erster Auftraggeber.

Alasdair Marston – Der Vorbesitzer von Williams Werkstatt und ein Freund von Lacock. Er stellte William ein, Lacock heuerte Calum an.

Stan Austin – War ein alter Schulfreund von William, arbeitete für Lacock. Nach einer Eigenmächtigkeit schickte ihm Lacock Calum auf den Hals.

David Kirkpatrick – War anscheinend eine Bedrohung für Lacock und seine Geschäfte. Der Erste, den Calum beseitigen sollte.

Charles Simpson – Ein guter Anwalt. Gut bedeutet teuer. Nur jemand wie Peter Jamieson kann sich ihn leisten.

1

Er arbeitet länger als geplant. Inzwischen ist es schon nach sieben. Zeit, Schluss zu machen. Er räumt die Papiere weg. Alles in die Aktenordner, die säuberlich im Regal aufgereiht sind. Die nimmt er sich morgen wieder vor. Langweilige Arbeit, klar, aber damit hat er sich längst abgefunden. Er ist seit fünfunddreißig Jahren Buchhalter; da findet man sich mit vielem ab. Wenn es was Bedeutenderes wäre, wär's vielleicht anders. Vor langer Zeit, als er noch voller Ehrgeiz war, hat er geglaubt, er würde später mal was Aufregendes machen. Das hat er sich abgeschminkt. Richard Hardy ist mit dem Erreichten zufrieden. Ein Einmannbetrieb. Ein kleines Büro in einem bescheidenen Gebäude, er betreut eine auserlesene Gruppe treuer Klienten. Im Erdgeschoss sind zwei Büros; die Leute da kriegt er nicht oft zu Gesicht. Auf der anderen Seite des Flurs hat ein kleiner Wohltätigkeitsverein seinen Sitz – irgendwas für Kinder bettelarmer Familien. Geführt von zwei herzensguten Frauen in mittlerem Alter. Richard hatte mal eine Sekretärin, doch die musste er entlassen. Harte Zeiten. Aber er kommt zurecht.

Dass seine Klienten ihm treu sind, liegt an seiner Arbeitsauffassung. Zuverlässig, solide, verschwiegen. Die meisten von ihnen sind Kleinunternehmer, auf den ersten Blick durchaus ehrlich. Wollen bloß ab und zu eine günstige Gelegenheit nutzen. Es ist schwer für sie, das versteht Richard. Wenn man Gelder verschiebt, kann der Klient was sparen. In seinen Augen hat das nichts Unmoralisches. Diese Leute arbeiten hart; er verhilft ihnen zum größtmöglichen Verdienst. Das ist vielleicht nicht unbedingt legal, aber die Justiz hat bestimmt größere Probleme.

Er nimmt seinen Mantel vom Haken an der Bürotür. Draußen ist es kalt. Er hat's nicht eilig. Zu Hause wartet niemand auf ihn. Seine Frau ist schon seit zwölf Jahren tot; sie hatten keine Kinder. War eher ihre Entscheidung als seine. Solange sie lebte, war ihm das egal. Doch nach ihrem Tod wurde es einsam. Da wär's schön gewesen, eine Familie zu haben. Zwölf Stunden Arbeit mindern die Einsamkeit. Die Geschäftsbücher sind seine Kinder geworden. Der Gedanke hat was Trauriges und Erbärmliches.

Er schließt die Bürotür sorgfältig ab. Inzwischen ist das hier eine nette Gegend. Als er das Büro mietete, war's nicht so ruhig, doch in den letzten zwanzig Jahren wurde ringsum aufgeräumt. Bei ihm wurde noch nie eingebrochen, aber man kann nicht vorsichtig genug sein. Er hat einen Klienten, der Grundstücke kauft, Wohnungen baut und die dann vermietet. Manche würden sagen, er macht Geld mit Elendsquartieren, aber Richard sieht das anders. Auch Leute mit wenig Geld müssen ja irgendwo wohnen und können nicht das Ritz erwarten. Jedenfalls wurde in dessen Büro mehrfach eingebrochen. Die Polizei meinte, es hätte was mit seiner Arbeit zu tun, irgendwer wäre auf ihn sauer. Sie rieten allen, die geschäftlich mit ihm zu tun hatten – auch Richard – vorsichtig zu sein. Aber was kann man schon tun? Wenn jemand sich mit Gewalt Zutritt verschaffen will, dann lässt sich das nicht verhindern.

Er ist der Letzte, der das Gebäude verlässt. Nirgends sonst brennt mehr Licht. Die Haustür schließt sich automatisch hinter ihm. Vor dem Haus ist ein kleiner Hof mit Parkplätzen für die wenigen Auserwählten, die in den umliegenden Gebäuden arbeiten. Er ist schon so lange da, dass er einen der Plätze beanspruchen kann. Im Moment parken dort nur zwei andere Wagen. Einer steht immer da. Muss ein Dienstwagen sein, mit dem keiner nach Hause fährt. Den anderen kennt er nicht. Eine unauffällige schwarze Limousine. Er zieht sein Handy aus der Tasche, will sehen, ob Nachrichten eingegangen sind: jemand, der noch einen Rat haben will, für den er vielleicht die entsprechende Akte braucht. Erst als er neben seinem Wagen steht, entdeckt er in der schwarzen Limousine zwei Leute. Zwei Männer, die im Dunkeln sitzen. Als er sein Auto aufschließt, geht die Beifahrertür des anderen Wagens auf. Ein junger Mann steigt aus und blickt zu ihm rüber. Gutgekleidet. Dunkler Mantel, dunkle Hose, schicke Schuhe. Er kommt mit schnellen Schritten auf ihn zu, und der Fahrer steigt aus, folgt ihm.

»Entschuldigung«, sagt der junge Mann, »Richard Hardy?«

»Ja«, sagt Richard zögernd. Seine Wagentür steht halb offen. Er kann jederzeit einsteigen, falls ein Verrückter oder Schläger Informationen über einen seiner Klienten verlangt.

»Ich bin Detective Sergeant Lawrence Mullen. Und das

ist Detective Constable Edward Russell.« Er holt seine kleine Brieftasche raus und streckt sie Richard entgegen.

Richard nickt. »Okay. Wie kann ich Ihnen helfen?«

»Wir müssen Ihnen auf dem Revier ein paar Fragen zu einem Ihrer Klienten stellen.«

»Auf dem Revier? Bin ich verhaftet?«

»Nein, nein, ganz und gar nicht. Wir haben dort Dokumente, die wir Ihnen gern zeigen würden. Zur Bestätigung, dass sie einem Ihrer Klienten gehören. Sie sind Zeuge, mehr nicht.« Das sagt er mit beruhigendem Lächeln.

»Darf ich fragen, gegen wen Sie ermitteln?«

»Ich halte es nicht für klug, das auf dem Parkplatz zu besprechen«, sagt der Polizist und blickt sich kurz um.

Der gesunde Menschenverstand sagt ihm, dass man sich mit der Polizei nicht anlegt. Ein Verhör mag geschäftsschädigend sein, aber sich widersetzen wäre schlimmer. Festgenommen werden könnte für sein Geschäft tödlich sein. Ihn befällt leichte Panik. Er lässt das Handy auf den Fahrersitz seines Wagens fallen. Dann schließt er die Tür ab und folgt dem jungen Polizisten zu seinem Wagen. Plötzlich bereut er, das Handy nicht eingesteckt zu haben. Vielleicht muss er einen Anwalt anrufen. Doch er ist zu höflich, um zu fragen, ob er zurückgehen und es holen kann. Zu nervös, um etwas zu sagen.

»Wir versuchen, Ihre Zeit nicht zu lange in Anspruch zu nehmen«, sagt der Polizist leicht desinteressiert. »Wenn wir fertig sind, bringen wir Sie wieder her.« Er macht einen netten Eindruck.

Richard steigt in den Fond des Wagens. Detective Mullen setzt sich neben ihn, und der Ältere gleitet wieder auf den Fahrersitz. Er startet den Motor. Ohne große Eile. Die Polizisten wirken entspannt, das beruhigt Richard.

Der anfängliche Schock ist einer natürlichen Nervosität gewichen. Richard ist niemand, der es oft mit der Polizei zu tun hat.

»Bin ich in irgendwelchen Schwierigkeiten?«, fragt er. Seit ein paar Minuten herrscht Schweigen. Er hat das Bedürfnis, etwas zu sagen.

»O nein«, sagt Mullen und schüttelt ungeduldig den Kopf. »Sie haben vielleicht hilfreiche Informationen. Über einen Ihrer Klienten. Wir vernehmen Sie nicht als Verdächtigen. Wenn Sie sich im Beisein eines Anwalts wohler fühlen, dann können Sie ihn vom Revier aus anrufen. Liegt ganz bei Ihnen.«

Richard nickt.

Mullen, der Jüngere, schenkt Richard keine Beachtung. Blickt aus dem Fenster und dann nach vorn. Der Fahrer scheint größeres Interesse zu haben. Richard hat gesehen, dass er ein paarmal im Spiegel nach hinten geschaut hat. DC Russell wirkt nicht ganz so ruhig. Richard kriegt das Gefühl, es könnte mehr dahinterstecken. Vielleicht bekommt er wirklich Schwierigkeiten. Okay, mitunter hat er ein Auge zugedrückt. Hat manches vertuscht, das er besser gelassen hätte, wie es war. Er hat nie behauptet, ein Engel zu sein. Aber das ist doch keine große Sache, oder? Er hat nichts wirklich Schlimmes getan, da ist er sich verdammt sicher.

»Könnten Sie mir wenigstens sagen, worum genau es geht?«, fragt er Mullen. Er braucht was Beruhigendes. Irgendwas.

»Wir ermitteln, auf welchem Wege einer Ihrer Klienten sein Geld verdient. Wir glauben, dass er sein legales Geschäft als Fassade für kriminelle Aktivitäten benutzt. Wir wollen Ihnen nur ein paar Fragen stellen. Sie stehen nicht unter Verdacht. Sie sind womöglich selbst ein Opfer«, sagt Mullen. »Er hat Sie belogen wie so viele andere.«

Der anfängliche Schock hat es verschleiert. Doch langsam sickert es ein. Das Gefühl, dass etwas nicht stimmt. Der Polizist, dem alles schnurzegal ist, und sein nervöser Fahrer. Die beiden wollen ihn zu einem Klienten vernehmen. Nach dessen Geld fragen. Warum sollten sie ihn dann aufs Revier bringen? Richard wirft einen verstohlenen Blick auf Mullen. Der ist total entspannt. Wenn sie was rausfinden müssten, wären sie doch bestimmt mit ihm ins Büro gegangen. Damit er in den Akten nachsehen kann. Zahlen überprüfen kann. Das ist doch sein Job. Auf dem Revier geht das nicht. Da läuft was völlig falsch. Am liebsten würde er etwas sagen. Dem Polizisten sagen, dass sie es besser in seinem Büro regeln könnten. Wieder mustert er Mullen. Dessen desinteressierter Blick wirkt nicht länger beruhigend.

2

Während der Fahrt hat er die Umgebung undeutlich wahrgenommen. Vertraute Straßen, darum hat er nicht groß aufgepasst. Doch jetzt schaut er sich um. Will sehen, wo's hingeht. Sie fahren nicht in die Innenstadt, sondern nach Norden. Weg von den dichter bebauten Gebieten. Scheint keinen Sinn zu ergeben.

Mullen sieht ihn an. »Dauert nicht mehr lange.«

Richard lehnt sich zurück. Sinnlos, sich zu beklagen. Das hier ist eine Nummer zu groß für ihn. In seinem Leben hat sich immer alles um Vertrauen gedreht. Andere haben das Kommando. Er erleichtert ihnen die Arbeit. Das hat funktioniert. Klar, kein perfektes Leben, aber besser als viele andere. Sich zurücklehnen und andere ihr Spiel spielen lassen. Ruhig bleiben. Freundlich.

Jetzt liegt die Stadt hinter ihnen. Richard sagt nichts. Vielleicht ist es nicht so schlimm wie befürchtet. Wie es sich anfühlt. Vielleicht wollen sie bloß Informationen haben. Ihn einschüchtern. Möglich, dass sie ihn ein bisschen verprügeln. Oder zu einem Tatort bringen und ihm ein paar Fragen stellen. Ja, könnte sein. Sich beklagen bringt mit Sicherheit nichts. Ist meistens so. Ruhig und freundlich. Sie tun lassen, was sie wollen, und fertig. Inzwischen haben die beiden eine ganze Weile nichts mehr gesagt. Langsam findet er das Schweigen wieder unbehaglich. Richtig bedrohlich. Richard hat das Gefühl, etwas sagen zu müssen, aus reiner Höflichkeit. So hält er's bei seinen Klienten. Die Stimmung nie zu sehr abkühlen lassen. Die Leute in ein Gespräch verwickeln. Aber die Typen hier – die interessieren sich für nichts, was er zu sagen hat. Noch nicht jedenfalls.

Sie haben die Hauptstraßen gemieden. Das ist ihm aufgefallen. Der Fahrer hat Nebenstraßen genommen, aber vielleicht interpretiert Richard zu viel. Vielleicht ist es die Strecke, die sie fahren müssen, um zu ihrem Ziel zu gelangen. Er wird es mit Sicherheit nicht ansprechen. Das ist nichts, worüber sie mit ihm diskutieren werden. Richard wirft wieder einen Blick auf Mullen. »DS Mullen«, hat er gesagt. Für einen Detective Sergeant sieht er ziemlich jung aus, und er hat einen höheren Rang als der Fahrer, der eindeutig älter ist. Im Lauf der Zeit hatte Richard Klienten, die ihm ein paar Schauergeschichten über die Polizei erzählt haben. Wenn Polizisten glauben, dass es was bringt, arbeiten sie mit Einschüchterung. Das hier sieht ganz danach aus. Beängstigend, das muss er ihnen lassen.

Sie fahren immer noch. Weiter auf Nebenstraßen mit sehr wenig Verkehr. Richard weiß nicht, wo sie sind. Ein ganzes Stück außerhalb der Stadt, so viel ist sicher. Seine Hände beginnen zu zittern. Er weiß nicht, warum. Weiß nicht genau, was sich geändert hat. Er sagt sich immer wieder, dass alles gut wird. Leuten wie ihm passiert so was nicht. Warum sollte es? Alles wird gut, wenn er ruhig bleibt und keine Probleme macht. Ihnen sagt, was sie wissen wollen. Egal, wen es belastet; er muss ihnen die Informationen geben, die sie von ihm wollen. Das Einzige, was man tun kann, ist ehrlich sein. Wenn sie haben, was sie wollen, lassen sie einen gehen.

Er sieht Mullen an. Der wirft einen kühlen Blick zurück. Die Haltung des jungen Polizisten hat sich geändert. Unangenehmer als vorher. Na warte, Freundchen. Wenn das hier vorbei ist, beschwere ich mich. Leute wie du kriegen irgendwann ihr Fett weg. Langsam begreift er, warum er so nervös ist. Der Fahrer geht vom Gas. Hält nach irgendwas Ausschau. Einer Abzweigung. Hier gibt's nur kleine Landstraßen, auf die man abbiegen könnte.

»Da, auf der rechten Seite«, sagt Mullen zum Fahrer. Er spricht leise, klingt ruhig.

Der Fahrer drosselt das Tempo und biegt vorsichtig ab. Nirgends Lichter. Die Straße scheint holprig zu sein. Ist eher ein Feldweg. Was könnte hier irgendwas mit Richards Geschäften zu tun haben? Ruhig bleiben. Sie dürfen nicht sehen, dass er nervös ist. Sonst ärgern sie sich bloß, und das bringt nichts. Auf beiden Seiten stehen Bäume. Der Wagen schleicht den Weg lang. Schon seit ein paar Minuten. Stockdunkel. Nirgends Lichter zu sehen. Sie müssen in einem Waldgebiet sein. Eine Gegend, in der sich Richard überhaupt nicht auskennt. Das ergibt gar keinen Sinn. Er blickt Mullen an. Mullen erwidert seinen Blick nicht. Er starrt geradeaus, in die Dunkelheit.

Der Wagen wird immer langsamer. Da, ein Gebäude. Sieht aus wie eine Scheune, aber Richard hat es nur kurz im Scheinwerferlicht gesehen. Der Fahrer wendet den Wagen und hält an.

»Nein, noch ein bisschen weiter«, sagt Mullen.

Der Fahrer lenkt den Wagen etwas weiter nach rechts.

»Gut so«, sagt Mullen jetzt. Zufrieden, dass sie an der richtigen Stelle stehen. Der richtigen Stelle wofür?

Der Fahrer hat den Motor ausgeschaltet, aber die Scheinwerfer angelassen. Ihr Licht strahlt in die Bäume. Vor ihnen eine kreisförmige Fläche neben der Scheune, an der sie geparkt haben. Jetzt steigt der Fahrer aus. Scheint nicht besonders begeistert zu sein. Er hat die Tür geschlossen und sie beide im Fond alleingelassen. Russell geht zur Rückseite des Wagens. Richard dreht sich zu ihm um. Russell öffnet den Kofferraum.

»Ihr Klient Hugh Francis«, sagt Mullen leise. Er muss genau hinhören, um ihn zu verstehen. Russell klappert rum und holt etwas aus dem Kofferraum, das schwer zu sein scheint. Irgendwas raschelt, was anderes fällt auf den Boden.

»Ja, Mr. Francis, der Werkstattbesitzer«, sagt Richard beflissen. Ein netter Typ, dieser Shug Francis. Hat Richard immer gut behandelt, war ein treuer Kunde. Richard führt ihm die Bücher. Macht seine Lohnabrechnung. Er beschäftigt mehr Leute, als er sollte, und Richard verschleiert das. Keine große Sache.

»Was können Sie mir über seine Bücher sagen?«

»Tja, äh, ich weiß nicht. Im Büro, mit den Unterlagen vor mir, wäre das leichter.« Er hält inne, denkt nach. »Man könnte wohl sagen, dass ich mir manchmal die eine oder andere Frage gestellt habe. Wo sein ganzes Geld herkommt. Warum er so viele Leute beschäftigt. Aber ich mach nur seine Abrechnungen. Nichts Bedeutendes, das ich verschwiegen hätte.« Er hält wieder inne. Das dürfte nicht reichen. Er muss ihnen mehr bieten, um sie bei Laune zu halten. »Natürlich zeige ich Ihnen gern die kompletten Unterlagen.«

Mullen sagt nichts. Er runzelt bloß die Stirn, und Richard weiß, was das bedeutet. Damit will der Polizist sagen, dass ein Blick in die Bücher sinnlos ist. Die Polizei weiß, dass Richard Zahlen verändert hat, damit die Werkstatt seriöser wirkt, als sie in Wirklichkeit ist.

»Ich gebe zu, dass ich … gewährleistet habe, dass Shugs Bücher in Ordnung sind. Vielleicht habe ich gegen das Gesetz verstoßen. Das nehme ich auf mich. Ich musste dafür sorgen, dass die Zahlen stimmen. In erster Linie mache ich seine Lohnabrechnung. Ich musste mich darum kümmern, dass bei den vielen Leuten, die er beschäftigt, alles aufgeht.« Er redet immer schneller.

Mullen nickt, als wüsste er all das schon. Und genau deshalb ist er hier. Er weiß, dass Richard in den letzten paar Jahren dafür gesorgt hat, dass Shugs Leute jeden Monat bezahlt wurden.

Hinter ihnen ertönt ein dumpfes Geräusch. Der Kofferraum wird zugeklappt. Richard sieht, wie DC Russell mit einem großen Bündel unterm Arm am Wagen vorbeigeht. Schwer zu sagen, was es ist. Jetzt tritt er vor den Wagen. Lässt das Bündel auf den Boden fallen. Es ist blau. Er zieht irgendwas raus. Ebenfalls blau. Scheint eine Plane zu sein. Auf halbem Weg zwischen den Bäumen und dem Wagen breitet er sie sorgfältig aus. Dann nimmt er den Rest des Bündels und stapft zu den Bäumen rüber. Geht drei, vier Schritte in den Wald. Noch immer vom Wagen aus zu sehen. Richard und Mullen beobachten ihn. Sie sehen, wie er den Rest der Plane zurechtzupft. Vorsichtig die Sachen rausholt, die darin eingepackt waren. Zwei Schaufeln. Irgendwas Weißes. Sieht wie ein Handtuch aus. Russell fängt an zu graben. Richard schaut zu. Er kann das Zittern seiner Hände nicht länger verbergen.

Mullen reckt den Kopf. Versucht, seinen grabenden Kollegen besser zu sehen. Ein Seufzen. Dann steigt Mullen aus. Kommt auf die andere Seite und öffnet Richards Tür. »Los – kommen Sie raus«, sagt er. Immer noch leise.

Richard gehorcht. Er tut, was man ihm sagt. So war es schon immer. Er blickt zu Russell hinüber. Der hackt mit seiner Schaufel auf die Grassoden ein, löst Stücke daraus und legt sie neben sich auf die Plane. Mullen wirft einen Blick auf seinen Kollegen. Er verdreht die Augen und schnalzt missbilligend mit der Zunge. Er ist offensichtlich unzufrieden; offenbar denkt er, dass er's besser könnte. Deshalb ist er wohl auch der Vorgesetzte.

»Was soll ...«, will Richard fragen, unterbricht sich aber. Wenn sie wollen, dass er es weiß, dann werden sie's ihm schon sagen. Er ist nicht in der Position, Fragen zu stellen. Vielleicht will er's auch gar nicht wissen.

Er spürt, wie Mullen die Hand ausstreckt und ihn am Arm fasst. Ein Blick auf Mullens Hand. Richard ist einen Moment verwirrt. Mullen hat Handschuhe an. Diese dünnen, durchsichtigen Dinger, die die Putzfrauen tragen, wenn sie in seinem Büro arbeiten. Die muss er nach dem Aussteigen angezogen haben. Er schiebt Richard behutsam vorwärts. Führt ihn zu der Plane, die Russell auf der Lichtung ausgebreitet hat.

Die beiden stehen schweigend da. Richard sieht, wie Russell vor sich hin gräbt und die Erde auf die Plastikplane schaufelt. Wie er beim Graben ächzt. So eine Arbeit scheint er nicht gewohnt zu sein. Der Schweiß steht ihm auf der Stirn, das sieht man selbst bei diesem seltsamen Licht. Er wird immer langsamer. Von Zeit zu Zeit hört

Richard Mullen kurz und ärgerlich seufzen. Leise, fast unhörbar, doch die einzigen anderen Geräusche kommen von Russell. Mullen ärgert sich jedes Mal, wenn Russell Mist baut, wenn er mit einem Brocken Erde die Plane verfehlt oder so was. Müde Arme schleudern die feuchte Erde umher. Richard hat sich ein paarmal zu Mullen umgedreht. Hat gesehen, wie er ein paarmal auf die Uhr schaut. Ansonsten schaut er bloß Russell zu. Beobachtet ihn, wartet auf irgendwas. Wahrscheinlich darauf, dass er langsam fertig wird. Richard will sich darüber keine Gedanken machen. Er weiß nicht genau, was hier läuft. Vielleicht gräbt er was aus. Doch eine leise Stimme in seinem Kopf verhöhnt ihn. Sagt ihm, dass absolut klar ist, was Russell da gräbt. Dein Grab, alter Mann.

Richard bricht in Tränen aus. Er kann nicht anders. Kann sich nicht länger was vormachen. Das ist es. Das ist das Ende. Was für eine bescheuerte Art zu sterben. Ihm geht immer wieder durch den Kopf, wie absurd das Ganze ist. Jemand wie er sollte nicht so enden. Das ergibt keinen Sinn. Am liebsten würde er lachen. Aber das geht nicht, weil er hemmungslos weint. Tränen strömen ihm übers Gesicht, seine Schultern beben, und er schluchzt immer wieder. Durch den Tränenschleier sieht er, dass Russell aufgehört hat zu graben. Der Polizist beugt sich vor, die Hände in die Hüften gestemmt. Er hustet und spuckt. Mullen seufzt. Jetzt hört er nur noch das Blut in seinen Adern rauschen. Eine Handbewegung von Mullen – Richard kann sie nicht genau sehen. Russell gräbt weiter, schneller diesmal. Aber auch lauter, bei jeder Bewegung ächzend. Eine Hand legt sich auf Richards Rücken.

»Setzen Sie sich«, sagt Mullen, immer noch seelenruhig. Diese Gelassenheit. Einfach schockierend. Ekelhaft.

Mullen drückt ihn nach unten. Richard setzt sich auf die Plane und beugt sich nach vorn. Er will Russell nicht länger ansehen. Was sie tun, ist grausam. Gefühllos. Dass sie ihn zwingen zuzusehen, wie jemand sein Grab aushebt. Warum sollte er nett zu ihnen sein? Warum tun, was sie von ihm erwarten? Ab jetzt nicht mehr. Er wird seinen Tränen freien Lauf lassen. Sich nach vorn beugen. Sich abwenden von seiner letzten Ruhestätte. Und wofür das Ganze? Anscheinend wegen Shug Francis. Diesem netten Typen. Immer ein Lächeln parat. Erkundigt sich immer nach Richards Gesundheit, fragt, ob er zufrieden ist. Ja, seine Geschäfte warfen Fragen auf. Er drehte alle möglichen Dinger. Aber das hier? Wie kann das eine gerechte Strafe für Richards Arbeit sein? Er hat Zahlen frisiert. Ist das so schlimm? Ein weiterer Augenblick der Erkenntnis. Nicht er soll hier bestraft werden, sondern Shug Francis. Das macht es irgendwie noch schlimmer. Sein Tod dient bloß dazu, jemand anderem eins auszuwischen.

Russell gräbt immer noch. Inzwischen wieder langsamer. Mullen steht noch neben Richard. Wie lange verharren sie schon so? Fünf Minuten. Vielleicht auch zehn. Oder noch länger. Er hat kein Zeitgefühl mehr.

»Bring das Handtuch her«, sagt Mullen. Etwas lauter als vorher, denn er spricht mit Russell.

Russell klettert aus seinem Loch und kommt langsam mit dem weißen Handtuch rüber. »Ist tief genug«, sagt er und reicht es Mullen. Man hört, dass er erschöpft ist. Er beugt sich nach vorn, die Hände wieder in die Hüften gestemmt.

»Nein, noch nicht, da fehlt noch ein bisschen«, sagt Mullen. Diese kalte, harte Stimme. Jemand, dem man nicht widerspricht. Dem Russell nicht widerspricht. Er gräbt weiter.

Richard spürt irgendwas an seinem Hinterkopf. Er streckt die Hand danach aus.

»Nein, Finger weg«, sagt Mullen. »Beugen Sie sich vor.«

Einen Augenblick ist Richard verwirrt. Er weiß nicht genau, was los ist. Irgendwas an seinem Hinterkopf, das ihn nach unten drückt. Dann nichts mehr.

3

Sie sind wieder draußen. Zum Glück. Steigen in den Wagen und fahren los. Sollte ein Moment zum Feiern sein. Ist es aber nicht. Shug sagt nichts. Er weiß genau, was Fizzy sagen wird. Er will's nicht hören. Doch das ändert nichts.

»Du hast alles verschenkt«, sagt Fizzy. »Und wofür, hä? Wofür? Damit alles genauso weitergehen kann. Wenn du mit Jamieson einen Deal ausgehandelt hättest, hättest du die Drohung beendet. Du hättest trotzdem fast alles verloren, aber man würde nicht mehr versuchen, uns umzubringen. Du hast bloß alles verschlimmert. Alles verschenkt und Jamieson noch wütender gemacht.«

Er sagt die ganze Zeit »du« statt »wir«. Das ist Shug aufgefallen. Zwanzig Jahre war David »Fizzy« Waters Shug Francis' bester Freund, und plötzlich heißt es »du« statt »wir«. Es fing damit an, dass sie als Jugendliche zusammen an Autos rumbastelten. Daraus wurde eine Kette von Werkstätten und der einzige erfolgreiche Autoschieberring in der Stadt. Profitables Geschäft. Profitable Organisation.

Aber nicht profitabel genug. Shug will mehr, deshalb fand dieses Treffen statt. Ein Treffen mit einer der Führungsfiguren im Drogengeschäft, um über den Angriff auf eine andere Führungsfigur im Drogengeschäft zu reden.

»Wir werden ihn zur Strecke bringen«, sagt Shug. Er spricht von Peter Jamieson, einem Mann, bei dem sie genau das monatelang vergeblich versucht haben. Sie haben ihn angegriffen, seine Leute angegriffen. Wollten sein Revier übernehmen. Doch sie waren nie stark, schlau oder vom Glück begünstigt genug, um ihm ernsthaft schaden zu können.

»Werden wir nicht«, ruft Fizzy ungläubig. »Hör dir doch mal zu, Mann. Wenn Jamieson zur Strecke gebracht wird, dann nicht von uns, sondern von MacArthur und seiner Bande. Wir tragen das Risiko, greifen an. Wir ernten den Ruhm, sagt der Kerl. Verdammt nochmal! Ruhm? Wir ernten den Ruhm und er den Lohn. Ist das alles, was du willst, Ruhm? Na super. Ich sorge dafür, dass sie's dir auf den Grabstein meißeln. ›Er hatte den Ruhm.‹«

Sie wussten beide, dass Alex MacArthur nichts aus Herzensgüte tat. Man leitet nicht eine der größten Organisationen der Stadt, weil man so ein herzensguter Mensch ist. Und das ist auch nicht der Grund, warum man jahrzehntelang an der Spitze bleibt. Im Gegenteil. MacArthur hat eine brutale Liebe zu Geld und Macht. Und nur deshalb lässt er sich auf das Angebot ein. Die Gelegenheit, Geld zu machen und gleichzeitig Peter Jamieson zu attackieren. Für MacArthur ist Jamieson ein Rivale. Shug hat's auf Jamieson abgesehen. Der Feind meines Feindes ist mein profitabler Freund. Shug ist so verzweifelt, dass er die offensichtliche Wahrheit nicht sieht.

Alle halten Shug Francis für einen lockeren Vogel.

Meistens stimmt das auch. Doch er hat seine speziellen Momente. Fizzy hat ihn erlebt, wenn er beleidigt ist. Dann hat Shug keinen Wutausbruch, bei dem er schreit und brüllt und sich das Ganze von der Seele schafft. Er zürnt, und es kann eine Weile dauern, bis die Wut verraucht ist. Vor den meisten Leuten kann er das verbergen. Leuten, die ihn nicht so gut kennen wie Fizzy. Das kann ihn leichtsinnig machen. Ist zum letzten Mal vor etwa drei Jahren passiert. Seit sie mit dem Autoschieberring angefangen hatten, fälschte ein alter Mann für sie Dokumente. Der ließ sie hängen und fing an, für jemand anderen zu arbeiten. Keine Fahrzeugpapiere mehr, sondern Bankauszüge und so was. Er ließ sie wegen einer miesen Gaunerei hängen, weil die Arbeit leichter war. Shug wurde fuchsteufelswild, forderte, der Alte solle zurückkommen und wieder für sie arbeiten. Der sagte, Shug solle verschwinden. Behandelte ihn, als wäre die Autoschieberei bloß ein Witz. Shug war ein paar Tage eingeschnappt und beauftragte dann einen Gorilla, eine Botschaft zu überbringen. Hat den Alten nicht umlegen lassen, aber es war trotzdem dumm. Alle wussten, wer dahintersteckte. Das war leichtsinnig. Unnötig.

Sie sind wieder in Shugs Haus. Den Flur lang in sein sogenanntes Spielzimmer. Eigentlich Arbeitszimmer. Zwischen ihnen herrscht keine wirkliche Anspannung, auch nicht in diesem Moment der Uneinigkeit. Dafür kennen sie sich zu gut, vertrauen sie sich zu sehr. Doch sie sind sich total uneinig. Fizzy versucht immer noch, ihn zu überzeugen.

»Du musst das beenden. Versuch, es rückgängig zu machen. Sonst verlierst du dein Unternehmen.«

Shug schüttelt den Kopf und lässt sich aufs Sofa sinken. »Die Sache ist gelaufen. Wenn wir jetzt einen Rückzieher machen, verärgern wir MacArthur, das wäre noch schlimmer.« War viel Arbeit, das Treffen zu arrangieren. MacArthur tat so, als würde er sich zieren. Mehrfache Treffen zwischen Kontaktleuten. Sie hatten es immer mit Don Park zu tun, einem von MacArthurs führenden Leuten. Für Shug hat PC Paul Greig den größten Teil der Arbeit erledigt. Noch so einer, dem er nicht trauen sollte. Schließlich ist Greig Polizist. Jemand, der ein doppeltes Spiel treibt und immer noch wütend wird, wenn man andeutet, dass er korrupt ist. Doch er hat gut verhandelt: zwanzig Prozent Anteil an Shugs Autoschieberring und den Werkstätten für MacArthurs Unterstützung bei Peter Jamiesons Vernichtung. Und die Einnahmen aus Jamiesons Netz werden fifty-fifty geteilt.

Fizzy lässt die Hände am Gesicht hinabgleiten. Das ist Wahnsinn. Wahnsinn aus Sturheit. Sie würden aus dieser Sache nicht heil rauskommen. Misserfolg hat im Geschäft seinen Preis. Einen hohen Preis. Um Jamieson zu entkommen, hätten sie ihn mit einem Anteil an den legalen Geschäften und dem Autoschieberring bezahlen müssen. Wäre machbar gewesen. Jamieson ist in erster Linie Geschäftsmann. Es hätte bloß bedeutet, sich mit Jamiesons Sieg abzufinden.

»Sowie du Schwäche zeigst, reißen dich diese Scheißkerle sowieso in Stücke«, sagt Shug. Er klingt deprimiert. Das ist Fizzys Verdienst. Er hat ihm den hoffnungsvollen Moment verdorben. »Lassen wir Jamieson rein, übernimmt er in zwei Jahren das ganze Geschäft. Er drängt uns raus. Macht uns das Leben zur Hölle. Wie soll uns das helfen?«

Er hat recht. Das weiß Fizzy. Jemand wie Jamieson

verzeiht und vergisst nichts, auch nicht, wenn der Preis stimmt. Es geht um Prestige. Um PR. Jemand fordert dich heraus, dringt in dein Geschäft ein. Du lässt dich auf Frieden ein und fängst an, mit ihm zusammenzuarbeiten, bloß weil du damit Geld machst. Andere sehen das. Dann denken sie, es lohnt sich, dich zu attackieren, weil sie deinen Laden später übernehmen können, wenn nicht alles so läuft, wie sie wollen. So entsteht eine Verwundbarkeit, die andere versuchen auszunutzen. Jemand wie Jamieson kann nicht zulassen, dass die Leute glauben, ein Angriff auf ihn sei ohne Risiko. Deshalb, ja, Jamieson würde auf den Deal eingehen. Und dann würde er Shug und Fizzy und alle, die mit ihnen in Verbindung stehen, vernichten. Alle, die das sähen, würden wissen, dass es bei einem Kampf mit Peter Jamieson keine Ausstiegsklauseln gibt.

»Wenn wir uns an ihn verkaufen, wird also das Geschäft zerstört. Und wenn wir es so machen wie jetzt, heißt das, der Scheißkerl legt uns um.«

»Nicht, wenn wir ihn zuerst erledigen«, sagt Shug.

»Mm-mmh, nicht wir, sondern MacArthur. MacArthur erledigt ihn. Er erntet den ganzen Lohn. Und dann macht er mit uns dasselbe, was Jamieson gemacht hätte.«

Shug schüttelt den Kopf. »Glaub ich nicht«, sagt er. Er spricht leise, nachdenklich. »Schau mal, Jamieson kann sich nicht leisten, uns vom Haken zu lassen. Und MacArthur kann es sich nicht leisten, jemandem zu schaden, der ihm einen Dienst erwiesen hat. Sonst will niemand mehr für ihn arbeiten.«

Das ist eine Theorie, von der Fizzy nicht überzeugt ist. Er schüttelt den Kopf. »Nee, das glaub ich nicht. Er braucht den Leuten nicht zu zeigen, dass er uns belohnt. Hat er nicht gesagt, wir sollen bei dieser Sache vorangehen? Er bleibt im Hintergrund, außer Sichtweite. Dann denken die Leute, wir hätten Jamieson erledigt. Und uns danach mit MacArthur verbündet. Er kann tun, was er will. Uns behandeln, wie's ihm gefällt. Also vernichtet er uns anstelle von Jamieson.«

Naiv wie ein Amateur, denkt Shug über Fizzy. Er verzeiht seinem Freund, aber es ist lästig. Im Hintergrund arbeiten so viele Leute, dass ihm MacArthur danach nicht in den Rücken fallen kann. Leute wie Greig. Er arbeitet mit vielen Kriminellen zusammen, ist aber trotzdem Polizist. Er verhaftet immer noch Leute. Er bekennt sich zu Shug, und das ist eine Botschaft. Shug ist im Aufstieg begriffen. Greig will ihm nahestehen. Und angenommen, MacArthur bescheißt sie wirklich, wenn sie mit Jamieson fertig sind. Was sagt das über Don Park? Einen von MacArthurs führenden Leuten. Er hat das Ganze organisiert. Er hat das Treffen in dem Ingenieurbüro arrangiert, von dem sie grade kommen. Es würde Parks Ruf in MacArthurs Organisation zerstören. Das könnte ihm MacArthur nicht antun. Das würde zu einem Riss in seiner eigenen Mannschaft führen. Tja, an so was denkt Fizzy nicht. Er hat immer noch die Denkweise eines Kleinganoven. Er braucht Zeit, um zu wachsen. Vielleicht ist das Ganze auch zu groß für ihn.

Shug runzelt seufzend die Stirn. »Ich will nicht mehr darüber reden. Wir haben einiges zu planen. Maßnahmen müssen ergriffen werden. Das ist Neuland für uns, und wir müssen vorbereitet sein.«

»Mein Gott, Shug, hörst du dir eigentlich zu? Diese verdammten Gangster führen dich an den Abgrund, und du machst einfach mit.« Fizzy hat die Stimme erhoben. Sein Frust überwältigt ihn.

Shug funkelt ihn wütend an. »Red leiser. Oder soll dich die ganze verdammte Straße hören? Du darfst eins nicht vergessen, Fizzy. Das ist meine Organisation. Ich hab all das aufgebaut. Ich hab sie zu dem gemacht, was sie ist. Und wenn ich sie aufs Spiel setzen will, dann tu ich das. Du hast mich auf meinem Weg begleitet. Du warst immer nützlich, du warst immer da. Aber glaub nicht, dass die Organisation dir gehört. Das stimmt nicht. Sie gehört mir.«

Jetzt herrschen wirklich Spannungen zwischen ihnen. Echte, heftige, gefährliche Spannungen. Das ist völlig neu, und Fizzy weiß nicht, wie er darauf reagieren soll. Er kann sich nicht erinnern, dass so was schon mal vorgekommen ist. Wie lange sind sie befreundet? Über zwanzig Jahre. Aber so eine Situation gab's noch nie. Es gab Spannungen mit anderen Leuten in der Organisation, doch diese Leute wurden stets rausgedrängt. Shug ließ nicht zu, dass sie nach dem Zwist blieben. Er war immer überzeugt, dass diese Streitigkeiten irgendwann wieder aufleben, zu einem Problem werden. Worum geht es hier? Versucht Shug, ihn rauszudrängen? Verdammt nochmal, nein. Das kann nicht sein. Zwanzig Jahre lang beste Freunde, fast wie Brüder. Seit ihrer Jugend. So kann sich das nicht anfühlen. Das kann nicht das Ende sein.

Fizzy steht wortlos auf. Alles, was einer von ihnen jetzt sagt, würde es bloß noch schlimmer machen. Die Anspannung ist zu stark. Alles würde wie eine Beleidigung klingen, wie eine Provokation. Klar, sie müssen das durchsprechen. Müssen es bereinigen, bevor irgendwelche Schritte ergriffen werden. Aber diese Stimmung – verdammt, er weiß nicht, wie er damit klarkommen soll. Er geht zur Tür, dreht sich nochmal zu Shug um. Shug sieht ihn nicht mal an. Er blickt bloß auf den Boden. Lässt Fizzy gehen, weil es nichts mehr zu sagen gibt. Fizzy öffnet die Tür und tritt in den Flur, hofft, dass Shug ihn zurückruft. Um ehrlich zu sein, erwartet er's eigentlich. Aber da kommt nichts, nur Schweigen. Ein Schweigen, das bedeutet, dass sich ihre Beziehung verändert hat, vielleicht für immer.

4

Ein unangenehmer Auftrag für Calum MacLean. Das Ganze fühlt sich falsch an. Widerspricht seinem Gespür. Sich als Polizist auszugeben und den Kerl abends in der Stadt abzuholen. So lange zu brauchen für diese verdammte Sache. Darauf angewiesen zu sein, dass Kenny McBride das Grab fachgerecht aushebt, was er absolut nicht hingekriegt hat. Kenny ist ein guter Fahrer, das ist aber auch schon alles. Und jetzt hört er auf zu graben, bloß weil Calum abgedrückt hat. Er sollte sich lieber beeilen. Calum hätte das gemacht, wenn er noch freischaffend wäre. Ist er aber nicht mehr. Er hat nicht zu entscheiden. Das macht Peter Jamieson.

»Grab weiter«, sagt Calum leise, »ich hab das Handtuch.«

Er drückt es dem Toten auf den Hinterkopf, damit kein Blut spritzt. Kein Tropfen darf neben die Plane kleckern, in die sie Richard Hardy einwickeln und beerdigen. Sie müssen sich ranhalten. Vielleicht hat jemand den Schuss gehört, und schon ist es ein Wettlauf mit der Zeit.

Doch das ist unwahrscheinlich. Calum hat diesen Ort sorgfältig ausgewählt. Das hier ist schon eine Weile sein bevorzugter Ort für Beerdigungen unter schwierigen Umständen. Weit weg von der Straße, von allen bewohnten Gebäuden. Genau das Richtige, wenn er jemanden am helllichten Tag beseitigen muss. Jetzt ist zwar Nacht, aber der Auftrag ist ungewöhnlich und rechtfertigt diese Vorsichtsmaßnahme. Als er zum ersten Mal herkam, hat er diese Stelle entdeckt. Zwei Wochen später kam er zurück und überprüfte die Scheune, vergewisserte sich, dass sie nicht genutzt wurde. Sah zwar nicht danach aus, doch man muss auf Nummer Sicher gehen. Er verschaffte sich gewaltsam Zutritt, was nicht mehr erforderte, als die morsche Seitentür mit der Schulter aufzudrücken, und sah sich um. Große Löcher im Dach und absolut leer. Nicht in Gebrauch. Ein sicherer Ort, falls es so was gibt. Wenigstens das ist in Ordnung.

Für alles andere gilt das nicht. Calum presst das Handtuch auf die Wunde, damit kein Blut mehr fließt. Er hält das Handtuch fest, während er den Alten auf die Plane drückt und ihn behutsam auf die Seite rollt. Er durchsucht seine Taschen. Die Wagenschlüssel, eine Brieftasche und ein paar Münzen. Kein Handy. Calum hat gesehen, wie er es vor dem Büro mit zappeligen Fingern auf den Fahrersitz seines Wagens fallen ließ. Ein nervöser alter Mann, der's eilig hatte, der Polizei zu helfen. Brieftasche und Schlüssel nimmt Calum an sich, die Münzen lässt er da. Er hebt die Plane hoch und wickelt Hardy von beiden Seiten ein, macht sie zu einem Leichentuch. Hoffentlich läuft kein Blut raus, bevor Richard Hardy unter der Erde ist. Jetzt, wo Kenny seine Unfähigkeit als Totengräber unter Beweis gestellt hat, dient die Plane noch einem anderen Zweck. Sie soll den Gestank länger zurückhalten. Das Grab ist wirklich nicht tief genug. Flache Gräber sind dilettantisch.

»Okay, das reicht«, sagt Calum zu Kenny. Ein letzter träger Schwung mit der Schaufel, dann legt der Fahrer sie auf den Erdhaufen, den er aufgetürmt hat. Klettert aus dem Grab, ohne darauf zu achten, wo er hintritt. Vor Erschöpfung stolpert er. Er hat keinen Sinn für Sorgfalt. Ahnt nicht mal, dass ihn schmutzige Stiefelabdrücke verraten könnten. Jemand geht mit seinem Hund spazieren und kommt an der Scheune vorbei; er entdeckt die Stiefelspuren und sieht, dass sie frisch sind. Er kommt rüber und schnüffelt rum, sieht den aufgewühlten Boden, wo Kenny auf die Grassoden eingehackt hat. So was könnte passieren. Aber Calum wird Kenny nicht kritisieren. Zumindest nicht offen. Er ist ein Fahrer. Er kutschiert Peter Jamieson, ihren Boss, durch die Gegend. Er liefert Sachen aus. Das hier ist eine Nummer zu groß für ihn. Als John Young, Jamiesons rechte Hand, ihm sagte, er würde bei diesem Auftrag mit Calum zusammenarbeiten, war er offenbar geschockt. Ziemlich entsetzt. Doch er hat's gemacht. So gut er's eben kann. Wahrscheinlich hat er noch nie einen Mord aus nächster Nähe gesehen. War noch nie in so was verstrickt. Das erklärt seine Nervosität.

Kenny kommt auf Calum und die eingewickelte Leiche zu. Sieht Calum hilfesuchend an. Calum muss den Ton angeben. Er ist derjenige, der schon mal hier war. Der weiß, wie so was läuft. Und er scheint völlig entspannt zu sein. Keine Spur von Nervosität. Kein Schwitzen, kein Zaudern, keine zitternde Stimme. Scheint für ihn keine große Sache zu sein.

»Du nimmst die Beine«, sagt Calum.

Kenny ergreift die Plane. Er schleift sie ein Stück über

den Boden. Plötzlich erschreckt ihn Calums energische Stimme.

»Nein«, sagt er lauter als beabsichtigt. »Nicht schleifen. Das hinterlässt Spuren. Heb die Leiche hoch; wir müssen sie tragen, sie darf nicht den Boden berühren.«

Kenny tut wie befohlen. Er gibt sich Mühe, ist schweißgebadet. Doch er gehorcht. Was kann man in so einer Situation anderes tun? Er ist hin- und hergerissen, das sieht man. Muss seine Arbeit gut machen, damit Calum ihm später Jamieson gegenüber kein schlechtes Zeugnis ausstellt. Er darf seinen Job nicht verlieren, besonders jetzt, wo es gegen Shug Francis geht. Gleichzeitig will er seine Arbeit nicht so gut machen, dass er ständig solche Aufträge kriegt. Gott, bitte lass das eine Ausnahme sein.

Sie heben Hardy hoch und schleppen ihn zum Grab. Legen ihn daneben. Jetzt schwitzt auch Calum. Er ist keine körperliche Arbeit gewohnt. Solche Beerdigungen sind nicht an der Tagesordnung. Bei seinen meisten Aufträgen heißt es schießen und abhauen. Ab jetzt wird es so laufen wie hier. Wenn man der erste Mann einer großen Organisation ist, muss man alles sauber hinterlassen. Zu seinem letzten Auftrag gehörte auch eine Beerdigung, aber daran mag er jetzt nicht denken. Kenny will die Leiche wieder hochheben – doch Calum hält ihn zurück.

»Nein, steig in das Loch.«

»Weshalb?«, fragt Kenny.

Das haben sie schon durchgekaut. Letzte Nacht hat ihm Calum alles erklärt, aber Kenny hat nicht richtig zugehört. Oben muss man sorgfältig graben, um alle sichtbaren Spuren zu beseitigen. Den Rest muss man schnell erledigen, um nicht zu lange an der Scheune zu sein. Zwischen dem Moment, in dem das Opfer begreift, was los ist, und dem

Mord darf nicht viel Zeit vergehen. Außerhalb des Lochs darf man keine Spuren hinterlassen. Und die Leiche muss sorgfältig beerdigt werden.

»Wir müssen ihn so hinlegen, dass er möglichst wenig Platz einnimmt. Das weißt du doch«, sagt Calum verärgert. Das hat er Kenny am vorigen Abend gesagt. Man macht die Leiche so klein wie möglich. Man drückt die Erde ringsrum so fest wie möglich. Und wenn man die Grassoden dann wieder ausrollt, muss alles so aussehen wie vorher. Aber das wird nicht klappen, denn die Grassoden sehen schrecklich aus. Hoffentlich wachsen sie wieder zusammen, bevor sich die Erde wölbt. Ein kleiner Hügel wird entstehen, doch bis dahin ist die Grasdecke hoffentlich wieder verheilt und sieht ganz normal aus. Deshalb soll man Leichen auf unebenem Boden beerdigen. All das hat Calum am vorigen Abend erklärt, und er hat keine Lust, es nochmal zu wiederholen. Nicht jetzt. Ein guter Helfer braucht keine zweite Runde Anweisungen.

»Gut«, sagt Kenny. Vorsichtig steigt er wieder in das Loch. Wartet darauf, dass Calum die Leiche runterreicht.

Eine schwere Last zu packen, die in glattes Material eingewickelt ist, ist ein Albtraum. Das wird keine würdevolle Angelegenheit. Er hebt Hardy hoch und macht einen kleinen Schritt Richtung Grab. Will Kenny, der bei dem Ganzen die leichtere Aufgabe hat, die Leiche übergeben. Der kann sie einfach fallen lassen und in eine Ecke schieben.

»Meine Sachen werden ganz dreckig«, sagt Kenny plötzlich.

Herrgott nochmal! Auch das haben sie besprochen. »Du vernichtest all deine Klamotten«, sagt Calum keuchend.

Kenny kriegt die Leiche nicht richtig zu packen, hat sie

aber fester im Griff als Calum. Er zieht sie nach hinten und lässt sie dann mit einem dumpfen Geräusch fallen. Beide Männer sind einen Moment erleichtert. Calum kennt das; für Kenny ist es eine neue Erfahrung. Die Erleichterung kommt, wenn die Leiche im Grab liegt. Es ist das Gefühl, dass man das Schlimmste hinter sich hat. Dass das Schwierigste erledigt ist.

Kenny müht sich mit der Leiche ab. Er braucht sie bloß in die Ecke zu schieben. Das Grab ist höchstens eins zwanzig tief. Es ist nahezu rund, kein besonders gutes Beispiel für schottische Konstruktionskunst. An einer Stelle ist ein Teil der Wand schon eingestürzt. Calum schüttelt den Kopf und bereitet sich auf den nächsten Schritt vor. Kenny merkt nichts davon. Er versucht mit den Stiefeln den Körper in der Plane zu schieben. Vom Graben brennen seine Schultern und Arme. Er schiebt die Leiche an eine Stelle, die halbwegs wie eine Ecke aussieht. Das ist der tiefste Punkt. Er glaubt, fertig zu sein.

»Nein«, sagt Calum. »Roll ihn auf die Seite. Schieb ihn an die Wand. So flach wie möglich.«

Kenny seufzt, beschwert sich aber nicht. Er ist der Untergebene. Ein Untergebener beschwert sich nicht. Er erledigt seine Aufgabe, egal, wie schlimm sie ist. Bring's hinter dich, fahr nach Hause und vergiss das Ganze. Das sagt er sich immer wieder. Es ist eine einmalige Sache. Spielt keine Rolle, ob es dir gegen den Strich geht. Du musst es nie wieder tun.

Er hat recht – er muss es nie wieder tun. Während Kenny sich vorbeugt und die Leiche an die Wand schiebt, zieht Calum die Pistole aus der Innentasche seines Mantels. Er tritt an den Rand des Grabes und steht direkt über Kenny. Calum geht in die Hocke. Betrachtet Kenny. Wartet auf den richtigen Augenblick. Kenny bückt sich wieder und drückt die Plane so fest wie möglich an die Leiche. Jetzt. Calum streckt den Arm aus. Kennys Kopf ist fast auf Kniehöhe. Ein einfacher Schuss in die Schläfe. Lauter diesmal. Und höchstwahrscheinlich spritzt Blut. Das ist das Risiko. Er beobachtet, wie Kenny nach vorn fällt, mit dem Gesicht in den Schlamm. Calum steigt neben ihn und zerrt seine Leiche von der Wand weg. Legt ihn zurecht und rollt ihn auf die Seite. Kontrolliert alle Taschen, vergewissert sich, dass sie so leer sind, wie er's Kenny aufgetragen hat. Schiebt die Leiche zu der von Hardy. Deckt Kenny mit dem Rand von Hardys Plane zu. Für zwei Leichen muss das Grab tiefer sein. Kenny hätte es kommen sehen müssen. Hätte sich darüber klar sein müssen. So enden Verräter.

5

Er klettert aus dem Loch und schaufelt das Grab wieder zu. Das geht nicht so schnell, wie er's gern hätte. Immer sehr umsichtig, immer darauf bedacht, perfekte Arbeit zu leisten. Ständig klopft er die Erde mit dem Spaten fest, ist besorgt, dass jemand kommen könnte. Man muss schnell arbeiten, und Calum ist so schnell, wie er's verantworten kann. Er hält inne und schaut auf die Uhr. Zwanzig vor neun. Er macht eine Pause. Weiß nicht, ob das gut oder schlecht ist. Die Sache dauert länger als erhofft, doch das hat er geahnt. In einer knappen Stunde will er wieder in der Stadt sein. Aufräumen, wenn noch Leute auf der Straße sind – das kann nicht gut sein.

Er wirft einen weiteren Spaten voll Erde ins Grab. Klopft sie fest. Am Anfang hat er den Bereich rings um Kenny und Hardy aufgefüllt, damit sie nicht zur Seite kippen. Danach kümmert er sich um den Rest des zu breiten, zu flachen Grabes. Und jetzt, wo ihm der Schweiß lästig den Rücken hinabrinnt, bedeckt er die Leichen mit Erde. Inzwischen ist er abgehärtet. Früher hätte ihm der Gedanke, jemanden zu beerdigen, den er kennt, etwas ausgemacht. Er kannte Kenny nicht gut, hat ihn aber oft im Club gesehen und immer hallo gesagt. Kenny war ein Verräter. Er hat dieses Ende heraufbeschworen, als er anfing, mit der Polizei zu reden. Calum hat kein Mitleid. Man erledigt seinen Auftrag und bleibt konzentriert.

Er ist diese anstrengende Arbeit nicht gewohnt. Natürlich hat er schon Leichen beerdigt, doch in der Regel mit einem Helfer. Er übernimmt das Töten, und der andere ist erleichtert, dass er graben darf. Die meisten würden alles tun, um nicht abdrücken zu müssen. Bei diesem Auftrag war Kenny als Lakai auserkoren worden, aus Gründen, die dem Fahrer niemand erklärt hatte. Jamieson hatte Calum in sein Büro zitiert. War die ganze unglückselige Aufgabe mit ihm durchgegangen. Den Geldmann umzulegen, war keine große Sache. Normalerweise hätte Calum nach George Daly, einem von Jamiesons Männern, gefragt. Er hat George verziehen, dass er seine Beziehung mit Emma kaputtgemacht hat. Sich da einzumischen, war mit Sicherheit nicht seine Idee. Das dürfte sich Jamieson ausgedacht haben. Oder eher Young. Damit das Geld nicht vergeudet ist, das sie in ihren ersten Mann gesteckt haben. Das Mädchen, das schon zu seinem Leben gehörte, musste weg. Ein guter Killer muss ein Einzelgänger sein. Er nimmt es George nicht übel, dass er Emma vertrieben hat, aber er hasst das Leben, das er führen muss.

Daran darf er nicht mehr denken. Herrgott, er muss konzentriert bleiben. Es ist eine Menge zu tun. Heute Abend und in den nächsten Tagen. Er muss sich darauf konzentrieren, die Erde in die lästigen kleinen Lücken zwischen den Leichen und der Grabwand zu stopfen. Er arbeitet schnell, und ihm tun die Arme weh. Er ist schweißgebadet. Begreift, dass diese Dreckarbeit, die meistens von anderen verrichtet wird, nicht so leicht ist, wie sie aussieht. Dauert alles länger, als erwartet. Wie zum Teufel schafft es George bloß, diese Dinger so schnell zuzuschaufeln? Calum arbeitet schon über zehn Minuten an diesem Grab und hat grade mal die Leichen bedeckt. Nochmal fünf Minuten, um alles aufzufüllen. Aber es sieht okay aus. Kein großer Hügel. Nichts, was in diesem unebenen Gelände auffallen würde.

Und jetzt die Grassoden obendrauf. Kenny hat ein verdammtes Chaos angerichtet. Mein Gott, guck dir das mal an! Sein letzter Auftrag, und Kenny hat's vermasselt. Für eine typische Beerdigung braucht man vier oder fünf circa einen Meter lange Grasstreifen. Hat der Helfer gute Arbeit geleistet, können es auch bloß zwei Streifen sein, sorgfältig zusammengerollt und wieder ausgerollt, wenn man sie an ihren Platz zurücklegt. Hängt von den Grassoden ab. Kenny hat das unglaubliche Kunststück fertiggebracht, das Ganze in mindestens zwanzig Teile zu hacken. Er hat keine Zeit, nachzuzählen. Man könnte fast glauben, Kenny hätte das absichtlich gemacht. Er muss sich die Stücke aussuchen und sie an das verwurzelte Gras am Rand pressen. Sich von einer Seite zur anderen vorarbeiten. Alles so fest wie möglich andrücken, manchmal ein Stück unter den Rand des daneben liegenden schieben. Dafür sorgen, dass alles wieder passt und das endgültige Bild dem ursprünglichen Zustand so nah wie möglich kommt. Calum tritt zurück und betrachtet sein Werk. Nicht gut. Vielen Dank, Kenny McBride. Eindeutig Flickwerk. Doch es wird wieder zusammenwachsen. Vielleicht sogar ziemlich schnell. Hoffentlich wird es nicht vorher entdeckt. Das Ganze ist nicht perfekt und wird Calum keine Ruhe lassen.

Es bleibt noch zu viel zu tun, um rumzustehen und sich Sorgen zu machen. Hier ist er fertig. Er wirft seine und Kennys Schaufel auf die Plane, auf der sie die ausgegrabene Erde aufgehäuft haben. Dann rollt er die Plane mitsamt den Schaufeln zusammen. Hebt sie vorsichtig hoch und begutachtet den Boden darunter. Wenigstens das hat geklappt. Auf dem Boden neben dem Grab ist kein verräterischer dünner Erdfilm. Ohne die Plane hätten sie nicht jeden Krümel wieder ins Grab gekriegt, und man hätte gesehen, dass hier jemand gegraben hat. Er schleppt die Plane zum Wagen zurück. Klappt den Kofferraum auf und wirft sie rein. Abfahrbereit. Immer ein gutes Gefühl, den Ort einer Beerdigung zu verlassen. Doch heute Nacht ist es anders, aus allen möglichen Gründen. Heute bleibt Calum neben der Fahrertür stehen und schaut zu den Bäumen rüber. Die Scheinwerfer beleuchten die Szenerie. Er nimmt alles in sich auf.

Langsam wegfahren. Nicht mit quietschenden Reifen losschlittern und Spuren hinterlassen. Er muss auf dem schmalen Weg langsam und vorsichtig zur Straße zurückfahren. Wäre es nicht typisch, wenn er im Straßengraben landen und steckenbleiben würde? Was für eine tolle Geschichte für seine Mithäftlinge, wenn er lebenslänglich hinter Gittern säße. Auf dem Heimweg verhaftet. Weil er den Straßengraben nicht gesehen hat. Oh, die würden sich totlachen. Er blickt auf die Uhr im Armaturenbrett. Eine Minute nach neun. Immer noch keine Ahnung, ob das gut oder schlecht ist. Er weiß, dass es schlecht ist, um diese Uhrzeit zu arbeiten. Weiß, dass man keinen Auftrag ausführen sollte, wenn die Welt ringsum noch wach und aufmerksam ist. Doch ihm blieb nichts anderes übrig. Er musste Hardy so früh abholen, damit er in ihren Wagen stieg. Um zwei Uhr hätte er sich vielleicht geweigert mitzukommen. Dann hätten sie einen falschen Haftbefehl zeigen müssen. Die oberste Regel lautet: Alles so einfach wie möglich.

Er fährt in die Stadt zurück. Nimmt eine andere Strecke, versucht aber trotzdem, sich von den Hauptstraßen fernzuhalten. Sein erstes Ziel ist das einzige, das er gestern ausgekundschaftet hat. Alles war sehr kurzfristig. Nicht für den Auftrag, aber für seine eigenen Pläne. Wenn er das hier richtig macht, kann es alles ändern. Als Erstes muss er die Plane, die Schaufeln und Hardys persönliche Sachen loswerden. Dann den Wagen. Er hat einen Ort gefunden, an dem er sich der Plane entledigen kann. Er muss zu einem Gartenschuppen fahren, den Jamieson nutzt – ein x-beliebiges Haus in einer x-beliebigen Straße, das einem von Jamiesons Leuten gehört. Einem zuverlässigen Mann. Der würde ein paar Tage warten und dann die kleine Überraschung, die er in seinem Schuppen findet, sicher entsorgen. Er wurde nicht vorgewarnt, also ist er nicht vorbereitet. Das ist gut; Calum kann nicht zulassen, dass jemand sich fragt, ob der Auftrag erledigt ist. Nicht zulassen, dass jemand Fragen stellt. Noch nicht. Nicht so bald. Deshalb parkt er auf einer Baustelle, die er gestern Nachmittag entdeckt hat. Schwerer als früher, eine geeignete Baustelle zu finden. Niemand da. Er klappt den Kofferraum auf und legt die Brieftasche und die Wagenschlüssel zu den Schaufeln in der zusammengerollten Plane. Holt die Plane raus. Blickt sich nochmal um und wirft sie dann in einen halbvollen Müllcontainer. Man wird weitere Bauabfälle draufwerfen und alles wegschaffen.

Jetzt der Wagen. Das ist einfacher. Dasselbe wie immer. Er fährt ostwärts zur Werkstatt seines Bruders. Sein älterer Bruder William hat den Mehrheitsanteil an einer Werkstatt, wo sich Calum für seine Aufträge Autos leiht. Jemand bringt einen Wagen zur Reparatur; William leiht ihn Calum für ein paar Stunden. Selten länger. William stellt keine Fragen. Er weiß genug, um zu begreifen, dass mehr zu wissen gefährlich wäre. Calums eigenes Auto steht vor der Werkstatt an der Straße. Drei Autos weiter ist eine Parklücke. Calum fährt langsam und blickt in beide Richtungen. Niemand zu sehen. Er hat seinen Bruder mal gefragt, ob an der Straße Videoüberwachung installiert sei. William hat gelacht. In dieser Straße gibt es nicht mehr viele Betriebe. Für so was zahlt niemand. Niemand will es. Williams Werkstatt ist nicht die einzige Firma, die was zu verbergen hat.

Calum steigt aus. Er hat die Schlüssel auf die Sonnenblende gelegt und schließt die Tür. Er will nicht mit dem Wagen gesehen werden. Der Wagen könnte der Schlüssel zu einer polizeilichen Ermittlung werden. Sie könnten rausfinden, dass er beim Verschwinden zweier Männer benutzt wurde. Sie könnten alle, die ihn an diesem Abend gesehen haben, aufrufen, sich zu melden. Er steigt in seinen eigenen Wagen. Vertrautheit. Herrliche, beruhigende Vertrautheit. Er klappt die Sonnenblende runter, und die Schlüssel fallen ihm in den Schoß. Bei einem Auftrag nimmt man nichts mit, nicht mal die eigenen Autoschlüssel. Er lässt den Motor an und fährt los. Fährt zu seiner Wohnung zurück und parkt zwei Straßen entfernt. Eine Wohnung, die sich nie wie ein Zuhause angefühlt hat. Und das auch nie tun wird. Wenn er könnte, würde er nicht mehr dorthin zurückkehren. Doch das kann er sich nicht leisten. Ein letzter Besuch.

Er tastet seinen Mantel ab und spürt die Waffe. Er hätte sie wegwerfen sollen. An jedem anderen Abend, bei jedem anderen Auftrag, hätte er es getan. Doch das hier soll sein letzter Job sein.

6

Peter Jamieson hat die letzten paar Stunden in seinem Büro gesessen. Der einzige Moment bei einem wichtigen Auftrag, wo er nichts tun kann. Er plant alles. Er kümmert sich um die Folgen. Den eigentlichen Auftrag muss ein anderer ausführen. Calum und Kenny wurden mit einer Aufgabe betraut, über die nie gesprochen werden wird. Dieser dreiste kleine Scheißkerl Kenny. Wenn er daran denkt, bringt das sein Blut noch immer in Wallung. Hat mit der Polizei geredet und ist trotzdem Tag für Tag hier aufgetaucht und hat den treuen Mitarbeiter gespielt. Hat dem Feind alles verraten. Scheiße! Jamieson hat Kenny vertraut. Hat gedacht, er wäre ein verlässlicher Mann. Nicht besonders intelligent, nicht besonders beeindruckend, aber verlässlich. Man kann nie wissen. Erst Frank MacLeod, und jetzt das. Als Young ihm das Ganze erzählt hat, wusste Jamieson sofort, was er tun würde. Zwei Fliegen mit einer Klappe. Kenny wird dafür büßen; doch er darf jetzt nicht an Kenny denken. Er muss sich um anderes kümmern.

Jamieson sitzt, wie immer, hinter seinem Schreibtisch. Young wie immer links von ihm auf dem Sofa. Nur die beiden. Das Büro liegt über Jamiesons Nachtclub. Nicht richtig schalldicht. Man spürt noch das leise Wummern der Musik unten. Normalerweise nicht schlimm, aber an einem Abend wie diesem ziemlich lästig. Dem Abend eines Auftrags. Einem Abend, an dem man konzentriert sein muss. Es kann was schieflaufen, so was kommt vor. Ist erst vor kurzem passiert. Heute Abend soll sich das ändern. Dieser Abend und die nächsten paar Tage sollen alles ändern.

»Wir hätten das schon vor Monaten tun sollen«, sagt Jamieson zu Young. »Unabhängig von dem Scheiß, der gelaufen ist.«

Young nickt. »Vielleicht. Aber jetzt ist das Risiko geringer. Es jetzt zu machen heißt, es richtig zu machen. Perfekt. Das hätte ich vorher nicht garantieren können.«

Jamieson nickt und trommelt mit dem Zeigefinger auf den Schreibtisch. Blickt Young an und muss plötzlich lachen. Das ist es! Darum geht es. Die Schachzüge, der Nervenkitzel, das Risiko. Dafür tun sie das Ganze.

»Ich hab ein Treffen mit diesem blöden Arsch Kirk vereinbart«, sagt Young.

Jamieson runzelt die Stirn. Er kennt jede Menge blöde Ärsche, aber mit diesem Namen kann er nichts anfangen. »Mit wem?«

»Ein Typ, der für die Telefongesellschaft arbeitet. Er soll ein paar falsche Anrufe eingeben. Sie in die Einzelverbindungsnachweise aufnehmen. Shug mit einem Killer, ein Killer mit Shug. Des Collins spielt den Killer. Er ist eigentlich freischaffend. Dann sieht es glaubwürdig aus.«

Das haben sie schon besprochen. Die Anrufe sind bloß

eine kleine Zugabe. Jamieson hält das für unnötig, aber Young steht auf so was. Er ist gern sorgfältig und fleißig.

»Ich denke immer noch, dass nicht du ihn treffen solltest. Das ist riskant. Er wird plaudern. Du solltest jemand anders hinschicken.«

»Ist schon in Ordnung«, sagt Young schulterzuckend. »Der Kerl kann Scheiße nicht von Schokolade unterscheiden. Der kann plaudern, so viel er will – ich werde alles abstreiten.«

Schön, die Anrufe sind eine Zugabe. Aber der Auftrag ist wichtig. Den Leuten wird auffallen, dass Kenny nicht mehr da ist. Besonders dem Polizisten, bei dem er gesungen hat. Jemand muss den Kopf hinhalten. Dafür und für Hardy. Shug steht mit Hardy in Verbindung. Die Polizei wird Shugs Telefonliste überprüfen. Sie wird rausfinden, dass er mit Des Collins telefoniert hat, einem bekannten Killer. Und dann wird die Polizei Peter Jamieson für das Verbrechen nicht mal mehr in Erwägung ziehen. Shugs Verbindung zu Hardy hätte sie sowieso auf diese Fährte gesetzt. Trotzdem, gegen seine Feinde kann man nie genug Beweise haben. Collins arbeitet meistens für Alex MacArthur. Also fängt die Polizei an, dem alten MacArthur nachzuschnüffeln. Sie werden nichts unternehmen, aber die Rumschnüffelei schwächt ihn. Dann wird's interessant. Jamieson bringt den Kampf mit Shug hinter sich. Sieg errungen. Ein Risiko, das eine Organisation aber eingehen muss, wenn sie wachsen will.

Und hier kommt John Youngs Spezialität richtig zum Tragen. Planen und Intrigieren. Leute hinters Licht führen. Die Schachzüge der anderen erkennen, bevor sie sie machen. Das liebt er. Schon immer. Das war schon immer seine Stärke. Young war der Planer. Jamieson der Mann der Tat. Die Taten bringen einen ganz nach oben. Die Planung macht einen zum zweiten Mann. Damit sind beide zufrieden.

»Marty hat sich öfters hier sehen lassen«, sagt Young. Ein belustigter Blick auf Jamieson. Er weiß, welche Reaktion folgen wird.

»Sag ihm, er soll verschwinden. Der Scheißkerl soll zahlen, was er mir schuldig ist.«

Young lächelt. »Das hab ich ihm oft genug gesagt. Er will sich wieder einschmeicheln. Wieder gut angeschrieben sein. Er wird alles tun, um dich für sich zu gewinnen.«

Jamieson erschaudert. »Sag ihm, er soll erst mal Abstand halten. Er wollte mich um meinen Anteil betrügen. Wenn er nicht so'n Haufen Geld machen würde, hätte ich mich längst um ihn gekümmert.«

Young lächelt wieder. Marty Jones ist vieles. Erstens ist er Zuhälter. Aber auch ein Kredithai. Er hat die Finger in allen möglichen Geschäften. Hat den Bogen raus, wie man schnell gutes Geld macht. Nur deshalb ist er noch nicht in Ungnade gefallen.

Jamieson wirft einen verstohlenen Blick auf seine Uhr. Der wichtigste Auftrag dieses Abends sollte inzwischen erledigt sein. Er wartet auf einen Anruf. Nicht von Calum. Dieser Anruf wird nicht kommen. Es geht um was anderes. Eine ganz andere Geschichte. Zurzeit läuft unglaublich viel.

»Weißt du, dass Potty Cruickshank verhaftet worden ist?«, sagt er.

»Gut«, sagt Young ohne großes Interesse. Das hat er vor einer Woche gehört. Cruickshank ist ein weiterer Kredithai. Ein weiterer Mistkerl. Von der allerschlimmsten Sorte. Nicht mit Jamiesons Organisation liiert.

»Ich hab gehört, Cruickshank hat Paul Greig in der Hand. Und dann hab ich gehört, dass die Beweise für seine Verhaftung nur von Greig stammen können.«

Young blickt Jamieson an. Runzelt die Stirn. »Ich weiß, dass man Greig nicht trauen kann. Er ist auf niemands Seite. Cruickshank hätte das wissen müssen. Wie gut, dass Shug ihm vertraut. Greig denkt nur an sich. Er gibt alles Mögliche weiter an seine Vorgesetzten. Nur deshalb dulden sie ihn.«

Jamieson seufzt. Mit Leuten wie Greig sollten sie nichts zu tun haben. Zu riskant.

Das Telefon klingelt. Jamieson blickt aufs Display. Schaut zu Young rüber und nickt. Das ist der Anruf, auf den er gewartet hat. Als Jamieson sich meldet, steht Young auf und geht. Er könnte bleiben und zuhören, sieht aber keinen Grund. Jamieson wird ihm erzählen, was er über das Gespräch wissen muss. In der Zwischenzeit muss er sich um andere Sachen kümmern. Treffen vereinbaren. Irgendwie wünschte er, er könnte was von der Drecksarbeit übernehmen. Young denkt an Männer wie Calum und Frank MacLeod. Okay, Frank war ein Verräter. Da gibt's nichts zu beneiden. Aber das Leben, das er geführt hat. Der Nervenkitzel, den er hatte. So was kriegt man nicht, wenn man bloß Anrufe macht. Die Art von Nervenkitzel, den Calum MacLean in diesem Moment hat. Noch so jemand, den er im Auge behalten muss. Calums Einstellung ist unklar. Immer noch. Scheiße, er steht auf Herausforderungen, aber früher war alles einfacher.

Young hat unten ein kleines Büro, das er fast nie benutzt. Unter anderem, weil es unten ist. Und nicht schalldicht. Dieser Lärm heute Nacht. Mein Gott, man kann sich nicht mal denken hören! Klingt, als würde jemand einen Hund mit einem Sack voll Schraubenschlüsseln verprügeln. Und so was nennt man Musik. Er wollte einen Anruf machen, aber jetzt lässt er's lieber. Jetzt schlägt er bloß Zeit tot. Wartet, bis er weiß, dass Jamieson sein Gespräch beendet hat. Das ärgert ihn ein bisschen. Bloß ein bisschen. Young arbeitet so hart, um alles zu arrangieren, aber Jamieson macht den entscheidenden Anruf. Das heißt, er kriegt die ganze Anerkennung. Eigentlich kein Problem. Young ist das gewohnt. Ist schon in Ordnung, es ist bloß ... es wäre schön, wenn er auch mal eine Sache beenden und sie nicht nur planen könnte. Noch keine zehn Minuten. Verdammt, von dieser Musik kriegt man Kopfschmerzen. Er geht wieder nach oben. Durch den Snookersaal und den Flur lang zu Jamiesons Büro. Beim Eintreten sieht er, dass Jamieson den Anruf beendet hat. Young nickt ihm fragend zu.

»Die Sache läuft«, sagt Jamieson. »Wie zu erwarten.«

7

Er hat ihr nicht erzählt, worum's ging, aber das war auch nicht nötig. Der Auftrag hat ihm Angst gemacht.

»Wenn du glaubst, dass du's nicht hinkriegst, dann sag's ihnen«, hat sie letzte Nacht gemeint, doch Kenny hat bloß den Kopf geschüttelt.

»Es ist nicht so, dass ich's nicht hinkriege. Das schaff ich schon. Ich soll bloß fahren. Bloß wieder fahren. Du brauchst dir wirklich keine Sorgen zu machen. Ein bisschen anders als sonst, das ist alles. Bloß ein etwas anderer Auftrag. Solange ich vorsichtig bin ...« Er verstummte. »Und ich werde nicht allein sein; es sind gute Leute dabei.« Das klang, als würde er es ernst meinen. Als sei er vom Können seiner Begleiter überzeugt.

Deana hat nichts mehr dazu gesagt. Doch jetzt wünschte sie, sie hätte es getan, egal, wie unangenehm das anschließende Gespräch geworden wäre.

Es war schon spät, das ist ihre Ausrede. Kenny kam erst kurz vor Mitternacht aus dem Club. Sie lag schon im Bett;

beim Ausziehen hat er erzählt, dass er am nächsten Tag einen wichtigen Auftrag hat und danach ein paar Tage frei haben wird. Warum er ein paar Tage freibekam, erklärte er nicht. Er deutete an, dass es mit dem Auftrag zusammenhing. Vielleicht ging's um irgendwas, wonach man auf Tauchstation gehen musste. So was hat er noch nie gemacht. In seinem ganzen Leben nicht. Sie kennt ihn gut genug, um zu wissen, dass ihn das Mühe kostet. Mit Druck kann er nicht gut umgehen; deshalb hatte sie in der Beziehung immer das Sagen. Jetzt ist es vierundzwanzig Stunden später. Sie liegt wieder im Bett und schaut auf die Uhr. Halb eins. Er hat gesagt, er würde um elf zurück sein. Wahrscheinlich noch früher. Er hat sich schon ganz oft verspätet. Um mehrere Stunden. Aber diesmal fühlt es sich anders an, und sie glaubt zu wissen, warum.

Deana hat Kenny ermutigt, zur Polizei zu gehen. Das war richtig. Egal, was passiert ist, es war die richtige Entscheidung. Er hat ihr alles erzählt. Zu viel. Hätte er seine Sorgen für sich behalten, hätte sie das Treffen mit DI Fisher nie vereinbart. Kenny hatte nicht die Eier, es selbst zu tun. Er brauchte einen Schubs, also hat Deana ihm einen gegeben. Es machte ihm Sorgen, dass Jamieson so lange brauchte, um mit Shug Francis fertigzuwerden. Er befürchtete, es wäre ein Zeichen von Schwäche. Wenn irgendwer Jamiesons Organisation zerschlug, was wurde dann aus Kenny? Er ist bloß Fahrer, sonst nichts. Die gibt's wie Sand am Meer. Wer Jamiesons Revier übernahm, würde ihn nicht brauchen, er hätte seine eigenen Fahrer. Kenny hätte keine Arbeit mehr. Und was noch schlimmer war, keinen Schutz. Klar, wenn man eine Organisation übernimmt, will man die alten Mitarbeiter nicht verprellen. Man beschäftigt so viele wie möglich weiter. Bietet ihnen Schutz. Aber so großzügig ist man nur mit wichtigen Leuten. Für die Fahrer am Ende der Hierarchie gilt das nur selten.

Kenny war krank vor Sorge. Überzeugt, dass Jamieson über zu viele Kleinigkeiten stolperte. Dass Shug die Oberhand gewann oder zumindest anderen zeigte, wie verwundbar Jamieson wirklich ist. Wenn Shug ihn nicht besiegt, dann würde es bald jemand anders tun. All das hatte er Deana erzählt, und sie hatte ihm gesagt, was er tun sollte. Zur Polizei gehen. Ihnen kleine Informationshäppchen geben – nichts, was Kenny belasten kann. Im Gegenzug bieten sie dir Schutz an, falls Jamiesons Welt zusammenbricht. Besser als nichts. Die einzige Absicherung, die du kriegen kannst. Also vereinbarte er ein Gespräch und traf sich mit dem Polizisten. Dreimal inzwischen. Schien einfach zu sein. Schien gut zu laufen. Nichts deutete darauf hin, dass jemand es rausgefunden hatte. Er gewöhnte sich an sein Informantendasein. Verlor die Angst davor.

Und jetzt dieser Auftrag. Etwas, das ihn nervös machte. Das aus heiterem Himmel kam. Vielleicht interpretierte sie zu viel rein, aber inzwischen ist es schon nach zwei Uhr, und er ist immer noch nicht zu Hause. Bei diesem Auftrag ging's offenbar um was Wichtiges. Doch sosehr sie Kenny auch liebt – auf eine bequeme, untreue Art –, sie weiß, dass er kein Mann für wichtige Sachen ist. Schwer vorstellbar, dass jemand, der so clever ist wie Peter Jamieson und John Young, das nicht auch weiß. Aber sie haben ihn losgeschickt. Aus Verzweiflung? Könnte sein, aber Kenny schien zu glauben, dass sie langsam alles in den Griff bekamen. Er deutete an, dass die Organisation wieder auf dem richtigen Weg war. Keine Spur von Schwäche mehr. Also haben sie ihm bewusst einen Auftrag gegeben, für den er nicht der Geeignetste war. Das sieht ihnen überhaupt nicht ähnlich. Kenny ist zigmal nach Hause gekommen und hat erzählt, wie sorgfältig sie ihre Leute auswählen. Hat ihr Geschichten über die Aufnahme neuer Leute erzählt. Geschichten darüber, wie penibel sie darauf achten, dass die richtigen Leute die richtigen Aufgaben kriegen. Die sind doch nicht plötzlich schlampig geworden.

Halb drei, und Kenny ist immer noch nicht zurück. Deana steht auf und tappt nach unten. Geht im Wohnzimmer auf und ab. Tritt ans Fenster, setzt sich auf den Sims und blickt raus auf die Straße. Wartet darauf, dass ein Wagen hält. Macht sich Gedanken darüber, was für ein Wagen es sein wird. Nehmen wir mal an, dass Jamieson Kenny keine Falle gestellt hat. Dass er nicht bestraft wurde, weil er mit der Polizei geredet hat. Sondern dass sie diesen Auftrag erledigt haben und irgendwas schiefgelaufen ist. Dass sie geschnappt wurden. Vielleicht ist dann der Wagen, der vor dem Haus hält, ein Streifenwagen. Und die Polizisten kommen, um ihr zu sagen, dass Kenny einen Berg von Scheiße an der Backe hat und sie mitkommen soll aufs Revier, um zu erzählen, was sie über sein Leben weiß. Durchaus im Bereich des Möglichen. Doch das muss sie erst mal zurückstellen. Erst mal hat sie Angst, dass Jamieson Bescheid weiß und heute Nacht die Bestrafung anstand.

Sie legt sich wieder ins Bett. Hat sich ein bisschen beruhigt. Dann ist er eben spät dran. Sehr spät. Ist ja nicht das erste Mal, oder? Er hat sich schon ziemlich oft verspätet. Das ist ein schwierigerer Auftrag als sonst. Eine größere Herausforderung. Vielleicht hat das ganz andere Folgen. Wenn Kenny an was Großem beteiligt war, dann kann man wohl davon ausgehen, dass die Aufräumarbeiten länger dauern. Um zehn nach drei hat sie sich eingeredet, dass die Verspätung bloß am schwierigeren Job liegt. Manche Frauen machen so was jede Nacht durch. Frauen, die mit Männern liiert sind, die regelmäßig schwierige Aufträge ausführen. Im Lauf der Zeit hat Deana ein paar von ihnen kennengelernt. Einige sehen aus, als hätten sie keinerlei Sorgen. Andere wirken erschöpft. Daran unterscheidet sie diejenigen, die ihre Männer wirklich lieben, von denen, die es nicht tun.

Kenny ist nicht der Erste aus dem Geschäft, mit dem sie eine Beziehung hat, aber auch die meisten anderen waren am unteren Ende der Hierarchie. Zweitrangige, unbedeutende Leute, die keine wichtigen Aufträge kriegen. Sie war auch mit zwei bedeutenderen Männern zusammen, aber nur kurz. Mit einem vor vielen Jahren, als sie noch ein Teenager war. Beide hatten ihren Spaß, und fertig. Mit dem anderen, als sie Kenny schon kannte. Als sie schon zusammengezogen waren. Sie haben eine seltsame Beziehung. Beide trauen dem anderen zu, dass er untreu ist. Beide wissen, dass der andere nicht vollkommen treu ist, doch ihnen sind die Gefühle des anderen nicht egal. Sie reden nicht darüber. Sie haben keine Kinder, aber ein anständiges Einkommen, und sie kommen gut miteinander klar. Inzwischen lieben sie sich. Das ist keine Liebe, die einen schwindlig macht, aber eine, die von Dauer ist.

Dem anderen Mann ist sie vor einem Restaurant begegnet. Sie war mit Freunden aus und wollte ein Taxi nach Hause nehmen. Kenny arbeitete wohl lange. Der Mann kam und fragte, ob er sie mitnehmen könne. Gutaussehender Typ, ein bisschen jünger als Deana, aber das verschwieg sie ihm. Damals war sie dreiunddreißig, jetzt ist sie vierunddreißig. Der Typ war Mitte bis Ende zwanzig und wäre auch als jünger durchgegangen. Sie hatte ihn schon mal gesehen. Er sie auch. Hing mit Kennys Arbeit zusammen. Irgendwas im Club, dachte sie. Oder irgendwo anders. Er hieß Alan Bavidge. Arbeitete für jemanden namens Billy Patterson, einen Mann auf dem Weg nach oben. Patterson hat eine eigene Organisation, die undurchsichtigen Geschäften nachgeht. Er hat es geschafft, im Schatten zu wachsen, und ist niemandem auf die Füße getreten. Hat sich aus dem Drogenhandel größtenteils rausgehalten. Seine Geschäfte drehen sich mehr um Geldverleih und Sicherheitssachen. Die Zeit mit Bavidge hat Deana die Augen geöffnet.

Sie war fünf Wochen mit ihm zusammen. Ein süßer, gutaussehender Kerl, nicht auf den Kopf gefallen. Sie hielt die Sache vor Kenny geheim. Hatte Spaß mit Alan, wusste aber, dass es nicht von Dauer war. Fünf Wochen, in denen er sie viermal versetzte. Wegen seiner Arbeit. Er gehörte zu den wichtigen Leuten in Pattersons Organisation. Er hat nie genau erzählt, was er tut, war nicht so redselig wie Kenny, aber sie kann zwei und zwei zusammenzählen. Alan hat mit Sicherheit schlimme Dinge getan. Leute verprügelt – vielleicht Schlimmeres. Anfangs ärgerte es sie, versetzt zu werden, doch seine Entschuldigungen waren aufrichtig. Wenn er schließlich auftauchte, sah er angespannt und müde aus, und so was passiert ja nicht, bloß weil man sich verspätet hat. Er hatte gearbeitet. Diese Anspannung hielt stundenlang, manchmal sogar tagelang an. Sie gingen getrennte Wege. Kenny war langsam ärgerlich; er begriff, dass es einen anderen gab. Weder sie noch Alan hielten an der Affäre fest. Sie trennten sich im Guten. Mit Alan konnte man keine Beziehung haben. Würde oft nachts am Wohnzimmerfenster stehen und sich fragen, ob er es diesmal nach Hause schafft.

Das Seltsame war, dass sie nichts empfand, als sie von Alans Tod hörte. Keine Trauer, überhaupt kein Gefühl. Es schien unausweichlich zu sein. Er war jemand, der einfach jung sterben musste. Ermordet von einem unbekannten Täter. Seine Leiche wurde in einer Gasse hinter einer Ladenzeile gefunden. Ein Ort, an dem er nichts zu suchen hatte. Wer weiß, was er aushalten musste? Was er ausgehalten hat, als sie noch mit ihm zusammen war. Es fiel ihr schwer, sich Gedanken darüber zu machen. Alan wusste, worauf er sich eingelassen hatte. Er kannte die Risiken und blickte ihnen ins Auge. Zumindest war das ihr Eindruck.

Kenny ist das absolute Gegenteil. Sich nur vage der Gefahren bewusst, nicht bereit, darüber nachzudenken. Ein wirklich guter Mensch. Sie kann die Vorstellung nicht ertragen, dass er leiden muss. Noch ein Blick auf die Uhr. Zehn vor vier. Komm schon, Kenny, wo zum Teufel steckst du? Dann döst sie ein. Plötzlich schreckt sie hoch. Sieht auf die Uhr. Fünf nach acht, und Kenny ist immer noch nicht zurück.

8

Calum nimmt kaum was mit. Lässt absichtlich alles da, was man eigentlich mitnehmen würde. Er muss Zweifel streuen. Sie sollen glauben, dass er vielleicht letzte Nacht ums Leben gekommen ist, so wie Kenny und der Geldmann. Vielleicht ist was schiefgelaufen, und alle drei liegen tot irgendwo im Wald. Dieser Gedanke wird sie zu Tode erschrecken. Sie werden nach der Leiche suchen. Gut. Etwas suchen, das man nicht finden kann. Das wird sich für Calum als nützlich erweisen. Jamieson und Young sollen so verwirrt sein wie möglich. Sowie sie ahnen, was er wirklich vorhat, werden sie gnadenlos Jagd auf ihn machen. Das wird absoluten Vorrang haben, wichtiger sein als alles andere. Dann muss er längst weg sein.

Er wird niemanden informieren, dass er die Wohnung verlässt. Das ist klar. Jemand, der in der vorigen Nacht vielleicht ums Leben gekommen ist, informiert niemanden, dass er geht. Er verschwindet einfach. Nicht bloß vor Young und Jamieson, sondern auch allen anderen. Na ja, nicht allen, denn er braucht ja ein bisschen Hilfe. Das kann er nicht allein durchziehen. Sachen müssen geregelt werden, und zwar schnell. Das Erste ist das Verlassen der Wohnung. Er muss das liefern, was sie erwarten. Er darf sich nichts vormachen: Sie werden in die Wohnung kommen. Calum ist sich sicher, dass sie einen Zweitschlüssel haben. Das haben sie zwar nie gesagt, aber Jamieson hat ihm die Wohnung besorgt. Sie dürften nicht die Besitzer sein – dazu sind sie zu klug. Niemand soll wissen, dass Calum für sie arbeitet, darum werden sie nicht so dumm sein, ihn in ihrer eigenen Immobilie unterzubringen. Trotzdem dürften sie alle Vorkehrungen getroffen haben. Schließlich hatten sie auch einen Schlüssel zu Frank MacLeods Haus, als sie Calum hinschickten, um ihn zu erledigen. Seinen eigenen Vorgänger. Der Mann, zu dem er nicht werden will.

Sie dürften erwarten, dass er sein Handy dagelassen hat, also hat er es nicht mehr angerührt, seit er es am vorigen Abend auf den Küchentisch legte. Er wird es dort lassen. Und ein neues kauft er sich erst, wenn er die Stadt verlassen hat. Seine Brieftasche lässt er auf der Küchentheke zurück. Er darf die Sachen nicht nebeneinanderlegen – sonst sieht es so aus, als sollte alles gefunden werden. Er muss sie da hinlegen, wo man sie zu finden erwartet. Eine Brieftasche, beiläufig auf die Küchentheke geworfen. Das Handy nach Nachrichten durchsucht, bevor er ging, auf den Tisch gelegt, damit er es bei seiner Rückkehr gleich kontrollieren kann. Er muss ihren Erwartungen gerecht werden. Sein Pass ist im Wohnzimmer in der Schreibtischschublade. Den werden sie rasch finden. Sein Führerschein liegt daneben, sein Scheckheft auch. Über den Führerschein hat er kurz nachgedacht. Er besorgt sich sowieso einen neuen, aber wo würden sie ihn erwarten? Sie könnten denken, dass er ihn in seinem Wagen hat. Nein. Vielleicht jemand von geringerem Format, aber nicht Calum. Sie wissen, dass er ihn bei einem Auftrag nicht dabei hätte. Er muss ihn da lassen, wo er ist.

Calum denkt schon seit Wochen daran, abzuhauen. Eigentlich seit Monaten, doch anfangs war es nur so ein Gedanke. Dann wurde ein Plan daraus. Doch er konnte im Voraus nicht viel unternehmen. Weil er nicht wusste, wann sich die Chance bieten würde. Und jetzt ist sie da. Was er zurechtgelegt hat, ist die Kleidung. Nicht viel, doch alles, was er braucht. Kleidung und eine Tasche. Das hat er mit Bargeld gekauft. Nicht alles auf einmal. In verschiedenen Läden, im Lauf einer Woche. Er geht davon aus, dass Jamiesons Organisation Einblick in seine Konten hat. Wenn sie sehen, dass er vor seinem Verschwinden Geld in Kleiderläden ausgegeben hat, könnten sie sich Gedanken machen. Warum kauft jemand, der sich nur selten neue Kleidung leistet, plötzlich groß ein? Ein paar Kleidungsstücke und eine Tasche, im doppelten Boden seines Schranks versteckt. Noch nie getragen, bereit für den Aufbruch.

Beim Geld ist er genauso vorgegangen. Er wird sein Konto nicht leerräumen. Für den Fall, das Jamieson Einblick hat, muss er was dalassen. Also hebt man jedes Mal am Geldautomaten ein bisschen mehr ab, als man braucht. Man braucht fünfzig Pfund, also nimmt man hundert. Das macht er jetzt seit fünf Wochen. Die Methode ist nicht perfekt. Es geht mehr Geld als gewöhnlich ab, und wer ein Auge darauf hat, dürfte dahinterkommen. Seine Hoffnung ist, dass niemand ein Auge darauf hat. Dass Young und Jamieson nur einen Blick auf sein Konto werfen und sehen, dass noch jede Menge Geld da ist. Keine größere

Überweisung. Wenn sie seine Ausgaben nicht genau unter die Lupe nehmen, dürfte ihnen nichts auffallen. Also hat er ein Bündel von über sechshundertfünfzig Pfund, mit drei Gummibändern umschlungen. Das kommt unten in die Tasche.

Zu wissen, dass man eine Wohnung zum letzten Mal verlässt, ist merkwürdig. Bei seiner alten Wohnung hatte er keine Gelegenheit, sich so zu fühlen. Die musste er Hals über Kopf verlassen, nachdem Shug Francis Glen Davidson nachts vorbeigeschickt hatte, um ihn zu ermorden. Calum ist immer noch quicklebendig. Glen Davidson nicht. Er hat auf dem Küchenfußboden von Calums alter Wohnung seine letzten Atemzüge getan. Eine Wohnung, die sich wie ein Zuhause angefühlt hat. Und plötzlich konnte er nicht mehr zurück. George und er haben die Leiche beseitigt, aber man kann nicht riskieren, zurückzukehren. Man kann nicht in eine Wohnung zurückgehen, in der man jemanden umgelegt hat. Und wenn diese Wohnung zufällig dein Zuhause ist, dann kannst du nicht mehr nach Hause. Er hat acht Jahre lang dort gewohnt. Kannte jeden Winkel und fühlte sich wohl. Er hatte seine Gewohnheiten. Alles war am richtigen Platz. Als er die Wohnung zum letzten Mal verließ, waren seine Hände aufgeschlitzt. Er hatte Geschirrtücher drumgewickelt und sich bemüht, seinen Teil des Gewichts zu schleppen, während er und George Daly Davidsons Leiche zum Lieferwagen runterbrachten. Er ist nie zurückgekehrt. Das hier ist was anderes. Nicht das Gefühl, sein Zuhause zu verlassen. Nur eine Wohnung. Er kommt nicht zurück und hätte auch keine Lust darauf, selbst wenn er könnte, vielen Dank.

Er hat die Tasche mit der neuen Kleidung, sonst nichts. Na ja, und die Kleidung, die er vorige Nacht getragen hat, aber die muss er loswerden. Und die Waffe. Die steckt noch in der Innentasche seines Mantels. Auch die muss er loswerden. Das weiß er. Hätte er längst tun sollen. Unprofessionell, dass er sie immer noch hat. Aber sie ist auch eine Beruhigung. Nach jedem Auftrag droht die Verhaftung. Nach zehn Jahren in seinem Job hat er sich daran gewöhnt. Das ist ein alter Hut. Aber diesmal gibt es eine neue Gefahr. Die droht ihm von seinen Auftraggebern. Sie werden ihn nicht verhaften. Sie werden nicht zulassen, dass bei seiner Bestrafung ein Anwalt dabei ist. Sie werden tun, was sie mit jedem tun, der sich aus dem Staub machen will. Mit jedem, der zu viel weiß. Sie werden ihm eine Kugel verpassen. Die Waffe ist beruhigend, aber ein zu großes Risiko. Er wird sie in irgendeine Mülltonne werfen. Normalerweise würde er sie dem Mann zurückbringen, von dem er sie gekauft hat, und einen Teil seines Geldes zurückkriegen. Aber niemand darf wissen, dass er noch am Leben ist.

Er geht zur Tür hinaus und schließt ab. Die Schlüssel wird er zusammen mit der Kleidung wegschmeißen. Er steigt die Treppe runter und tritt aus dem Haus, schaut vorsichtig die Straße rauf und runter. Nichts Auffälliges. Kein Wagen, den er nicht kennt. Calum bleibt auf der obersten der drei Stufen vor der Haustür stehen. Tut so, als würde er an irgendwas in der Tasche rumfummeln. Nutzt die paar Sekunden, sieht sich um. Guckt irgendwo jemand aus dem Fenster? Drückt sich irgendwer in den Fahrersitz eines Wagens? Er kann niemanden entdecken.

Er geht die Stufen runter und die Straße lang. Schnell, aber nicht so schnell, dass es einem zufälligen Beobachter auffallen würde. Um die Ecke und die nächste Straße lang. Hin und wieder ein Blick über die Schulter. Nicht zu oft.

Es darf nicht aussehen, als würde er sich verfolgt fühlen. In die Straße, in der er letzte Nacht seinen Wagen abgestellt hat. Er startet den Motor und fährt los. So weit, so gut; aber das war der leichte Teil. Jetzt braucht er die Hilfe anderer. Er macht sich auf den Weg zu seinem großen Bruder.

9

Den Anruf macht eine der Frauen, die auf der anderen Seite des Flurs arbeiten. Sie finden es seltsam, dass Hardy nicht zur Arbeit erschienen ist. Sie können sich nicht erinnern, dass er, seit sie sich das Obergeschoss des Gebäudes teilen, schon mal einen Tag freigemacht hat. Sie haben sich nicht sofort gemeldet. Tut man ja auch nicht, oder? Man verständigt doch nicht gleich die Polizei, bloß weil jemand nicht zur Arbeit erscheint. Das kann tausend Gründe haben.

Vielleicht ist Richard Hardy krank. Schließlich geht eine Grippe um. Also unternehmen sie erst mal nichts, doch dann fragt jemand nach ihm. Ein asiatischer Geschäftsmann, der regelmäßig kommt. Scheint ein wichtiger Klient zu sein. Sie lassen ihn ins Gebäude. Der Mann klopft an die Bürotür, weiß anscheinend nicht genau, ob er wieder gehen soll oder nicht. Sein Buchhalter hat ihn noch nie versetzt. Das sieht Hardy so gar nicht ähnlich.

Eine der Frauen kommt auf den Flur und redet mit ihm. Fragt, ob Mr. Hardy den Termin abgesagt hat.

»Nein, hat er nicht. Ich bin sehr überrascht«, sagt der Geschäftsmann.

»Ich will nicht überreagieren«, sagt die Frau, »aber er hat noch nie einen Tag versäumt. Das haben wir beide gesagt heute Morgen. Wir haben beide gesagt: Er ist nicht da, das sieht ihm gar nicht ähnlich.«

»Ich habe seine Handynummer«, sagt der Asiate, stellt seine Aktentasche ab und holt sein eigenes Handy aus der Tasche. Er ruft an, doch es geht niemand ran. Man macht nur ungern großes Getue. Der Mann und die Frau vereinbaren, bis zum Mittag zu warten, bevor sie was unternehmen.

Der Geschäftsmann geht die Treppe runter und verlässt das Haus, bleibt aber plötzlich stehen. Ist das nicht Richards Wagen? Sieht ganz so aus. Vielleicht täuscht er sich, aber so einen Wagen fährt sein Buchhalter. Der Mann hält inne. Dann holt er sein Handy aus der Tasche und probiert es nochmal. Ziemlich beunruhigend. Er hält das Handy ans Ohr und lehnt sich an Hardys vermeintlichen Wagen. Das Klingeln scheint widerzuhallen. Das ist unheimlich. Das Echo kommt aus dem Wageninnern. Es *ist* Richards Wagen. Sein Handy liegt auf dem Sitz, das Display leuchtet während des Anrufs auf. Also, das macht ihn jetzt doch langsam nervös. Richard würde nie ohne sein Handy weggehen und nie sein Auto stehen lassen. Ein Mann in seinem Alter, wie weit würde er kommen? Nein, das ist absolut ungewöhnlich. Der Geschäftsmann geht zurück und klopft an die Tür des Wohltätigkeitsvereins. Redet mit den beiden Frauen.

Weil keiner von ihnen Richards Privatnummer kennt, verständigen sie die Polizei. Die Frau ruft an. Sie heißt Helen Harrison, falls das jemanden interessiert. PC Joseph Higgins zeigt etwa zehn Sekunden Interesse. Als er hört, dass der Betreffende erst seit ein paar Stunden vermisst wird und nur einen einzigen Termin versäumt hat, ist er nicht weiter beunruhigt. Das Ganze lässt ihn sogar ziemlich gleichgültig. Der Wagen steht vor der Tür. Die Frau hat bestätigt, dass Hardy normalerweise vor ihnen im Büro ist. Also kommt Hardy dort an. Beschließt, rasch in einen Laden zu flitzen, um was zu besorgen. Fällt vielleicht hin. Macht vielleicht eine kleine Runde. Vielleicht gibt es einen Notfall. Bei einem gesetzten älteren Mann wie Hardy hat es meistens mit der Gesundheit zu tun. Er ist irgendwo hingegangen und hatte irgendwelche Probleme. Ist in diesem Moment wahrscheinlich im Krankenhaus, wo ihm gesagt wird, dass er den Blutdruck senken, mal Urlaub machen muss. Keine große Sache.

Hat sein Handy im Wagen gelassen. Da können sie, ehrlich gesagt, nicht viel unternehmen. Soweit diese Leute wissen, ist der Mann erst zwei Stunden weg. Da wird kein Suchtrupp gebraucht. Er ermittelt Hardys Adresse.

»Wir fahren mal vorbei«, sagt PC Higgins und nickt seinem schweigenden, desinteressierten Kollegen zu. »Wenn er da ist, sagen wir, dass er Sie anrufen soll. Wenn nicht, hören wir uns um und sagen den Leuten, sie sollen nach ihm Ausschau halten. Viel mehr können wir nicht tun. Bis jetzt ist er bloß zu spät dran und gilt strenggenommen nicht als vermisst.«

Higgins versteht es, höflich zu sein. Doch er kann nicht gut Interesse vortäuschen. Die Frau weiß, dass er nur so tut, als ob, aber was kann man zu diesem frühen Zeitpunkt mehr erwarten? Die Polizei heutzutage. Wie soll man sich sicher fühlen, wenn sie sich nicht mal die Mühe macht, nach einem guten Menschen wie Richard Hardy zu suchen?

Higgins und sein Kollege PC Tom McIntyre fahren zu Hardys Adresse. Es ist ein ruhiger Morgen, so haben sie wenigstens was zu tun. Was Harmloses, so können sie aufwendigere Ermittlungen vermeiden. So sieht das McIntyre. Aber nicht Higgins. Sein Gespür und sein Ehrgeiz betrachten so einen Fall als Zeitverschwendung. Doch es ist ein ruhiger Morgen. Und ungewöhnlich gutes Wetter. Eine kurze Fahrt in die Vorstadt. Hübsche Gegend, in der Hardy sich da niedergelassen hat. Sie finden eine Parklücke an der Straße und gehen dann zum Tor. Ein schlichter, aber schöner Vorgarten. Ein freistehendes Haus in einer Gegend, wo größtenteils Leute in mittlerem Alter wohnen. Es gibt eine Einfahrt und eine Garage. Kein Wagen in der Einfahrt, die Garage verschlossen.

Noch bevor sie die Tür erreicht haben, sehen sie, dass was nicht stimmt.

»Die Zeitung«, sagt McIntyre und deutet auf das Ende einer zusammengerollten Zeitung, das aus dem Briefkasten ragt.

»Das seh ich«, sagt Higgins und sieht seinen Kollegen stirnrunzelnd an. Man sollte ihm niemanden wie McIntyre aufhalsen. Higgins ist sechsundzwanzig, McIntyre Anfang dreißig. Hätte McIntyre Talent und Ehrgeiz, dann stünde er höher in der Hierarchie. Aber er ist faul, versucht, Arbeit zu vermeiden. Jemand, der jüngere Polizisten wie Higgins behindert. Sie klingeln und warten. Nichts. Klopfen und warten. Nichts.

»Wir fragen mal die Nachbarn, vielleicht wissen die, ob er letzte Nacht zu Hause war«, sagt Higgins. Wegen der Zeitung ist ihm ein Gedanke gekommen. Angenommen, er hat den Wagen heute früh nicht am Büro abgestellt, um irgendwo hinzugehen. Angenommen, der Wagen steht schon seit letzter Nacht da. Dann wäre er jetzt schon fünfzehn Stunden vermisst, und die Sache finge an, interessant zu werden.

Die erste Tür, an der sie klopfen, wird von einer grauhaarigen alten Frau geöffnet. Große Überraschung.

»Hallo«, sagt Higgins und bemüht sich, freundlich zu wirken. »Wir suchen Ihren Nachbarn Mr. Hardy. Er scheint nicht zu Hause zu sein.«

»Nein, ist er nicht«, sagt sie und nickt wie jemand, der mehr weiß als der Fragende. Wie jemand, der das nicht gewohnt ist. »Und ich sag Ihnen noch was«, sie genießt den Moment. »Er war auch letzte Nacht nicht da. Ist nicht nach Hause gekommen.«

»Sind Sie sicher?«, fragt Higgins.

»Na klar. Ich höre ihn jeden Abend. Er kommt nach Hause, fährt seinen Wagen in die Garage und knallt das Garagentor zu. Abend für Abend. Und er lässt das Licht draußen an, bis er nach zehn ins Bett geht. Jeden Abend strahlt dieses Licht durch unsere Fenster an der Seite des Hauses. Aber gestern nicht. Gestern war alles dunkel.«

Okay, dann gilt er jetzt als vermisst. Jetzt ist er ein richtiger Vermisstenfall und kein alter Knacker, der zu spät zur Arbeit kommt. Dass jemand vierundzwanzig Stunden vermisst sein muss, bevor sich die Polizei Sorgen macht, ist ein Märchen. Logischerweise macht sie sich dann Sorgen, wenn das Verschwinden einer Person besorgniserregend ist. Das kann durchaus früher sein. Und in manchen Fällen muss eine Person viel länger verschwunden sein. Doch hier geht's um einen verlässlichen Mann, der abends nicht von der Arbeit nach Hause kam. Und morgens nicht zur Arbeit erschien. Völlig untypisch. Jetzt kann er es dem Revier melden. Sie sitzen wieder im Wagen, und

Higgins gibt über Funk einen Bericht und eine Beschreibung durch. Dass der Mann seinen Wagen zurückgelassen hat, bringt Higgins ins Grübeln. Man verschwindet nicht stundenlang vom Radar und lässt seinen Wagen vor dem Büro stehen. Mit dem Handy drin. Auch das ist seltsam, beachtenswert.

Wieder zu Hardys Büro. Der Klient mit dem versäumten Termin ist schon weg. Hat ein eigenes Leben, dem er sich wieder widmen muss. Die beiden Frauen vom Wohltätigkeitsverein sind noch da und amüsieren sich so gut wie seit Jahren nicht mehr. Sie rufen den Hausmeister an, damit er Higgins die Bürotür aufschließt. Hardy hat abgeschlossen, ist aber nicht mit seinem Wagen weggefahren. Im Büro nichts Auffälliges. Wo Hardy auch sein mag, auf den ersten Blick scheint er freiwillig unterwegs zu sein. Er hat abgeschlossen und ist gegangen. Auch sein Wagen ist abgeschlossen; Higgins hat auf dem Weg zum Haus am Türgriff gerüttelt. Plötzlich fällt ihm was ein, und er könnte sich in den Arsch beißen. Natürlich nicht im wörtlichen Sinn. Er will's nicht sagen. Will sich nicht damit abfinden, dass er Mist gebaut haben könnte. Er will gerade eine der Frauen fragen, als über Funk eine Nachricht kommt. Kein Richard Hardy in einem örtlichen Krankenhaus eingeliefert oder als Opfer eines Verbrechens gemeldet. Er blickt Helen vom Wohltätigkeitsverein an, die sich Mühe gibt, nicht aufgeregt zu wirken.

»Wissen Sie, ob Mr. Hardy vielleicht eine Freundin oder Partnerin hat?«

Sie will schon nein sagen, hält dann aber inne. Darüber habe sie nie nachgedacht. Er ist ein alter Mann, Witwer. Ist eher unwahrscheinlich, aber wenn man's nicht widerlegen kann, ist es eine Möglichkeit.

Alle sind ein bisschen verlegen. McIntyre lächelt so süffisant, dass sein Kollege es merkt. Helen tappt in ihr eigenes Büro zurück, um die herrlich anzügliche neue Theorie ihrer Kollegin zu erzählen. Higgins schlendert durchs Büro und mustert die Akten auf den Regalen, in der Hoffnung, was Relevantes zu entdecken. Seine Hoffnung wird nicht enttäuscht: Zwei der ersten vier Namen, die er in Blockschrift auf den Rücken der umfangreichen Akten sieht, sind ihm vertraut. Männer, die der Polizei bekannt sind. Nichts Bedeutendes, aber Leute von zweifelhaftem Ruf. Beim sechsten Namen bleibt er abrupt stehen. Er steht da und starrt die Buchstaben an. Francis Autos. Eine Reihe dicker Akten, je eine für die letzten sieben Jahre. Shug Francis. Higgins zieht die Akte für das laufende Jahr raus.

»He«, sagt McIntyre, »lass die Finger davon. Wir gehen.«

Higgins beachtet ihn nicht. Shug-scheiß-Francis. Und es ist einfach alles: Bezahlung der Mitarbeiter, Steuerbescheide, das ganze Programm. Auch wenn Hardy nicht vermisst sein sollte, das ist eine Gelegenheit. Higgins spricht über Funk mit dem Revier. DI Fisher wird sich mit Freuden darauf stürzen.

10

Seit zehn Minuten sitzen sie da und sehen sich an. Ab und zu schüttelt William den Kopf. Manchmal bittet er Calum, seine Worte zu wiederholen. Dann erneutes Kopfschütteln. Calum ist früh erschienen. Hat gewartet, bis William von der Arbeit nach Hause kam. Das war mittags. Calum hat kurz berichtet, was er vorhat. In Stichpunkten.

»Okay, gut, dann erzähl mir die Einzelheiten«, sagt William.

Und Calum lächelt, denn er wusste, dass sein Bruder das sagen würde. Er verlangt viel von William, das weiß er, aber er weiß auch, dass sein großer Bruder ihn nicht im Stich lassen wird. Durch die Frage nach den Einzelheiten lässt er sich auf die Sache ein. Es ist gefährlich für William, doch er wollte immer, dass sein Bruder aus der Branche aussteigt. Das Risiko nimmt er auf sich.

Das war das Einzige bei der ganzen Geschichte, worüber sich Calum das Hirn zermartert hat. Klar, er bedauert, dass er seine Mutter nicht wiedersehen wird, aber für sie besteht keine Gefahr. Die Risiken dagegen, die William seinetwegen auf sich nehmen wird, haben Calum ins Grübeln gebracht. Kann er das irgendwie durchziehen, ohne seinen Bruder in Gefahr zu bringen? Die kurze Antwort ist nein. In einer perfekten Welt hätte Calum alles schon vor Monaten vorbereitet. Doch die Welt ist offensichtlich nicht perfekt. Um die Kleidung konnte er sich im Voraus kümmern, doch der falsche Ausweis und die Bankkonten mussten warten. Erledigt man so was schon Monate bevor sich die Gelegenheit zur Flucht ergibt, dann sind Unannehmlichkeiten unvermeidbar. Jemand findet raus, dass man den Ausweis gekauft hat, und will wissen, warum. Den Ausweis braucht man bloß, um abzuhauen. Da kann man sich nicht rausreden. Ein guter Killer macht mit Fälschern keine Geschäfte. Mit Kriminellen macht man nur Geschäfte, wenn es unbedingt nötig ist. Darum hatte es warten müssen.

»Ich musste warten bis zum nächsten Auftrag«, sagt Calum. »Letzte Nacht hatte ich einen.«

William verzieht das Gesicht und hebt die Hand. »Erzähl mir nichts, was ich nicht wissen muss.« Zu wissen, womit dein kleiner Bruder seinen Lebensunterhalt verdient, ist das eine. Doch zu hören, wie er einen Auftrag schildert, ist was anderes. William wusste schon von dem Job. Schon als er Calum den Wagen lieh, wollte er keine Einzelheiten erfahren; jetzt will er das auch nicht.

»Ich hatte also einen Auftrag. Ich weiß, dass Peter Jamieson und John Young erst in einer Woche damit rechnen, von mir zu hören oder mich zu sehen. Sie dürften nicht sauer werden, wenn sie vierzehn Tage nichts von mir hören. Also hab ich vielleicht so viel Zeit, um zu verschwinden. Mir einen Vorsprung zu verschaffen.«

»Gut«, sagt William und nickt. Er weiß, was das ist. Das ist die gute Nachricht, bevor die Arbeit anfängt. Die kleine Information, die ihn überzeugen soll, dass alles klappt, bevor Calum von den umfangreichen Vorbereitungen und dem Risiko erzählt. »Dann dürftest du den Plan schon ausgearbeitet haben«, fährt William fort. »Sag mir der Reihenfolge nach, was wir tun müssen.«

Calum nickt. Alles wäre viel schwieriger, wenn William das Geschäft nicht kennen würde. Wenn er zu dumm wäre, sich auszurechnen, was als Nächstes passiert. Calum hat sich immer für den Intelligenteren gehalten. Für den geistig Überlegenen. Aber deshalb ist William nicht dumm. William hat mit achtzehn in einer Werkstatt angefangen. Mit vierundzwanzig hatte er einen Anteil an dem Betrieb. Nur einen kleinen, aber es zahlte sich für ihn aus. Jetzt, mit zweiunddreißig, ist er der Chef. Das meiste gehört ihm, wenn auch nicht alles. Ja, manchmal umgeht er aus Profitgründen Gesetze, ist aber immer clever genug gewesen, um ungeschoren davonzukommen. Clever genug, sich keine Feinde zu machen. Das war der Schlüssel. Damit ist es jetzt vorbei. Wenn Jamieson rausfindet, dass William Calum bei der Flucht geholfen hat, dann hat William einen echten Feind.

»Als Erstes müssen wir meinen Wagen entsorgen«, sagt Calum. »Umspritzen und neues Nummernschild, das Auto zerlegen – egal. Ich brauche ein bisschen Geld dafür. Die dürften davon ausgehen, dass er vermisst wird. Die wissen nicht, dass du mir die Fahrzeuge leihst, könnten aber drauf kommen. Wenn die sich erkundigen, leugnest du's natürlich. Also muss der Wagen verschwinden.«

William nickt und denkt nach. »Wie viel Bargeld hast du?«

»Ungefähr sechshundert.«

William runzelt die Stirn. »Damit kommst du nicht weit. Sechshundert Pfund? In Ordnung, hör zu. Den Wagen auseinanderzunehmen, mag sicherer sein, aber ich glaube, du solltest dich fürs Umspritzen entscheiden. Dann noch ein neues Nummernschild, und niemand weiß, dass er mal dir gehört hat. Ich kann einen neuen Fahrzeugbrief besorgen. Den Wagen verkaufen. Nach Abzug der Kosten könntest du dafür vielleicht anderthalbtausend kriegen. Wenn es schnell gehen muss, vielleicht ein bisschen weniger. Dann hättest du mehr Geld für die Flucht.«

Calum nickt. »Solange es ungefährlich ist. Safety first. Das ist jetzt das Wichtigste. Danach brauche ich eine neue Identität. Ich kenne jemanden, der mir schnell einen neuen Pass und Führerschein machen kann, wenn die Kohle stimmt. Aber ich kann das nicht mit ihm aushandeln«, sagt Calum mit einem Schulterzucken. »Du weißt, was das heißt«.

»Ich kann hingehen«, sagt William. Eine kurze Pause. »Ich kenne jemanden: Er fälscht Wartungshefte und was weiß ich nicht alles für Autos. Ich weiß, dass er auch Führerscheine macht. Ich könnte mal mit ihm reden.«

Calum schüttelt den Kopf. Er hat seinen Mann sorgfältig ausgewählt. Jeder Fälscher, der sich hält, ist ein guter Fälscher. Doch ein Führerschein und ein Pass sind zwei Paar Schuhe. Die neuen biometrischen Pässe erfordern besonderes Können. Der Pass muss auch falsch registriert werden – der Mann, den er ausgesucht hat, kann das erledigen. Dasselbe gilt für den Führerschein, aber das ist einfacher.

»Wir bleiben bei dem Mann, den ich ausgesucht habe. Der dürfte gut sein. Ich sag dir, was ich brauche.«

»Dann geh ich morgen hin. Hast du genug Zeit für all das?«, fragt William.

»Hoffentlich«, sagt Calum leise. »Der Fälscher dürfte Ausweise haben, die er verwenden kann. Er macht die Dinger fertig und behält sie jahrelang, bevor er sie verkauft. Dann haben die Pässe schon eine Geschichte.«

»Ist das diese Sache mit den toten Babys?«, fragt William mit neuerlichem Stirnrunzeln.

»Es kann ein gestohlener, aber auch ein frei erfundener Ausweis sein. Ich muss unter dem neuen Namen ein Konto einrichten, aber das ist ein Kinderspiel. Und dann muss ich Tickets buchen, um von hier zu verschwinden.«

»Den Ausweis brauchst du nur am Flughafen«, sagt William. »Wenn du das Land nicht verlässt, könntest du auch einfach fahren.«

»Nee«, sagt Calum. »Irgendwann muss ich weg. Jamieson hat im ganzen Land Verbindungen. In Großbritannien findet er mich irgendwann.«

»Nicht bloß in Großbritannien«, warnt William.

»Stimmt. Aber das wird nicht passieren.«

Wieder ein kurzes Schweigen. Es ist still im Haus. William lebt allein. Er hat nie geheiratet, obwohl er jahrelang mit einem Mädchen namens Morven zusammen war. Sechs Jahre, vielleicht auch ein bisschen länger. Dann ging im Handumdrehen alles in die Brüche. Calum weiß nicht, warum. William wollte nicht darüber reden, also hat er nicht gefragt. Danach gab's noch ein paar Mädchen, doch William hat sich nicht häuslich eingerichtet. Es ist der ältere Bruder, der das Schweigen bricht. Das muss auch so sein. Er hat das Recht, Fragen zu stellen; Calum hat nur das Recht zu antworten.

»Dann gehst du nach London, oder was?«

»Wahrscheinlich. Für den Anfang. Und dann woandershin. Ich werde die Lage peilen. Sehen, wo ich hinkann.«

»Hast du irgendeine Vorstellung, wo du landen wirst?«

»Hab ich.« Calum nickt, spricht aber nicht weiter. Das ist nichts, was er William erzählen will. Noch nicht. Sicherer für seinen Bruder, wenn er so wenig wie möglich weiß. Das begreift William.

»Hat das irgendwas mit der kleinen Knallerbse zu tun, mit der du zusammen warst? Die mir in der Werkstatt alle möglichen Beleidigungen an den Kopf geworfen hat?«, fragt William mit einem Lächeln, stichelnd, aber aufrichtig interessiert.

Die kleine Knallerbse heißt Emma. Calum hat sie nicht mehr gesehen, seit sie vor knapp zwei Monaten seine Wohnung verlassen hat. Sie hat ihn gebeten, dieses Leben aufzugeben, und er hat gesagt, das gehe nicht. Was damals stimmte. Er weiß nicht, wo sie jetzt ist. Weiß, dass er sie nie wiedersehen wird. Wenn er eine neue Identität hat, geht das nicht.

»Ja und nein«, sagt Calum schulterzuckend. »Es geht nicht um sie persönlich. Sondern darum, jemanden wie sie zu haben. So ein Leben zu führen. Das kann ich nicht. Nicht, wenn ich bleibe. All das kann ich nur haben, wenn ich einen Schlussstrich ziehe. Also tu ich das.«

»Ein großes Risiko für ein Leben, das dir vielleicht nicht gefällt.«

»Mein jetziges gefällt mir auch nicht besonders, also ist es das Risiko wert.«

William sitzt in seinem Sessel und nickt. Das Gespräch hat inzwischen was Missmutiges. Gescheiterte Leben. Da kann er auch die letzte schreckliche Frage hinter sich bringen.

»Und was ist mit Ma?«

Calum seufzt. »Ich will ihr das nicht antun, aber mir bleibt nichts anderes übrig. Ich kann nicht zu ihr. Man wird sie nach mir fragen, und nach letzter Nacht darf sie nicht wissen, wo ich bin.«

»Verdammt nochmal, Calum, du kannst nicht zulassen, dass sie dich für tot hält. Als Da starb, ist sie fast zugrunde gegangen. Was wird das hier mit ihr machen?«

»Was soll ich tun? Vorbeigehen und ihr die Wahrheit sagen? Hallo, Ma, stell dir vor: Ich muss abhauen, weil ich ein paar Leute umgebracht hab! Was würde das mit ihr machen?«

William reibt sich die Stirn. »Uns fällt schon was ein. Ich lass nicht zu, dass die Ärmste dich für tot hält. Du bist doch ihr Liebling. Sie soll zufrieden sein.«

Dann geht William für ein paar Stunden weg. Er trifft sich mit Freunden, spielt Kleinfeldfußball. Wie jeden Dienstag nach der Arbeit. Er wollte absagen, doch Calum hat nein gesagt. Geh hin und benimm dich wie immer. Dann kommt niemand auf den Gedanken, dass irgendwas im Busch ist. Tu nichts Außergewöhnliches. Also ist er gegangen. Hat versprochen, Calum eine SMS zu schicken. In den nächsten paar Tagen wird er noch mehr Nachrichten schicken und ein paar Anrufe machen. Die auf einem Handy landen, das, wie er weiß, auf Calums Küchentisch liegt. Er wird den Schein wahren. Calum weiß, wie das laufen wird. William ist traurig, weil sein kleiner Bruder weggeht. Weil es riskant ist. Das Risiko für ihn selbst kümmert ihn nicht. Er hat Angst um Calum. Calum könnte umgebracht werden, weil er vor jemandem wie Peter Jamieson abhauen will. Doch morgen wird William vor Energie strotzen. Bereit für die Herausforderung. Er wird sich mit dem Fälscher treffen. Seinen Beitrag leisten. Ein beruhigender Gedanke. Tröstlich, vom Eifer eines anderen zehren zu können.

11

Richard David Hardy. Ein Witwer, einundsechzig Jahre alt. Ein Leben lang Buchhalter. Regelmäßiger Kirchgänger. Ein hart arbeitender Mensch. Ein Ehrenmann. Ein Intellektueller. Und ein mieser kleiner Betrüger. Nach einem raschen Rundblick im Büro ist das DI Michael Fishers erstes Bauchgefühl, und er kann nichts entdecken, das ihn widerlegen würde. Sorgfältig listet er die Klienten auf, die in den Akten stehen. Unter den vorerst elf Namen sind nur zwei, die er nicht kennt. Die anderen neun sind ihm schon mal untergekommen. Nach Fishers Erfahrung ist es angemessen, einen Mann nach den Leuten zu beurteilen, mit denen er verkehrt. Um ehrlich zu sein, keiner dieser Männer gehört zur ersten Reihe. Keiner ist eine große Nummer. Lauter kleine bis mittlere Kriminelle. Zwielichtige Typen und Betrüger der unterschiedlichsten Sorte, aber niemand, den Fisher sich die Mühe machen würde zu verhaften. Würde sich nicht lohnen. Außer bei einem. Hugh »Shug« Francis.

Diese Akte hat seine Aufmerksamkeit geweckt. Er blättert sie durch. Setzt sich bei offener Bürotür an Hardys Schreibtisch. Higgins und McIntyre sind noch da. Die beiden Frauen von der anderen Seite des Flurs wuseln ständig hin und her. Damit sie einen Blick ins Büro werfen und sehen können, was Fisher da tut. Sie kriegen nichts Interessantes zu sehen. Aber es wird zu einer Verurteilung führen. Er blättert durch Seiten voller Zahlen, versucht rauszufinden, was da sein sollte und was nicht. Jede Menge Material. Hardy hat alles genau festgehalten. Es scheint Informationen zu jedem Geschäft zu geben, das Shug gemacht hat, zu jedem Mitarbeiter, den er hat. Nur ein Fachmann kann das auseinanderklamüsern. Rausfinden, was Hardy geändert hat, damit die Zahlen stimmen. Irgendwas muss er geändert haben. Hier sind Leute aufgeführt, die ausschließlich an kriminellen Aktivitäten für Shug beteiligt sind. Kohle, die aus kriminellen Aktivitäten stammt und dann beim sauberen Geld verborgen wird.

Fisher schlägt die Akte zu. Er muss innehalten und alles, was er hat, überdenken. Hardy wird vermisst. Sein Wagen steht draußen, und sein Handy liegt auf dem Vordersitz. Er ist letzte Nacht nicht nach Hause gekommen. Nur bis zu seinem Wagen – deshalb liegt das Handy dort. Also hat ihn jemand nach der Arbeit abgeholt. Keine Meldung, dass letzte Nacht jemand gewaltsam in einen Wagen gezerrt wurde, also scheint er freiwillig mitgefahren zu sein. Freiwillig fährt man mit jemandem, den man kennt. Wer, den Hardy kennt, würde am Abend auf dem Parkplatz erscheinen und ihn abholen, statt einen Termin mit ihm zu machen? Offenbar jemand mit bösen Absichten. Jemand, der viel zu verbergen hat. Jemand, der Angst hat, dass seine Geheimnisse bei Mr. Hardy nicht mehr sicher sind. Das dürfte keiner der Kleinganoven sein. Die sind dazu nicht in der Lage. Und würden es auch nicht wollen. Die wollen bloß, dass nichts rauskommt. Nein, es muss jemand sein, der seine Geschäfte ausweitet. Oder es zumindest versucht. Jemand wie Shug Francis.

Das ist noch kein richtiger Fall, aber eine ausbaufähige Theorie. Könnte sein, dass Mr. Hardy irgendwann zur Tür reinkommt und fragt, was das ganze Theater soll. Dass Shug ihn mitgenommen hat, um zu reden: um Hardy zu sagen, was er jetzt für ihn tun soll. Danach lässt er ihn wieder gehen. Nicht besonders wahrscheinlich. Nicht bei jemandem wie Hardy. Wenn man ihn mitnimmt, dann um ihn umzulegen. Jemanden wie ihn gabelt man nicht auf der Straße auf, um ihn zu warnen oder ihm neue Anweisungen zu geben. Nee, solche Leute schnappt man sich, um sie zu beseitigen. Jemanden wie Hardy kann man nicht freilassen und darauf vertrauen, dass er die Anweisungen befolgt. Jemanden, der vielleicht nicht die Konsequenzen begreift. Der glaubt, dass die Polizei ihn schützen kann. Nein. Wenn sie Hardy mitgenommen haben, dann, um ihn umzulegen. Er dürfte schon tot sein. Das sollte Fisher die Befugnis geben, den ganzen Papierkram überprüfen zu lassen.

Er muss mehr über Hardy rausfinden. Wie nahe er seinen Klienten stand. Einem ganz besonders. Ob er Schulden hatte. Ob er sich mit Frauen eingelassen hat, die er hätte meiden sollen. Ziemlich weit hergeholt, aber sonst könnte es eine unangenehme Überraschung geben. Man schießt sich auf Shug ein und findet dann raus, dass Hardy drei Geliebte und einen Berg Spielschulden hatte – dann wird man monatelang von den anderen ausgelacht. Zuerst muss er beweisen, dass es kein anderes Motiv gibt.

Und sich dann auf Shug konzentrieren. Bis dahin muss er das hier für sich behalten. Higgins vertraut er. Der Junge hat sich schon mal als nützlich erwiesen. Intelligent und ehrlich, arbeitswillig. McIntyre hingegen ... Bei ihm muss er vorsichtiger sein. Auch den beiden alten Schachteln auf der anderen Seite des Flurs ist nicht zu trauen. Fisher kann nicht verhindern, dass sie gegenüber ihren lederhäutigen, runzligen Freundinnen alles ausplaudern. Zeugen – einfach unerträglich!

Fisher geht raus in den Flur. Higgins und McIntyre stehen dort rum.

»Ich brauche nicht zwei von euch«, sagt er. »Higgins, Sie bleiben hier, Sie können mir beim Einpacken der Sachen helfen. Und Sie können sich eine andere Aufgabe suchen«, sagt er zu dem anderen. Das heißt: Machen Sie irgendwas, aber laufen Sie mir nicht zwischen den Füßen rum. Scheißegal, mit wem Sie zusammenarbeiten sollen – ich will Sie hier nicht haben.

McIntyre nickt. Wirkt ein bisschen betrübt, aber nur zum Schein. So kann er in aller Ruhe zum Revier zurückgehen. Fisher lädt ihn ein, die nächste Stunde zu vertrödeln. McIntyre gehört nicht zu den Leuten, die sich so eine Gelegenheit entgehen lassen.

Higgins hingegen eilt ins Büro und will unbedingt helfen. Er weiß, dass Fisher ihm interessante Fälle verschaffen könnte. Vielleicht sogar für seine Beförderung sorgen könnte. Ein Polizist, der Einfluss auf seine Karriere hat.

»Machen Sie die verdammte Tür zu«, sagt Fisher stirnrunzelnd. Er hört, wie die Tür gegenüber wieder aufgeht. Wenn die beiden Frauen nützlich wären, könnte er mit ihnen geduldiger sein. Aber sie kennen Hardys Klienten nicht. Keine Ahnung, dass Hardy die Zahlen in seinen

Büchern manipuliert. Keine Ahnung von seinem Privatleben. Absolut nutzlos.

»Die Frauen von gegenüber haben den Mann, der heute da war, als Ashraf Dutta identifiziert«, sagt Higgins. »Seine Familie ist seit einer Weile polizeibekannt.«

»Stimmt«, sagt Fisher nickend. »Sein Sohn und sein Neffe haben popelige Geschäfte mit Glimmstängeln gemacht. Die sind nicht der Rede wert. Und der Alte auch nicht. Er ist nicht der, den wir suchen. Er würde wohl kaum herkommen und sich auf dem Silbertablett präsentieren.«

»Falls er einen Termin hatte, wollte er vielleicht zeigen, dass er ihn einhält. Vielleicht hat nicht er es angeordnet, sondern einer der beiden Jüngeren.«

»Nein«, sagt Fisher entschieden. Higgins ist sauer, weil er den Zeugen nicht erkannt hat, als er ihn vor sich hatte. Er hat nicht aufgepasst, weil er es nicht für wichtig hielt. Das war ein Fehler, und er will an diesem Zeugen seinen Frust auslassen. »Hier werden wir finden, wonach wir suchen«, fährt Fisher fort. Er deutet auf den Aktenstapel. Nicht speziell auf Shugs Akte, aber sie liegt ganz oben, und Higgins ist so schlau, dass ihm das nicht entgeht.

»Okay«, sagt Higgins nickend. »Was soll ich tun?«

»Ich will, dass Sie jede Schublade in diesem Büro durchsuchen. Jeden Hefter. Jeden Zettel. Wir müssen alles finden, was nicht hergehört. Alles, was wir kriegen, bevor die Fachleute kommen, verschafft uns einen Vorsprung. Ich sorge dafür, dass sich die Wirtschaftsexperten alles mal vornehmen. Wenn Sie hier fertig sind, fahren Sie nochmal zu Hardys Haus. Gehen Sie rein und durchstöbern Sie alles. Suchen Sie irgendwas Interessantes. Vielleicht ist die Chance, an Informationen zu kommen, dort größer.«

Es bleibt noch jede Menge zu tun, und vieles davon dürfte langweilig sein. Egal. Fühlt sich gut an. Wie eine dieser unerwarteten Gelegenheiten, die man ergreifen muss. In letzter Zeit hat Fisher ein paar Gelegenheiten verpasst. Gute Gelegenheiten. Das hier fühlt sich bereits anders an. Hardy gehörte nicht zum Geschäft, zumindest nicht richtig. Da ist die Chance größer, dass er Fehler gemacht hat. Dass diese Sache zu wichtigen Verhaftungen führt. Ein gutes Gefühl.

12

Das ist jetzt lange genug. Sie hat den ganzen Tag zu Hause auf ihn gewartet, umsonst. Schon fast fünf Uhr nachmittags. Deanas Nerven halten das nicht mehr aus. Sie muss was unternehmen. Nur das kann sie beruhigen. Hier rumsitzen und auf einen Anruf oder ein Klopfen warten, das hilft nicht. Aber was soll sie tun? Sie kann nicht einfach rausgehen und ihn suchen. Wo zum Teufel soll sie anfangen? Er kann sonstwo sein. Vielleicht ist er gar nicht in der Stadt. Jamieson hat überall Verbindungen und Geschäfte. Meistens nichts Bedeutendes, doch bei neuen Märkten hat er ständig den Fuß in der Tür. Kenny hat ihr alles darüber erzählt. Jamieson ist im ganzen Land aktiv; er kann Kenny überall hingeschickt haben. Nein, ihn auf eigene Faust suchen bringt nichts.

Sie könnte in den Club gehen. Würde sie auch, wenn es ihr nichts bedeutete, am Leben zu bleiben. Aber sie hängt ziemlich am Leben und sollte lieber nicht die Pferde scheu machen. Wenn Kenny umgebracht wurde, dann bestimmt von Jamieson. Sie haben es rausgefunden. Na schön, sie haben rausgefunden, dass Kenny gesungen hat, und haben ihn umgebracht. Dieses Risiko ist Kenny eingegangen. Aber vielleicht war es auch anders. Vielleicht war Kenny in einem echten Auftrag unterwegs und wurde überfallen. Vielleicht weiß Jamieson gar nichts davon. Kenny sagt immer, wer einen wichtigen Auftrag erledigt hat, fährt hinterher nicht in den Club zurück. Er taucht für ein paar Tage ab. Bis sich alles wieder beruhigt hat. Vielleicht glauben sie, dass Kenny genau das grade tut. Er sollte ein paar Tage freimachen. Vielleicht wären sie entsetzt, wenn sie wüssten, dass er nicht zurückgekommen ist. Nein. Gott, mach dir nichts vor. So dumm bist du doch nicht. Da kennst du das Geschäft wirklich besser. Jamieson hat es rausgekriegt. Oder, was noch wahrscheinlicher ist, dieser gruselige kleine Scheißkerl John Young hat es rausgekriegt.

Also kann sie nichts unternehmen. Nicht ohne so tief in die Scheiße zu geraten, dass sie nicht mehr rauskommt. Große Hoffnungslosigkeit. Sie kann nicht zu Jamieson gehen. Im besten Fall tätschelt er ihr den Kopf und sagt, sie soll sich keine Sorgen machen. Aber bei diesen Leuten ist der beste Fall leider selten. Deshalb kommt das nicht in Frage. Ihr bleibt nur eine einzige Möglichkeit. Eine schlechte, unsaubere und höchstwahrscheinlich nutzlose Möglichkeit. Doch es ist die einzige, die sie hat. Die Möglichkeit, die Kenny wohl das Leben gekostet hat. Sie setzt sich im Wohnzimmer aufs Fensterbrett und blickt raus auf die Straße. Kein Wagen. Niemand, der kommt, um ihr zu sagen, was passiert ist. Kein Kenny. Sie kann nichts unternehmen. Die meisten würden in ihrer Situation irgendwas tun. Aber eine Frau aus der Branche weiß, dass man nichts unternimmt. Wenn dein Mann nicht nach

Hause kommt, verhältst du dich still. Meldest ihn nicht als vermisst. Schlägst nicht Alarm. Findest dich damit ab, dass er was riskiert und verloren hat. Kümmere dich um dein eigenes Leben. Vierunddreißig ist noch nicht alt. Sie ist immer noch attraktiv, und das weiß sie. Keine Kinder, also nichts, was einen Mann abschrecken könnte. Sie könnte mühelos nochmal von vorn anfangen.

Aber das wird sie nicht tun. Noch nicht. Aus einem einfachen, seltsamen Grund. Sie ist Kenny was Besseres schuldig. All die Seitensprünge, all die Streitigkeiten – das war bedauerlich. Aber es war trotzdem eine gute Beziehung. Er war schwach, nicht besonders intelligent und ihr auch nicht absolut treu, aber auf seine Art hat er sie geliebt, und dafür liebte sie ihn. Jetzt, wo er tot ist, und davon ist sie inzwischen überzeugt: Wer sonst soll sich da für ihn einsetzen? Wer sonst soll rausfinden, was passiert ist? Für Gerechtigkeit sorgen? Kennys Vater ist tot. Seine Mutter ist noch am Leben, doch Kenny hat sie seit Jahren nicht mehr gesehen. Er hat eine Schwester, aber wo die ist, weiß Gott allein. Er hatte auch Freunde, aber von denen wird keiner für ihn eintreten. Sie wissen, für wen Kenny gearbeitet hat. Sie kennen die möglichen Folgen, wenn jemand Fisimatenten macht. Wenn sich Deana nicht für ihn einsetzt, wird es niemand tun.

Eine weitere von Kennys Schwächen: leicht zu durchschauen. Ein Mann mit mittelmäßigem Gedächtnis, der in seinem Nachtschränkchen einen kleinen Notizblock schlecht versteckt hat. Nicht schwer zu erraten, was darin steht. Telefonnummern und Adressen. Man sieht schon auf den ersten paar Seiten, dass er versucht hat, es zu verschlüsseln. Miserable Arbeit. A ist eins, B zwei und so weiter. Doch er hat das Ganze schnell aufgegeben. Schreckliche Klaue, aber sie erkennt die Namen und Nummern. Beim Überfliegen einer weiteren Seite schüttelt sie den Kopf. Er war bloß Fahrer. Für mehr hat sein Talent nicht gereicht. Bloß Fahrer. Sie hätte ihn nicht drängen sollen, zur Polizei zu gehen. Aber er hat davon angefangen. Seine Nerven ... Denk nicht drüber nach. Die fünfte Seite ist die letzte, auf der was eingetragen ist. DF und eine Nummer. Detective Fisher. Kenny war Fishers Informant, vielleicht ist er deswegen tot.

Sie geht nach unten, setzt sich hin. Zeit, anzufangen. Eine Büronummer in schwarzer Tinte. Dann, direkt darunter in blauer Tinte, eine später notierte Handynummer. Sie ruft das Handy an, da müsste Fisher eigentlich rangehen. Vielleicht erkennt er Kennys Privatnummer, vielleicht auch nicht. Es klingelt.

»Hallo«, sagt die betont gelangweilte Stimme am anderen Ende. Ein Polizist, der seinem Informanten zeigen will, dass er unbedeutend ist.

»Hallo, Detective«, sagt sie. Eine Pause, dann Schweigen. »Sie kennen mich nicht. Ich heiße Deana Burke. Ich bin Kenny McBrides Partnerin.«

Weiter Schweigen. Egal, wie cool der selbstgefällige Arsch auch tut, er weiß, wer Kenny ist. Kenny war sein Kontaktmann in der Jamieson-Organisation; so was vergisst kein Detective.

»Hm-hmm«, sagt er. »Und was kann ich für Sie tun?«

»Kenny ist letzte Nacht nicht nach Hause gekommen.«

Ein kurzes Glucksen. »Okay, das sollten Sie besser mit ihm besprechen, wenn Sie ihn sehen. So was dürfte wohl kaum eine Polizeiangelegenheit sein.«

»Ich bin mir ziemlich sicher, dass er ermordet wurde.«

Wieder folgt kurzes Schweigen. Diesmal wird nicht sie

es brechen. Er ist dran. Dieser eine Satz und die Tatsache, dass sie ihn anruft, sollten ihm sagen, was er wissen muss.

»Wie können Sie sich da sicher sein?«, fragt Fisher. »Der Mann bleibt eine Nacht weg, und Sie sehen ihn schon unter der Erde.« Seine Stimme ist nur noch ein Flüstern.

»Ich weiß, dass er letzte Nacht einen Auftrag hatte. Dass es eine größere Sache als je zuvor war. Ich weiß, dass er deswegen Angst hatte. Ich glaube, es war ein abgekartetes Spiel. Er müsste längst zurück sein. Hätte schon letzte Nacht wieder da sein sollen. Ist er aber nicht. Ich glaube, die haben rausgefunden, dass er mit Ihnen Kontakt hatte.«

In Fishers Kopf beginnt es zu rattern. Sie hört, wie er seufzt, um ein paar Sekunden nachdenken zu können.

»Hören Sie, Miss Burke, ich glaube, Sie machen da einen ziemlich großen Gedankensprung. Sie glauben, dass was Schreckliches passiert ist. Es könnte aber ganz anders sein. Kenny hat einen Job ohne feste Arbeitszeiten. Vielleicht hat er Sie verlassen, haben Sie schon mal daran gedacht? Ich brauche was halbwegs Stichhaltiges, bevor ich annehmen kann, dass ein Verbrechen stattgefunden hat.«

Am liebsten würde sie ihn anschreien. Ihm sagen, dass alles seine verdammte Schuld ist. Was für ein Detective kriegt einen guten Informanten wie Kenny und tut nichts, um ihn zu schützen? Aber das würde nichts bringen, und sie ist klug genug, um das zu wissen. Sie darf ihm nicht die Gelegenheit geben, sich rauszuhalten. Sich nicht um Kenny zu kümmern.

»Ich weiß, dass Kenny Ihr Informant war. Und Peter Jamieson scheint es jetzt auch zu wissen. Uns beiden ist klar, dass das gefährlich ist«, sagt sie. »Aber mir ist ziemlich egal, wie gefährlich es ist. Wie gefährlich für Sie oder mich. Ich werde das diesen Leuten nicht durchgehen lassen. Ich werde was unternehmen. Vielleicht geh ich zu Jamieson und verlange Antworten.«

»Ich glaube kaum, dass Ihnen das besonders guttun wird«, sagt Fisher. Klingt, als hätte er die Nase voll. Sie bedrängt ihn zu sehr, das wird ihr klar. Dieser Mann lässt sich nicht einschüchtern.

»Hören Sie«, sagt er. »Ich überprüfe das. Wenn Kenny irgendwo da draußen ist, dann sorg ich dafür, dass wir ihn ausfindig machen. Ich werde ihn nicht verhaften oder so. Es sei denn, Sie wollen das. Wollen Sie ihn als vermisst melden?«

»Natürlich nicht«, sagt sie. Die Sache wird langsam ruppig. Fisher unterstellt ihr, dass sie so dumm wäre, ihren Namen unter eine Vermisstenmeldung zu setzen. »Wenn ich ihn als vermisst melden wollte, hätte ich Sie doch nicht angerufen, oder?«

»Gut. Ich halte die Augen offen. Und tun Sie bitte nichts Dummes. Am wahrscheinlichsten ist, dass Kenny bei seinem Auftrag irgendwo aufgehalten wurde. Bleiben Sie ruhig, und wenn ich was rausfinde, melde ich mich.«

Er hat aufgelegt. Kenny hatte recht – Fisher ist ein Scheißkerl. Arrogant. Hält sich für was Besseres als die Leute, mit denen er zu tun hat. Aber in einem Punkt hat er recht. Deana muss ruhig bleiben.

13

Das Treffen mit Kirk hat er gestern abgehakt. Um falsche Anrufe unterzubringen. Gott sei Dank! Das heißt, heute kann er sich auf Treffen mit wirklich fähigen Leuten konzentrieren. Das erste hatte er schon. Dabei fiel ein interessanter Name. Anscheinend hat Deana Burke mit der Polizei gesprochen. Dummes Ding. Es war ein gutes erstes Treffen, mit einem guten Informanten. Jetzt kommt das nächste. Eigentlich kein Informant. Ein Mitarbeiter. George Daly. George ist ein guter Junge. Ein Talent. Aber was für eine Verschwendung. So viel Talent, doch er will nicht den nächsten Schritt machen. Young wollte George überreden, mehr Verantwortung zu übernehmen. Wollte ihn zu einem Killer machen. Doch George ließ sich nicht darauf ein. Gegen Verantwortung ist er allergisch. Noch ein Grund, warum er mehr Verantwortung übernehmen sollte. Wer intelligent genug ist, um die Gefahr von Macht zu erkennen, ist genau der Richtige, um sie auszuüben. Aber George ist stur. Also geht Young die Sache anders an. Behutsam verringert er die Aufträge, bei denen Georges Muskeln gefragt sind. Ersetzt sie durch scheinbar unbedeutende Jobs. Die, oberflächlich betrachtet, unwichtig wirken. Steigert es langsam. Irgendwann macht er George zu einem wichtigen Mann.

Es klopft. Young ist seit zwanzig Minuten hier. Eine ruhige kleine Wohnung, versteckt in einer ruhigen Gegend der Stadt. Ein guter Ort, um Informanten zu treffen. War immer nützlich, aber sie benutzen sie schon zu lange. Zeit, sie zu verkaufen. Young hat eine Alternative gefunden, doch die Wohnung wird ihm fehlen. Ist gut gelaufen hier. Beim Verkauf werden sie Geld verlieren. Wohnraum ist nicht mehr so teuer wie damals. Spielt keine Rolle. Die Wohnung hat sich längst ausgezahlt. Informationen sind immer die wertvollste Währung. Und da hat sie sich bewährt. Aber irgendwann fangen die Nachbarn an, Fragen zu stellen. Eine leerstehende Wohnung in einer guten Gegend. Was ist da los? Den Leuten gefällt es nicht, wenn so eine Wohnung leersteht. Das macht sie nervös. Also verkauft man sie und zieht dasselbe Spielchen woanders durch. Eine Wohnung kaufen, sie leerstehen lassen, ein paar Monate lang benutzen. Dann weiterziehen. Young hat überlegt, ob er jemanden einziehen lassen soll, bloß um sie zu behalten. Aber nein. Informanten kommen viel lieber in eine spärlich möblierte Wohnung, in der niemand lebt. Und am wichtigsten ist, dass der Informant sich wohl fühlt. Dann liefert er mehr Informationen.

Young macht George die Tür auf und bittet ihn rein. George war noch nie hier. Bei jemandem aus der Organisation ist diese Geheimhaltung unnötig, aber Young hat hier später noch ein weiteres Treffen. George geht ins Wohnzimmer. Setzt sich auf den angebotenen Platz.

»Und, was gibt's Neues?«, fragt Young. Er hat George

raus auf die Straße geschickt. Dort musste er sich um Kontaktleute kümmern. Informationen sammeln. George dürfte begreifen, dass das eine größere Verantwortung ist. Aber er tut es, weil er's nicht ablehnen kann.

»Sie ermitteln wegen des Verschwindens von Richard Hardy«, sagt George. Er kommt sofort zur Sache. »Sie wissen noch nicht, in welche Richtung es geht.«

Keine große Überraschung. Die Leute werden darüber reden. Shugs Buchhalter wird vermisst, es dürfte nicht lange dauern, bis diese Information durchgesickert ist. Young fragt sich, ob Shug Bescheid weiß. Er scheint nicht besonders gut vernetzt zu sein, und die wichtigen Leute werden es ihm nicht sofort erzählen.

»Was ist mit Shug? Was hat er unternommen?«

»Bis jetzt nichts Außergewöhnliches«, sagt George. »Ich weiß, dass er Angus Lafferty kontaktiert hat, aber das dürfte zu nichts führen. Shug bemüht sich, freundlich zu sein. Leute für sich zu gewinnen. Lässt durchblicken, dass er Unterstützung hat. Ist nicht sofort mit der Sprache rausgerückt, bei Angus zumindest nicht.«

Young nickt. Klingt einleuchtend. Shug wird versuchen, schnell vorzugehen. Nur gegen die hochrangigen Leute. Lafferty ist Jamiesons größter Importeur. Eine Schlüsselfigur.

»Ich hab auch mit dem kleinen Bobby Wayne gesprochen. Er ist nervös. Glaubt, dass letzte Nacht jemand in seinem Lagerhaus rumgeschnüffelt hat. Jemand ist eingebrochen. Er sagt, er weiß nicht, ob was geklaut wurde, aber das halte ich für Unsinn. Sie haben was geklaut, er wollte bloß nicht sagen, was. Wahrscheinlich irgendwas, das er nicht hätte dahaben sollen.«

Young nickt wieder. Bobby Wayne ist unbedeutender

als Lafferty, aber trotzdem wertvoll. Hat ein Lagerhaus, wo viel durchgeschleust wird. Jamieson kriegt seinen Anteil. Das Ganze ist eine gutgeölte Maschine. Nützlich für Shug.

»Was hältst du davon?«, fragt Young.

George runzelt die Stirn. Er will da nicht reingezogen werden. »Dass Shug Lafferty angesprochen hat, scheint mir keine große Sache zu sein. Das war von Anfang an zu erwarten. Ich glaube, das mit Wayne ist wichtiger. Wenn Shug dahintersteckt, dann geht er auf breiter Front vor. Viele Leute werden darüber reden. Man könnte es uns als Schwäche auslegen. Keine Ahnung. Ist bloß meine Meinung. Die Leute werden reden, und sie glauben, was sie zu hören kriegen.«

Young lächelt. George ist viel zu intelligent, um als Mann fürs Grobe zu arbeiten. Shug geht gegen alle hochrangigen Leute vor, nicht bloß ein paar. Umgarnt einige, schüchtert andere ein. Versucht, ein bisschen Panik zu stiften. Sieht so aus, als hätte Jamieson die Kontrolle verloren. Als hätte Shug sie übernommen. Kluger Schachzug, wenn man die nötige Rückendeckung hat.

»Danke, George. Halt weiter die Ohren offen.«

George verlässt die Wohnung. Young sitzt allein da und denkt über ihre Lage nach. Der Geldmann ist also tot, und Kenny-scheiß-McBride ist mit ihm vom Erdboden verschwunden. Young findet, das Calum MacLean was Besonderes ist. Bei allen Jobs, die er für Jamieson erledigt hat, gab's Komplikationen, und er ist jedes Mal glänzend damit fertig geworden. Sie müssten ihm eigentlich eine Pause gönnen – sie haben ihn öfter eingesetzt als vernünftig. Aber das wird nicht passieren; da wartet noch jede Menge Arbeit. Young steht auf, tritt ans Fenster und schaut hinaus. Nichts zu sehen. Hier sieht man nie was. Ist halt 'ne ruhige Gegend. Noch ein Treffen heute früh, bevor er zum Club fährt. Ein Bulle. Ein routinemäßiges Treffen. Na ja, so routinemäßig, wie so was sein kann.

Plötzlich klopft es. Fünfzehn Minuten zu spät. Ein Informant, den Young nicht ausstehen kann und dem er nicht traut. Den er so selten wie möglich trifft, aber der Mann ist nützlich. PC Paul Greig steht völlig entspannt im Flur. Als hätte er keinerlei Sorgen. Er trifft sich mit einem Kriminellen und ist total gelassen. In einen komplizierten Revierkampf verwickelt, aber kein bisschen besorgt. Young öffnet die Tür und bedeutet ihm reinzukommen. Greig war der erste Informant, den er bei der Polizei hatte. Schon an sich ein Erfolg. Wäre schön, wenn es sich als Erfolg erweisen würde, auf den man stolz sein kann.

»Wie läuft's so?«, fragt Young.

»Kompliziert«, sagt Greig schulterzuckend. »Wie üblich.«

Ja, denkt Young, weil du's kompliziert machst. Weil's dir so gefällt.

»Irgendwelche Neuigkeiten?«, fragt Young. Greig dürfte nichts haben, was Young nicht schon weiß. Greigs Rolle als Helfer von Shug ist vorbei. Er hat ihm bei den Verhandlungen mit Don Park geholfen. Hat ihm das Treffen mit MacArthur vermittelt. Greig muss vorsichtig sein, damit er sich deswegen nicht für ungeheuer wichtig hält. Er ist schon gefährlich genug, ohne sich für wichtig zu halten.

»Eigentlich nicht«, sagt Greig schulterzuckend. »Ich weiß, dass Shug und MacArthur sich getroffen haben. Dass Shug heute in aller Frühe auf war. Dass er rumtelefoniert hat, um die Sache in Gang zu bringen. Ich glaub, damit hat er gestern angefangen. Er verschwendet keine Zeit. Scheint so schnell wie möglich vorzugehen.«

Young nickt. Interessant. Nicht wegen der grundlegenden Information – das war naheliegend. Natürlich geht Shug schnell vor. Das ist die einzige Chance, die er hat. Wenn er sich zu viel Zeit nimmt, stirbt er. Aber es ist interessant, dass Greig das weiß. Das zeigt, dass er heute früh schon mit jemandem gesprochen hat. Wahrscheinlich nicht mit Shug. Eher mit Don Park, MacArthurs rechter Hand. Was bedeutet, dass Park dumm genug ist, Greig zu vertrauen.

»Hab heute früh noch was anderes gehört«, sagt Greig. »Was Interessantes, glaub ich zumindest. Scheint, als hätte sich Shug mit seinem zweiten Mann verkracht. Diesem Fizzy. Die sind schon seit der Schule befreundet. Fizzy ist eine Schlüsselfigur für Shugs Geschäfte. Fizzy soll gegen den Deal mit MacArthur gewesen sein. Damit könnte er draußen sein.«

Okay. Young hat an Greig oft was auszusetzen, aber das klingt tatsächlich interessant. Potentiell wertvoll, wenn man es richtig einsetzt. Fizzy draußen. Das ist noch ungewiss, aber ein Anfang. Ein Mann, der es nicht gewohnt ist, in Gefahr zu sein. Daraus könnten sie Kapital schlagen.

»Danke, Paul«, sagt Young und bringt Greig zur Tür. Lange her, dass er das zu ihm gesagt hat. Greig zuckt mit den Schultern, nimmt es gelassen. Er wusste, dass diese Information für Young wichtig sein würde. Er weiß immer, was zählt und was nicht.

Greig verlässt die Wohnung, und Young ist wieder allein. Immer gut, den kleinen Mistkerl von hinten zu sehen. Könnte sein, dass sie nicht genug Zeit haben, um von Fizzy zu profitieren. Hängt davon ab, wie die Sache mit

Shug über die Bühne geht. Scheint alles gut zu laufen. Perfekt sogar. Shug schüttet Park sein Herz aus, Park Greig, und Greig Young. Alles geht in die richtige Richtung. Aber langsam. Könnte im Handumdrehen vorbei sein. Er muss sich darum kümmern, dass alles weiter seinen Weg nimmt. Es gibt viele Gründe zur Sorge, aber Young ist nicht von Sorge erfüllt. Er ist aufgeregt. Das Ganze ist stimulierend. Shug macht seine Schachzüge und tappt in die Falle. Die Polizei wird aufmerksam. Er muss dafür sorgen, dass sie auf das Richtige aufmerksam werden. Er hat jetzt zehn Minuten gewartet. Das müsste reichen. Young steht auf und geht zur Tür. Fährt in den Club, um Jamieson zu treffen.

14

Calum hat ihm erklärt, was er sagen soll. Nützt nichts. Macht die Sache nicht einfacher. William muss sich mit einem Ganoven treffen, dem er nicht genug traut, um was zu kaufen, das ihn hinter Gitter bringen kann. Oder vielleicht was noch Schlimmeres. Wenn Jamieson rausfindet, dass William Calum bei der Flucht geholfen hat, hat das ernstere Konsequenzen, als im Gefängnis zu landen. Dieser Gedanke geht ihm durch den Kopf, während er zu dem Fälscher fährt. Doch er beschäftigt ihn nicht besonders lange. Stattdessen denkt er an Calum. In den letzten – wie lange schon? – knapp zehn Jahren hat William das Leben seines Bruders mit Sorge betrachtet. Sogar mit Angst. Er wollte, dass Calum aussteigt. Tja, jetzt steigt er ja aus. Doch das schafft er nicht allein. Jemand muss ihm dabei die Tür aufhalten, und wem kann er sonst trauen? Das hier ist er ihm schuldig. William war dabei, als das Ganze anfing. Zum Teil ist es seine Schuld. Das hier ist seine Pflicht. Eigentlich ist es eine Freude. William denkt lächelnd an seinen Bruder. Jeder spätnächtliche Anruf hat bei ihm Panik ausgelöst. Jemand der anruft, um zu sagen, dass man die Leiche seines Bruders gefunden hat. Dass er verhaftet wurde. Diese Angst ist jetzt vorbei. Das ist es wert.

Doch da ist noch das Problem mit ihrer Mutter. Calum wird sich nicht von ihr verabschieden, und William kann das verstehen. Das ist nur zu ihrem Besten. Sie darf nichts wissen, was sie in Schwierigkeiten bringen könnte. Er muss ihr eine Geschichte auftischen und hoffen, dass niemand sonst zur Polizei geht und ihn als vermisst meldet.

»Wer sollte das tun?«, hat Calum gefragt. »Wenn du's nicht tust und Ma auch nicht, dann macht es keiner.«

William hat die Stirn gerunzelt, aber nicht nachgehakt. Ein ziemliches Armutszeugnis für das Privatleben seines Bruders. William hat noch nie richtig darüber nachgedacht, aber es dürfte an dem Job liegen. Calum war immer still, aber er war ein netter Kerl. Die Vereinsamung kommt vom Verstecken, und verstecken muss er sich wegen seiner Arbeit. Noch was, das sein Job kaputtgemacht hat. Er hat also keine Freunde, die ihn als vermisst melden könnten. Seine Auftraggeber werden nicht Alarm schlagen. William wird den Mund halten. Also bleibt nur noch die Mutter. Sie wird sich mit einer Geschichte abspeisen lassen. Sie wird William aufs Wort glauben. Er muss sich nur die richtige Geschichte einfallen lassen.

Doch jetzt hat er an was anderes zu denken. Er biegt in die Straße, in der der Fälscher wohnt. William war schon mal in dieser Straße, an der Ecke erkennt er ein Haus, in dem er auf einer Party war. Das ist schon ein paar Jahre her, aber für Partys hat er ein gutes Gedächtnis. Für Partys und Autos. Was gibt's sonst noch? Gute Gegend. Der Fälscher wohnt ein Stück weiter auf der rechten Seite.

Bäume an der Straße – immer ein gutes Zeichen. In üblen Gegenden gibt's so was nicht. Er kann den Wagen an den Straßenrand stellen, wenn er eine Parklücke findet. Er hält, holt tief Luft. Das ist der große Moment für ihn. Er wird noch mehr tun müssen, aber das ist die eine Aufgabe, die er unbedingt hinkriegen muss, ganz allein. Er muss sich ablenken. Ruft in der Werkstatt an und fragt, wie weit sie mit Calums Wagen sind. William will, dass er in drei Tagen umgespritzt, mit einem neuen Kennzeichen ausgestattet und verkauft wird. Einer seiner beiden Mechaniker sagt, dass sie grade damit beschäftigt sind. Dass William sie kontrolliert, scheint ihn nicht sonderlich zu beeindrucken.

Er muss aufhören, Zeit zu verschwenden. Zeit ist das Einzige, was er nicht hat. Der Fälscher heißt offenbar Barry Fairly. William hat noch nie von ihm gehört. Calum schon, er hält ihn für den Besten. Es darf nicht so aussehen, als hätten sie's eilig. Das hat William akzeptiert. Das Letzte, was man tun darf, ist verzweifelt wirken. Davor hätte Calum ihn nicht warnen müssen. Wenn man panisch wirkt, macht der Fälscher sich Sorgen. Dann denkt er, er könnte Probleme kriegen. Man muss sich an seine Regeln halten, und man muss locker bleiben. William steigt aus und kontrolliert seine Taschen. Ein kleines Bündel Geldscheine. Für diesen Mistkerl wird ein großer Teil des Geldes draufgehen, das Calum momentan hat. Noch was, worum sich William Gedanken machen muss. Ein kleines Passfoto. Ein Blatt Papier mit den notwendigen Angaben. Das ist alles, was er braucht.

Die Treppe zur Haustür rauf. Mehr Stufen, als ihm klar war. Er klingelt. Barry weiß nicht, dass er kommt. Man ruft ja nicht vorher an. Man geht hin und fragt, ob er einem hilft. Wenn er's tut, übernimmt er den Job. Wenn nicht, geht man wieder und kommt nicht zurück. Wenn er den Job übernimmt, dann sind dieser Besuch und die Abholung die einzigen Kontaktaufnahmen. Die Abholung findet nicht hier statt. Das ist die andere Sache, die William hinkriegen muss. William tritt zwei Stufen zurück und hält sich am Geländer fest. Die Tür geht auf. Eine füllige Frau mittleren Alters blickt ihn an. Sie wirkt nicht beeindruckt, was er ziemlich lächerlich findet.

»Ja?«, sagt sie.

»Ich will zu Barry«, sagt William. Er denkt an Calums Anweisungen. Höflich bleiben. Barry sagen, dass man wegen seines Hobbys mit ihm sprechen will. Ihm sagen, dass man eine Werkstatt hat. »Ich bin hier, um mit ihm über sein Hobby zu sprechen.«

»Warten Sie«, sagt sie.

Sie macht ihm die Tür vor der Nase zu, was darauf hindeutet, dass die Höflichkeit einseitig ist. Offenbar tappt sie den Flur runter, um zu sehen, ob Barry mit dem neuen Kunden sprechen will. Mehr als anderthalb Minuten später geht die Tür wieder auf. Dieselbe füllige kleine Frau.

»Wie heißen Sie?«

»William«, sagt er.

»Warten Sie.« Sie schließt die Tür wieder, und William steht immer noch auf der Treppe. Kommt ihm ziemlich auffällig vor, aber wenn sie's so haben wollen. Zwei weitere Minuten verstreichen. Scheint nicht gut zu laufen. Dann geht die Tür wieder auf. Diesmal ein Mann. Immer noch korpulenter als ratsam, immer noch ziemlich klein, aber eindeutig nicht die Frau. Lockiges sandfarbenes Haar und Brille, das passt zu der Beschreibung, die ihm Calum von Barry Fairly gegeben hat.

»Sie sind wer?«, fragt der Mann und blickt ihn durch seine Brille an. Er klingt gereizt. Wahrscheinlich weil seine Frau nachsehen sollte, wer an der Tür war, und ohne nützliche Informationen zurückkam.

»William MacLean. Ich hab im Eastend eine Werkstatt. Hab gehört, Sie könnten mir vielleicht helfen«, sagt er leise. »Mit Ihrem Hobby.«

Der Mann nickt. Calum hat William gesagt, er soll die Werkstatt erwähnen. Dann würde er zumindest ins Haus kommen. Wenn man auf den Stufen steht und sagt, dass man für jemand anderen einen Pass braucht, könnte ihn das beunruhigen. Jedenfalls würde es ihn misstrauisch machen. Er hört »Werkstatt« und denkt, es geht um Wagenpapiere. Also bittet er William rein. So was bringt gutes Geld. Der Mann bedeutet William, ihm zu folgen.

Er schließt die Haustür. Das hier sind große, aber alte Häuser. Schmale Flure, viele kleine Zimmer, ziemlich düster. Sie gehen einen Flur lang, durch eine Küche und einen Hauswirtschaftsraum nach hinten in den Garten. William beginnt sich Sorgen zu machen, doch dann sieht er den großen Schuppen am Ende des Gartens. Die Tür steht offen.

Sie betreten den Schuppen. Gegenüber der Tür ist ein Heizofen. Auf einem Regal ein Radio. Vom Haus her ist eine Stromleitung verlegt. Er sieht einen bequemen Stuhl, und am einzigen Fenster steht ein Schreibtisch. Auf dem Schreibtisch liegt ein Blatt Papier, daneben ein zugeklappter Hefter. Anscheinend Arbeit. William sieht kurz ein paar Sachen, die unter den Schreibtisch geschoben sind. Unter anderem ein Laminiergerät. Er kann riechen, dass es in den letzten paar Minuten benutzt wurde. Unter den Heftern sieht er was, das wie ein Laptop aussieht. Barry geht in dem schäbigen Schuppen einer anspruchsvollen Tätigkeit nach.

»Sie haben also eine Werkstatt, was?«, fragt Barry.

»Ja.«

»Und was wollen Sie haben, Zulassung oder Führerschein?«

William ist verblüfft. Der Mann hat nicht mal nach dem Namen der Werkstatt gefragt. Oder nach einem Identitätsnachweis. Scheint nicht besonders vorsichtig zu sein. Vielleicht weiß er schon anhand des Namens, wer William ist. Calum sagt, für Pässe ist er der Beste.

»Führerschein«, sagt William beiläufig. »Und wo wir schon mal dabei sind, könnten Sie mir auch einen Pass machen. Ich hab gehört, dass Sie darin gut sind.«

Das trägt ihm von Barry einen misstrauischen Blick ein. Die Kombination aus Führerschein und Pass scheint ihm nicht zu gefallen.

»Ist das so? Und warum braucht jemand mit einer Werkstatt neben einem Führerschein auch einen Pass?«

William zuckt mit den Schultern. »Braucht er nicht. Aber er dachte, er könnte zwei Fliegen mit einer Klappe schlagen, verstehen Sie? Verringert das Risiko, dachte ich.«

Barry nickt kurz und blickt zu William auf. William hat ein offenes Gesicht. Er sieht freundlich aus, wie jemand, dem man vertrauen kann. »Ist ja nicht so, dass ich Sie kenne«, sagt Barry. »Ich weiß nicht, ob ich Ihnen trauen kann.«

»Ich kenne Sie auch nicht«, sagt William, »aber ich bin bereit, das Risiko einzugehen. Ich weiß, dass Sie einen guten Ruf haben. Sie werden sehen, dass meiner solide ist. Und wenn das hier gut läuft, brauche ich vielleicht weitere Führerscheine und Zulassungen.«

Gier. Darum geht es hier. Man stellt nicht zufällig fest, dass man ein guter Fälscher ist. Man findet es raus, weil man's versucht. Und man versucht es, weil man leichtes Geld verdienen will. Die Aussicht, eine weitere Werkstatt als Kunden zu gewinnen, ist eine Versuchung, der ein einfacher Mann nicht widerstehen kann.

»Tja, die Autobranche in dieser Stadt ist im Umbruch«, sagt Barry mit wissendem Nicken. Er hat von Shug gehört. Hat gehört, dass er sich an härterer Arbeit versucht. Wenn er erfolgreich ist, dürfte er seine bescheidenen Autowerkstätten hinter sich lassen. Und wenn's schiefgeht, ist er sowieso aus dem Geschäft. Eine einmalige Gelegenheit für jemanden, der noch nicht sein Fälscher ist. »Ich hab noch ein paar Aufträge«, sagt Barry. Er ist kein guter Lügner, aber man kann's ja mal versuchen, oder?

»Das darf nicht lange dauern«, sagt William. »Mir ist eine Gelegenheit in den Schoß gefallen. Ich hab überlegt, zu wechseln. Es ist was im Gange, Sie wissen ja, wie das ist. Veränderungen. Jedenfalls muss es so schnell wie möglich gehen.«

Barry macht eine Reihe von Geräuschen, die den Eindruck erwecken sollen, als würde er nachdenken. Als wäre es für ihn ein großes Opfer. William glaubt nicht, dass jemand angesichts solcher Aussichten wirklich schnaufen und keuchen würde, aber er ist nicht hier, um sich zu streiten.

»Anfang nächster Woche könnte ich alles fertig haben, aber das wird Sie einiges kosten«, sagt Barry. »Ich müsste vieles zurückstellen, um Ihnen weiterzuhelfen.«

William hat Erfahrung mit Fälschungen. Aber nicht mit Notfällen. Oder Eilaufträgen. Calum schien zu ahnen, was ablaufen würde. Er hat gesagt, Barry würde versuchen, ihm jede Menge Geld aus den Rippen zu leiern. Die Lieferung so lange wie möglich rauszuzögern. Für die Zeit Geld verlangen, währenddessen aber an was anderem arbeiten.

William schüttelt den Kopf. Entschieden, aber mit dem offenen, redlichen Gesichtsausdruck, den er so gut beherrscht. »Geht nicht. Ich brauche die Sachen früher, sonst verlier ich den Auftrag. Zwecklos, wenn das so lange dauert. Ich brauche alles in vierundzwanzig Stunden.«

Darauf wird sich Barry nicht einlassen. Vermutlich will MacLean ihn testen. Er versteht sein Handwerk, aber ein Tag ist ein bisschen viel verlangt.

»Den Führerschein kann ich morgen fertig haben«, sagt er nickend. »Den Pass vielleicht am Freitag. Heute brauche ich die genauen Informationen von Ihnen. Und dann muss ich mir noch Informationen von meinen Leuten in der Passbehörde besorgen.« Er bemüht sich, wahnsinnig wichtig zu klingen. Als ob er diese Leute hätte. »Haben Sie ein Bild, bevorzugte Angaben?«

»Ein Bild habe ich«, sagt William und holt das Foto und ein Blatt Papier aus der Tasche. »Ein paar Angaben, aber ich will, dass Sie mir einen sicheren Ausweis liefern.« Die Adresse ist vorläufig die von William. Calum wird das ändern, sobald er eine Bleibe gefunden hat. Barry sieht sich das Blatt an und nickt. Sagt nichts über den falschen Ausweis. Ein Kinderspiel für ihn, er hat jede Menge in Reserve. Misstrauisch, aber er hat's nicht durch Fragenstellen so weit gebracht. Kein guter Fälscher stellt zu viele Fragen.

»Sie wollen Pass und Führerschein für dieselbe Person?«, fragt Barry. »Was ist mit einer Sozialversicherungskarte?« Er versucht, noch ein bisschen zusätzliche Arbeit an Land zu ziehen.

»Nee«, sagt William mit einer wegwerfenden Handbewegung. »Überflüssig.« Vielleicht besorgt sich Calum irgendwann eine falsche Versicherungskarte, aber jetzt noch nicht. Das Einzige, wofür er die gebrauchen könnte, ist legale Arbeit, und an diesem Punkt ist er noch lange nicht.

William reicht ihm das Passfoto. Das ist der entscheidende Moment. Das Bild von Calum ist schon ein paar Jahre alt, dennoch könnte man ihn erkennen. Für jemanden, der nicht besonders gut sieht, könnte er auch als William durchgehen. Falls Barry weiß, wie Calum aussieht, dürfte er ihn erkennen. Mit ziemlicher Sicherheit. Dürfte erkennen, dass das hier ein zu hohes Risiko ist. Calum ist überzeugt, dass Barry ihn noch nie gesehen hat. Vielleicht hat er schon von ihm gehört, aber wahrscheinlich nicht. Barry betrachtet das Foto. Hält inne. Blickt William an. Er hat eine Ähnlichkeit entdeckt, hütet sich aber, was zu sagen. So ein Geschäft lässt man sich nicht entgehen. Die Leute springen auch so oft genug ab.

»In Ordnung. Ich brauche zwei Tage. Lassen Sie mir eine Nummer da. Ich rufe an, wenn alles fertig ist, und sag Ihnen, wo Sie's abholen können. Okay? Sagen wir vierhundert im Voraus und vierhundert bei Übergabe.«

William hält inne, dann lacht er. Er darf ihm nicht zeigen, dass er verzweifelt ist. Wenn William sich zu viel abknöpfen lässt, weiß der Kerl Bescheid. »Sagen wir zwei im Voraus und zwei bei Übergabe. Wenn das hier gut läuft, können wir für die Zukunft über einen festen Preis reden.«

Barry Fairly scheint ein netter Kerl zu sein. Aber William hütet sich, ihm zu trauen. Er geht zu seinem Wagen zurück, um zweihundert Pfund erleichtert und die Vereinbarung unter Dach und Fach. An diesem Punkt fängt die Sache an, ihm an die Nieren zu gehen. Sie müssen sich auf jemand anderen verlassen, das gefällt William nicht. Wenn es bloß er und Calum wären, wäre alles in Ordnung. Anderen Leuten vertrauen – das ist das Problem. Zwei Tage warten. Die Hoffnung, dass man dem Kerl vertrauen kann. Wenn nicht, ist Calum womöglich erledigt. Auf der Heimfahrt wird William wütend. Wütend auf Barry wegen eines Verbrechens, das noch nicht begangen wurde. Wenn dieser Barry ihnen in den Rücken fällt, bei Gott, dann kommt William zurück. Zurück zu diesem beschissenen kleinen Schuppen, um ihn und seinen Bewohner in Stücke zu reißen. Okay, das stimmt vielleicht nicht, aber er wird ihn nicht ungestraft davonkommen lassen. Doch jetzt geht's erst mal nach Hause. Zurück zu Calum und der seltsamen Stimmung. Er hat das Gefühl, als müssten sie jeden Moment auskosten. Als müssten sie das Beste draus machen, denn es könnten ihre letzten gemeinsam verbrachten Tage sein. Aber das geht nicht. Sie können nicht rausgehen. Dürfen weder gesehen noch gehört werden. Und sie haben nicht viel, worüber sie reden können, ohne irgendwann wieder bei den Morden und seiner Flucht zu landen.

15

Peter Jamieson kommt nicht oft raus. Das liegt daran, dass er so bedeutend ist. Das war mal anders. Als sie damals anfingen, war Peter viel unterwegs. Er bedrohte die Leute, denn er konnte ihnen weh tun. Young war sein Kumpan. Der kluge Kopf, vor dem man keine Angst zu haben brauchte. Mit zunehmender Macht hat sich das geändert. Irgendwann konnte Jamieson nicht mehr gefahrlos weitermachen. Zugegeben, all das fehlt ihm nicht sonderlich. Der knallharte Typ sein? Hah, das kann er den Muskelprotzen überlassen. Davon gibt's jede Menge. Und inzwischen hat Young genug Drohpotential, um andere abzuschrecken. Nicht, weil er härter geworden wäre; ist er nämlich nicht. Sondern weil die Leute wissen, dass Macht hinter ihm steht, und nichts ist so einschüchternd wie Macht. Doch die ganze Macht gehört immer noch Jamieson. Ohne ihn wäre Young wieder ein Klugscheißer und Schwächling.

Jamieson sitzt in seinem Büro und guckt Fernsehen. Doch er ist nicht richtig bei der Sache. Sieht sich die Lokalnachrichten an, denkt aber über was anderes nach. Er hat eine SMS von Young bekommen, er wird sich verspäten. Für Jamieson kein Problem. Er ist nicht gerade ein Frühaufsteher. In letzter Zeit hatte er viel zu tun; er könnte mal ein freies Wochenende gebrauchen. Doch das muss warten. Er hat große Pläne. Sehr große. Entscheidend für seine Karriere. Wenn er die Sache mit Shug richtig hinkriegt, dann bestimmt das die nächsten paar Jahre. Kein Wort in den Nachrichten über vermisste Personen, deshalb schaltet er den Fernseher aus. Auch in der Lokalpresse kein Wort. Young war überzeugt, dass man die Sache nicht an die große Glocke hängen würde. Wenn Hardy als vermisst galt, würde das niemanden interessieren. Und Kenny hat nur seine Freundin, die ist so lange dabei, dass sie sich hüten wird, was zu unternehmen. Unter normalen Umständen wäre Jamieson beruhigt. Sein Gespür sagt ihm, dass alles gut wird. Doch sein Gespür hat ihm auch gesagt, dass Kenny ein guter Mann ist. Wenn die Leute ständig betonen, du hättest ein gutes Gespür fürs Geschäft, glaubst du's irgendwann. Gefährliche Sache, anderen zu glauben.

Young kommt ins Büro. Wirkt ein bisschen aufgeregt, ein bisschen genervt. Sieht ihm gar nicht ähnlich. Das heißt, es gibt was zu besprechen. Wenn man mehr als zwei Jahrzehnte mit jemandem zusammenarbeitet, kennt man die Bedeutung jedes Gesichtsausdrucks. Im Lauf der Zeit haben die beiden Männer gelernt, eine ausdruckslose Miene aufzusetzen. Auch das ist wertvoll. Wenn man einem Außenstehenden keine Gefühle zeigt, kann er nicht wissen, was für eine Laune man hat. Young setzt sich aufs Sofa und sieht Jamieson an.

»Hab mich heute früh schon mit ein paar Leuten getroffen«, sagt er.

Er tut so, als hätte ihn das eine unglaubliche Mühe gekostet. Doch Jamieson nimmt's ihm nicht ab. John Young hat gern viel zu tun. Das weiß jeder. »Wo liegt das Problem?«

Young bläst die Wangen auf. »Hab mich mit George und zwei Informanten getroffen. Natürlich mit jedem einzeln. Die gute Nachricht ist: Shug scheint den erwarteten Weg einzuschlagen. Er versucht, schnell vorzugehen. Aber auf breiter Front. Er nimmt jeden ins Visier, der einen Namen hat. Ich hab nachgedacht. Er weiß von Calum. Weiß, dass er für uns arbeitet. Er könnte es wieder auf ihn abgesehen haben.«

Jamieson macht ein mürrisches Gesicht, aber es ist keine große Überraschung. Es war immer denkbar, dass Shug Calum ins Visier nehmen würde, besonders wenn er weiß, dass Frank MacLeod nicht mehr da ist.

»Okay«, sagt Jamieson. »Wir müssen entscheiden, ob wir Calum kontaktieren oder nicht. Gib ihm eine Warnung.«

Young hält inne und denkt darüber nach. »Da bin ich anderer Meinung. Anderthalb Tage, nachdem er zwei Leute ausgeschaltet hat? Besser für uns alle, wenn wir uns im Moment ruhig verhalten. Die Sache ist die«, sagt er und wippt mit dem Fuß, während er nachdenkt, »er ist einmal gegen Calum vorgegangen und gescheitert. Soweit ich weiß, hat Shug niemandem von Calum erzählt.« Er zuckt mit den Schultern. »Er hat die Sache bestimmt nicht an die große Glocke gehängt.«

»Wir können uns nicht drauf verlassen, dass es so bleibt«, meint Jamieson kopfschüttelnd. Das sagt ihm sein Gespür. »Wenn die Sache so läuft, wie wir uns das vorstellen, steckt Shug richtig in Schwierigkeiten. Er wird singen. Mit Sicherheit. Er betreibt zu viele legale Geschäfte. Er wird Calum erwähnen.«

»Ja«, sagt Young und nickt, »aber vielleicht hab ich eine Idee. Ich glaube, wir können an Fizzy Waters rankommen. Wenn wir ihn an Bord haben, könnte das Shug auf lange Sicht besänftigen. Kommt drauf an, ob wir ihn richtig austricksen. Hängt alles vom richtigen Timing ab«, sagt Young, »aber warum jemanden überstürzt warnen und ihn so beunruhigen?«

Dem lässt sich nur schwer widersprechen. Jamieson war von Calums Loyalität nie überzeugt. Aber er führt die Aufträge aus, die sie ihm geben, und macht seine Sache gut. Trotzdem, sie haben sich wirklich alle Mühe gegeben, damit er sich bei ihnen wohl fühlt. Haben versucht, gute Auftraggeber zu sein. Er ist ein junger Mann, der gern Freiraum hat, gern in Ruhe gelassen wird. Gut, sie haben ihn in Ruhe gelassen. Ihn nie unnötig unter Druck gesetzt. Aber da ist wieder sein Gespür. Young hat schon mal einen Fehler gemacht bei Calum. Er hat es geschafft, ihn an einen sicheren Ort zu bringen, bevor Shug Glen Davidson losschickte, um den Jungen umzulegen. Die Sache ist gut ausgegangen, das war Youngs Rettung. Calum hat Davidson umgelegt, das war ein Glücksfall. Aber man kann sich nicht darauf verlassen, dass er so was nochmal schafft. Sie müssen auf der Hut sein. Bereit sein, Calum zu helfen. Diesmal vorsichtig sein.

»So viel zu Shug. Was hast du sonst noch für Neuigkeiten?«, fragt Jamieson. Da ist noch was anderes. Das ganze Zeug über Shug dürfte von Greig stammen, aber Young hat von zwei Informanten gesprochen. Das heißt, er hat den Jungen getroffen, in den er so große Hoffnungen setzt.

»Mein anderer Informant hatte ein paar Neuigkeiten.

Fisher hat den Köder geschluckt. Er sucht nach Verbindungen zwischen Hardy und Shug, das ist schon mal ein Anfang. Wenn Calum die in ihn gesetzten Erwartungen erfüllt, dann lässt sich die Sache gut für uns an. Aber Fisher hat einen Anruf erhalten. Von Deana Burke.«

»Deana Burke?«

»Das ist Kenny McBrides Freundin, Partnerin ... wie immer du's nennen willst. Sie wusste, dass Kenny Fishers Informant war. Kenny hat ihr erzählt, dass er einen Auftrag hatte. Und als er nicht wiederkam, hat sie Fisher angerufen. Da müssen wir was unternehmen.«

Jamieson zieht die Stirn kraus und trommelt mit dem Zeigefinger auf seinen Schreibtisch. Kenny, du beschissener kleiner Schwächling. Selbst nach deinem Tod bist du eine verdammte Plage. Welcher Profi erzählt denn seiner Freundin, dass er Polizeiinformant ist? Sie war nicht mal seine Frau, Herrgott nochmal! Er hat ihr also erzählt, dass er ein Verräter ist. Und muss ihr Fishers Nummer gegeben haben. Verdammte Scheiße! Und dann erzählt er ihr, dass er einen Auftrag hat. Scheiße, wie viele Einzelheiten?

»Was hat er ihr von dem Auftrag erzählt?«

»Anscheinend nichts Näheres«, sagt Young in beruhigendem Ton. »Er hat nicht gesagt, worum es ging. Oder wer sonst noch daran beteiligt ist. Soweit ich weiß, jedenfalls. Wenn sie was ausgeplaudert hätte, dann wäre Fisher schon aktiv geworden. Ist er aber nicht; er ist immer noch mit Hardy beschäftigt.«

»Das heißt nicht, dass sie nicht Bescheid weiß. Bloß, dass sie noch nichts gesagt hat. Ich wäre nicht überrascht, wenn Kenny alles rausposaunt hätte.«

»Deshalb müssen wir entscheiden, was wir ihretwegen unternehmen«, sagt Young.

Sie umlegen, kommt nicht in Frage. Ausgeschlossen. Aus moralischen Gründen – wenn man's genau nimmt. Die stehen zwar im Hintergrund, aber sie existieren. Jamieson hat Skrupel, jemanden umlegen zu lassen, bloß weil er rauszufinden versucht, was einem geliebten Menschen zugestoßen ist. Klar, das ist ärgerlich, sie müsste es eigentlich besser wissen. Und ja, wenn sie gefährlich wird, dann braucht er nicht lange zu überlegen, ob er sie beseitigen soll. Doch im Moment versucht sie bloß rauszufinden, was ihrem Kerl zugestoßen ist. Das ist mutig und ziemlich bewundernswert. Jamieson mag starke Frauen. Der andere und vorherrschende Grund ist, dass es unprofessionell wäre. Ihr Kerl wird vermisst, sie beschwert sich, und plötzlich verschwindet auch sie. Würden da bei der Polizei nicht alle Alarmsirenen schrillen? Natürlich. Also lässt man's besser. Außerdem haben sie im Moment nur einen einzigen Killer, nämlich Calum. Wenn alles gutgeht, wird sich das bald ändern, aber im Moment gibt es bloß Calum. Ausgeschlossen, dass ihm Jamieson so schnell einen weiteren Auftrag gibt. Also muss er nach anderen Möglichkeiten suchen.

Man muss ihr klarmachen, was Jamieson davon hält. Man muss die Botschaft rüberbringen. Ohne dass die Polizei ins Spiel kommt. Nichts darf ihr körperlichen Schaden zufügen. Sie kennt das Geschäft, das beeinflusst die Entscheidung. Bei einer Außenstehenden müsste man behutsamer vorgehen. Sie könnte beim geringsten Druck zu den Bullen laufen.

»Wie taff ist diese Deana Burke?«

Young zuckt mit den Schultern. »Schwer zu sagen. Sie kennt sich aus. War mit ein, zwei ernstzunehmenden Leuten zusammen, also weiß sie, was passieren kann.

Keine Ahnung, wie taff sie ist. Sie hat sich mit Kenny eingelassen. Und der war so wenig taff, wie's in diesem Geschäft grade noch möglich ist.«

»Hmh.« Jamieson ist nachdenklich. Stinksauer. Sie sollten nicht in so eine Lage geraten. Kenny hätte die Klappe halten sollen. »In Ordnung«, sagt er entschlossen. »Ruf Nate Colgan an. Er soll herkommen. Ich schicke ihn zu ihr. Er soll mal mit ihr reden. Keine körperliche Gewalt. Nur eine kleine Plauderei. Wenn sie die Botschaft nicht kapiert, dann ist sie eine dumme Kuh und muss mit den Konsequenzen leben.« Er beendet den Satz mit einem kurzen Schlag auf den Tisch.

»Schön und gut«, sagt Young. »Aber was, wenn sie's nicht kapiert? Was machen wir dann?«

»Alles, was nötig ist«, sagt Jamieson. Colgan wird die Sache erledigen. Ein cleverer Kerl und total gruselig. Nate Colgan macht jedem Angst, selbst seinen Auftraggebern. Deshalb bleibt er nirgendwo lange. Ein weiterer Grund, ihn zu nehmen. Niemand weiß, dass Colgan in den letzten Monaten fast ausschließlich für Jamieson gearbeitet hat. Er hat mal einem von Jamiesons Leuten zu günstigen Bedingungen Stoff angeboten, den er loswerden wollte. Seitdem nimmt Jamieson seine Dienste in Anspruch. Doch Colgan ist freischaffend; jeder könnte ihn anheuern, um diese Frau einzuschüchtern. Kein Grund, dass es auf Jamieson zurückfallen sollte.

Während Young Colgan anruft, überstürzen sich seine Gedanken. Das ist eine Gelegenheit. Wenn DI Fisher und seine Leute anfangen, nach Kenny zu suchen, dann sollen sie auch was finden. Eine nette Ablenkung. Was, das sie in dieselbe Richtung lenkt, in die sie sowieso schon unterwegs sind. Zu Shug. Eigentlich würde er gern anders vorgehen, aber wenn man sich aus dem Stegreif was einfallen lassen muss, kann man's auch gleich gründlich machen. Das könnte nützlich sein. Vielleicht fällt ihm keine eindeutige Verbindung zwischen Shug und Kenny ein, aber was Verdächtiges dürfte kein Problem sein. Wenn Deana Burke kapiert, dass sie sich zurückhalten soll, ist dieser Plan natürlich sinnlos. Und Tatsache ist: Die meisten Leute kapieren die Botschaft, wenn sie von Nate Colgan kommt.

16

Inzwischen sind zwei Stunden vergangen, es wird langsam Nachmittag. Deana hat ein bisschen eingekauft, einen Kaffee getrunken. Am Spätnachmittag will sie ihre Freundin Claire besuchen. Claire hat einen kleinen Laden, in dem Deana früher ein paar Stunden arbeiten konnte. Jetzt braucht sie mehr Stunden. Kenny hatte keine großen Ersparnisse. Er hat ja nicht viel verdient. Gutes Geld für das, was er tun musste, aber nicht so viel, dass sie jetzt davon leben könnte. Sie hat seine Bankkarte in der Tasche. Hat zweihundert aus dem Geldautomaten gezogen. Sie weiß nicht genau, was mit seinem Geld passiert, jetzt, wo er verschwunden ist. Vielleicht wird es von der Polizei beschlagnahmt. Kommt anscheinend immer öfter vor. Wenn sie beweisen können, dass er dafür Straftaten begangen hat, beschlagnahmen sie vielleicht alles. Besser, was vom Konto abzuheben und in die eigene Tasche zu stecken.

Sie ist nicht dumm, und der Typ, der sie verfolgt, geht nicht unauffällig vor. Scheint, als würde er's nicht drauf anlegen. Er ist zweimal um den Block gefahren, während sie an der Bushaltestelle stand. Jetzt ist er dicht hinter dem Bus. Die Chance, dass er eine der beiden älteren Frauen verfolgt, die zusammen mit ihr eingestiegen sind, ist ziemlich gering. Polizisten gehen anders vor. Wenn sie was zu sagen haben, sagen sie's. Und wenn sie einen verfolgen, dann soll man's nicht mitkriegen. Aber dieser Typ will, dass sie ihn sieht. Also soll es eine Warnung sein. Nicht schwer zu erraten, von wem die kommt. Sie dreht sich immer wieder um, und der Wagen folgt dem Bus. Sinnlos, ihm entwischen zu wollen. Sinnlos, einen auf clever zu machen. Sie fährt einfach nach Hause. Wartet ab, was passiert.

Sie steigt aus. Sieht den Wagen vorbeifahren. Hinterm Lenkrad sitzt ein Mann. Anscheinend nicht mehr ganz jung. Sieht ziemlich groß aus. Der Wagen fährt die Straße lang und biegt um die Ecke. Ist nicht mehr zu sehen. Er wird zurückkommen, das weiß sie. Fährt nochmal um den Block. Sie geht die Straße rauf und biegt links ab. Ein paar Schritte, dann die Fahrbahn überqueren und rechts in ihre Straße. Ihre Straße – ein echter Witz. Das Haus läuft auf Kennys Namen. Hat nichts mit ihr zu tun, zumindest rechtlich gesehen. Obdachlos und ohne Geld. Das wird spaßig. Sie bleibt stehen. Nur ganz kurz, jetzt geht sie wieder weiter. Er ist schon da. Am anderen Ende der Straße, nicht weit von der nächsten Ecke geparkt. Der Wagen, mit dem Fahrer noch hinterm Lenkrad. Sie kann ihn erkennen. Er sitzt da und beobachtet sie. Ganz schön dreist. Mit ausdrucksloser Miene, wie's aussieht. Sie kennt das Gesicht nicht, jedenfalls nicht auf diese Entfernung. Sie biegt in den Vorgarten. Steckt den Schlüssel in die Tür. Langsam wird sie nervös. Stellt die Tüte mit den Einkäufen auf die oberste Stufe. Schließt die Tür auf, nimmt die Tüte und geht ins Haus.

Ein paar Minuten Panik, in denen jeder Albtraum möglich ist. Dann wieder Ruhe und logisches Denken. Wenn er ihr was antun wollte, hätte er sich nicht gezeigt. Sie soll wissen, dass er da ist. Das ist kein Angriff. Bloß eine Warnung. Sie soll wissen, dass die jederzeit an sie rankommen können. Ihr überallhin folgen und ihr das Leben schwermachen können. In Ordnung, gut, dann muss sie heute noch nicht sterben. Er wird da draußen rumsitzen wie ein Idiot, und morgen ist er verschwunden. Eine Warnung dauert nicht ewig. Er wird noch andere Leute einschüchtern müssen. Jemand wie Peter Jamieson setzt keinen seiner Leute unnötig lange auf sie an. Es ist eine Warnung, sie soll über Kenny den Mund halten. Sie hält inne. Wie viel wissen die? Ist das nur eine allgemeine Warnung? Inzwischen müsste sie kapiert haben, dass er tot ist, deshalb geht es um den Wert des Schweigens. Oder wissen die etwa, dass sie mit der Polizei gesprochen hat? Wenn das der Fall ist ... Oh, Scheiße. Jemand hat geklopft.

Sie überlegt, ob sie aufmachen soll. Überlegt so lange, dass es ein zweites Mal klopft. Was soll das? So ein Typ könnte reinkommen, ohne dass sie ihm aufmacht. Sie geht zur Tür. Öffnet.

»Ja?«

»Deana Burke?«

»Ja.«

»Wir müssen reden.«

Das sagt er in einem Ton, der keinen Widerspruch duldet. Ein großer, breitschultriger Mann. Jünger, als sie anfangs dachte. Vielleicht so alt wie sie, und ziemlich gutaussehend. Sein dunkles, von leichten Falten durchzogenes Gesicht sagt ihr, dass er sich gut halten dürfte. Aber er hat nichts Anziehendes. Gutaussehend, ja, aber kalt. Er sieht aus wie jemand, der oft richtig wütend wird. Wütend auf die ganze Welt und bereit, allem weh zu tun.

»Kommen Sie lieber rein«, sagt sie. Weil sie ihn, auch wenn sie wollte, nicht daran hindern könnte. Und weil jeder was Selbstzerstörerisches hat, das die Gefahr eher anzieht als abstößt.

Er setzt sich in den Sessel im Wohnzimmer. In dem Kenny immer gesessen hat, um Fernsehen zu gucken. Gott, manchmal konnte er wirklich träge sein. Deana setzt sich aufs Sofa. Ihr üblicher Platz. Eigentlich kann sie sich's auch bequem machen.

»Und, was wollen Sie?«, fragt sie. Alles Mögliche kann passieren. Bei so einem Typ, so kaltblütig, wie er ist. Man sieht ihm nichts an. Weiß nicht, was ihm durch den Kopf geht. Es fühlt sich wie eine Warnung an, sonst würde er sich nicht so offen zeigen, aber es könnte brutal werden. In diesem Geschäft gibt's Leute, die nicht wissen, wo die Grenze ist. Deana blickt zur Wohnzimmertür. Nee, von hier könnte sie nicht zur Haustür rennen und verschwinden.

»Ich weiß, dass Ihr Freund vor ein paar Tagen weggefahren und nicht wiedergekommen ist«, sagt der Mann. Leise, tonlose Stimme, als würde ihn die Sache schon langweilen. »Wahrscheinlich haben Sie begriffen, dass er nicht wiederkommt. Sie müssen lernen, das für sich zu behalten.«

Na toll. Ein gelangweilter Typ sagt ihr, dass sie Kenny vergessen soll. Als würde das als Warnung ausreichen.

»Sie sagen, ich soll ihn einfach vergessen?«, fragt sie ungläubig.

»Kann nicht so schwierig sein«, sagt er ruhig.

Arroganter Scheißkerl. »Sie halten sich wohl für knallhart und angsteinflößend, was? Leute wie Peter Jamieson glauben, sie können jemanden wie Kenny einfach fertigmachen. Ihn einfach wegschmeißen wie Müll. Tja, ich will Ihnen mal was sagen ...« Sie hält plötzlich inne. Weil der Kerl sie anlächelt. Das Lächeln eines Mannes, der etwas weiß, was sie nicht weiß. »Ist hier irgendwas amüsant?«, fragt sie, kurz davor, die Beherrschung zu verlieren.

Er zuckt mit den Schultern. »Das ist Ihr Problem. Verstaubte Ansichten. Sie glauben, Peter Jamieson hat Ihren Kerl beseitigt?« Wieder ein Schulterzucken. »Denken Sie, was Sie wollen. Wenn Sie Ihren Hass an Jamieson auslassen wollen, dann wird seine Strafe nicht ausbleiben. Glauben Sie mir. Jamieson hat Feinde, und die haben's auf ihn abgesehen.« Wieder dieses aufreizende wissende Lächeln.

Jetzt weiß sie nicht weiter. Ihre ganze Wut ist auf Peter Jamieson gerichtet. Nun kommt dieser selbstgefällige Widerling und sagt, er ist das falsche Ziel. Sie ist sprachlos, das scheint dem Kerl zu gefallen. Er steht auf.

»Und das soll mich überzeugen, was?«, fragt Deana, die ihre Stimme wiedergefunden hat. Ihre Wut. »Sie behaupten es, also muss es stimmen.«

Der Mann hält inne und sieht sie an. Gewiefter Blick. »Sie wissen nicht, wer ich bin?«

Sie zuckt mit den Schultern.

»Ich heiße Nate Colgan. Ich hab ein paarmal für Jamieson gearbeitet. Aber in letzter Zeit nicht mehr. Die Dinge ändern sich.«

Jetzt blickt sie ihn an. Kriegt es wirklich mit der Angst zu tun. Nate Colgan.

»Ich will Sie nicht länger aufhalten, Sie haben bestimmt viel zu tun«, sagt er sarkastisch. »Sie brauchen sich keine Sorgen zu machen, Sie sind nicht bedroht. Diese Unannehmlichkeiten sind bald vorbei. Diesmal sehen wir noch drüber weg, dass Sie zur Polizei gerannt sind. Wir können durchaus großzügig sein. Sorgen Sie einfach dafür, dass es nicht nochmal vorkommt, okay.« Er geht zur Tür, ohne sich nochmal umzudrehen.

Deana hört, wie sich die Tür schließt, dann eine Pause, danach fällt das Gartentor ins Schloss. Er ist weg. Der berüchtigte Nate Colgan. Sie kennt die Geschichten über ihn. Die kennt jeder im Geschäft. Der Mann, vor dem die beängstigenden Leute Angst haben. Sie weiß, dass auch sie vor ihm Angst haben sollte.

Doch im Moment ist da keine Angst, nur Wut. Je länger sie nachdenkt, umso wütender wird sie; auf immer mehr Leute. Wenn Colgan nicht für Peter Jamieson arbeitet, dann für Shug Francis. Eine andere Möglichkeit gibt es nicht. Kenny hat ihr von Shugs Versuchen erzählt, in Jamiesons Markt einzudringen. Hat ihr erzählt, dass Jamieson nicht mit ihm fertig wird. Shug will jemanden umlegen, der Jamieson nahesteht. Jemanden, dessen Tod Jamieson sofort auffällt. Also entscheidet er sich zuerst für das Einfachste. Den Fahrer. Das ist so billig. Selbst Deana weiß, wie die Reaktion darauf sein wird. Alle im Geschäft werden Shug für jämmerlich halten. Einen Fahrer umlegen? Zum Teufel nochmal, die gibt's doch wie Sand am Meer. Hat Kenny selbst gesagt. Wenn man ernst genommen werden will, muss man einen wichtigen Mann ausschalten. Vielleicht kann Jamieson ihr Verbündeter sein. Das wäre eine Erleichterung. Dann hätte sie mehr Freunde, als ihr klar war. Mehr Leute mit Durchsetzungskraft.

Nicht wie dieser Arsch Fisher. Noch so ein arroganter Scheißkerl. Ist er etwa besser als der, der grade gegangen ist? Noch so jemand, für den Kenny nur Müll war. Sie hält inne. Erinnert sich. »Diesmal sehen wir noch drüber weg, dass Sie zur Polizei gerannt sind.« Das hat Colgan gesagt. Bevor er ging. Als würde er ihr einen Riesengefallen tun. In gewisser Hinsicht hat er das auch. Der Schwachkopf. Er hat gesagt, die wissen, dass sie sich an Fisher gewendet hat. Das hat ihnen doch nicht Fisher selbst gesteckt, oder? Nein, ausgeschlossen. Kenny hat ein bisschen von ihm erzählt. Was für ein Polizist er ist. Zäh, unwirsch, aber mit Sicherheit ehrlich. Das sagen alle. Er ist von der Unterwelt wie besessen. Aber bloß weil ihn alle für ehrlich halten, heißt das nicht, dass er's auch ist. Deana kennt sich gut genug aus, um zu wissen, dass es Verbindungen zu Leuten gibt, von denen man's nicht erwarten würde. Leuten, die in dunkle Sachen verstrickt sind. Das ist ein Schock. In wenigen Minuten haben ihr Feind und ihr Verbündeter die Plätze getauscht.

Es konnte nicht lange dauern, und plötzlich ist es so weit. Anstelle des Schocks noch größere Wut. Ein richtiger Wutausbruch. Sie läuft die Treppe rauf, stößt die Schlafzimmertür auf. Greift in die Schublade ihres Nachtschränkchens und holt das Notizheft raus. Blättert ein bisschen zu schnell die Seiten durch und zerknickt sie an den Ecken. Findet die Nummer und sucht das Handy. Wo zum Teufel ist das Ding? Sie will diesen Anruf sofort machen. Bevor ihre Wut verraucht ist. Ist vielleicht nicht das Klügste, aber wenn sie's nicht tut, wird ihre Wut bitter schmecken und bleiben. Sie findet das Handy. Scheiße! Sie hat die Tasten zu schnell gedrückt und die falsche getroffen. Sie drückt auf Beenden und versucht es nochmal. Diesmal klappt's. Diesmal klingelt es. Na los, geh schon ran. Drück dich nicht. Du hast es nicht verdient, diesem Zorn zu entrinnen.

17

Fisher will grade das Büro verlassen. Will ein paar Pseudopolizisten in den Arsch treten. Sie haben die Akten aus Hardys Büro gestern am Spätnachmittag reingekriegt. Wie viel Zeit brauchen die denn noch? Ihm geht's nicht um jedes verdammte Detail. Wenn's für ein, zwei Verhaftungen reicht, wäre das schon genug. Die lassen sich gern Zeit. Akribisch nennen sie das. Jede Kleinigkeit überprüfen, damit vor Gericht nichts auszusetzen ist. Was durchaus in Ordnung ist, da darf man ihn nicht falsch verstehen. Alles soll den höchsten Ansprüchen genügen. Aber er kann's nicht ausstehen, wenn die Leute das als Vorwand benutzen, um eine Sache unnötig in die Länge zu ziehen. Er will sehen, was sie haben. Er hat gesagt, sie sollen zuerst Shugs Akte durchgehen. Die ist momentan am wichtigsten. Die anderen dürften uninteressant sein. Kleinkram, um Steuern zu hinterziehen. Aber wegen Shugs Akte musste jemand sterben.

Sein Telefon klingelt. Das verdammte Ding klingelt immer, wenn er grade wegwill. Nie, wenn er nichts Besseres zu tun hat. Allerdings hat er selten nichts Besseres zu tun. Das Telefon bedeutet immer schlechte Nachrichten. Auch innerhalb des Reviers. Wenn die Leute ins Büro kommen, heißt das was Positives. Er geht ran. Warum auch nicht? Gibt den Wirtschaftsexperten noch ein paar Minuten, das, was sie für ihn haben, fertig zu machen.

»Hallo.«

»Sie Scheißkerl.«

An dieser Stelle wollen wir ehrlich sein und zugeben, dass Fisher nicht zum ersten Mal so begrüßt wird. Und es ging auch schon aggressiver zu. Wesentlich aggressiver. Dennoch rechnet man nicht damit, wenn man den Hörer ans Ohr hält. Es ist eine Frauenstimme, was die Zahl der in Frage kommenden Personen verringert. Bleiben trotzdem noch genug übrig. Ehefrau, Geliebte oder Mutter von jemandem, den er hinter Gitter gebracht hat. Die können manchmal ziemlich heftig sein. Heftiger als ihre Männer.

Er seufzt erst mal, damit die Frau begreift, dass ihre Beleidigung für ihn nichts Neues ist. Sie muss wissen, dass sie ihn nicht geschockt hat. Danach lässt er eine abfällige Bemerkung folgen. Um sie in die Schranken zu weisen.

»Und Sie sind?«

»Hah«, sagt sie lachend, doch es klingt nicht amüsiert. »Ich hätte wetten können, dass Sie mich nicht erkennen. Schon einen Tag nach meinem Anruf haben Sie mich vergessen.«

»Deana Burke«, sagt Fisher. Ohne große Begeisterung. Sie ist eine Nervensäge, und jetzt will sie auch noch einen Kübel von Beschimpfungen über ihn ausschütten.

»Ja, Deana Burke. Nicht das erste Mal seit unserer letzten Unterhaltung, dass Sie meinen Namen aussprechen, stimmt's, Detective? Sie haben überall über mich rumgequatscht. Bei interessanten Freunden von Ihnen. Das würde Ihre Chefs interessieren, wetten?«

»Tut mir leid, ich hab keine Ahnung, wovon Sie reden«, sagt er. Wenn das aufrichtig klingt, dann weil es stimmt. Er will damit sagen, dass sie nicht ganz bei Sinnen zu sein scheint und er was Besseres zu tun hat, als ihr zuzuhören. Doch die Entscheidungsträger würden über so eine Reaktion die Stirn runzeln.

Er will grade auflegen, als sein Verstand und sein Gespür sich zusammentun und ihn davon abhalten.

»Wen meinen Sie mit interessanten Freunden? Was glauben Sie, mit wem ich geredet habe?«

»Ich hatte Besuch von einem Mitarbeiter einer Ihrer Freunde. Ein unsympathischer Scheißkerl, der in mein Haus gekommen ist und mir gesagt hat, ich soll die Klappe halten.« Sie wird keine Namen nennen. Nicht, wenn's um Nate Colgan geht.

Schwer, was dazu zu sagen, denkt Fisher. »Moment mal. Ganz langsam. Jemand ist in Ihr Haus eingebrochen und hat Ihnen was gesagt?«

»Niemand ist eingebrochen. Er ist an die Tür gekommen.«

»Und Sie haben ihn reingelassen?«

»Ja, ich hab ihn reingelassen«, sagt sie, und ihre Stimme wird wieder ziemlich laut. »Was sollte ich denn tun, ihn zum verdammten Gartentor rausschubsen? Der Kerl war doppelt so groß wie ich. Ein gefährlich aussehender Scheißkerl. Einer, der wehrlose Frauen wie mich mal eben zum Spaß verprügelt.«

Fisher lässt sie Luft holen. Wartet, bis sie sich ein bisschen beruhigt hat, bevor er weiterredet.

»Und dieser Kerl ist reingekommen und hat Ihnen was genau gesagt?«

»Dass ich die Klappe halten soll – hab ich Ihnen doch eben gesagt«, poltert Deana. »Er hat gesagt, die würden mir verzeihen, dass ich mit Ihrem Haufen geredet habe. Dass irgendwas laufen würde und die Sache bald vorbei ist. Wenn ich mich ab jetzt von der Polizei fernhielte, würde man mich in Ruhe lassen. Die wissen, dass ich mit Ihnen gesprochen habe. Das haben Sie ihnen verraten, Sie Scheißkerl. Sie waren das. Ich fasse es nicht. Die wissen, dass ich mit der Polizei geredet habe, und Sie sind der einzige Bulle, mit dem ich das je getan hab. Und jetzt schicken sie Leute vorbei, die mich einschüchtern sollen. Ihretwegen, Detective, nur Ihretwegen. Kennys Blut klebt schon an Ihren Händen. Und als Nächstes meins, stimmt's? Nicht, dass Sie das interessieren würde. Sie haben es denen sofort nach unserem Gespräch erzählt. Haben Shug Francis angerufen und Ihrem kleinen Kumpel erzählt, ich wäre eine Gefahr. Ach, Sie sind ein echt fieser Kerl.«

Als sie am Ende ihrer Tirade angelangt ist, fließen Tränen. Egal. Fisher lässt sie weiterreden. Dürfte ihr guttun, sich das Ganze von der Seele zu schaffen. Und ihm tut es gut, ihr zuzuhören. Shug Francis. Unglaublich! Wegen Deanas Anruf weiß Shug Francis bereits, dass die Polizei nach Kenny sucht. Das heißt, dass es ihm jemand gesagt hat. Jemand auf diesem Revier. Dass die Polizei nach Kenny sucht, war leicht rauszufinden. Dass ihn Deana als vermisst gemeldet hat, eher weniger. Sogar unmöglich, es sei denn, die Information kam von seiner Truppe.

»Er hat gesagt, er arbeitet für Shug Francis?«, fragt er nach ein paar Sekunden.

»Nicht direkt«, sagt sie. Sie hat sich wieder beruhigt. Ihre Wut ist aufgebraucht. »Er hat gesagt, er arbeitet für jemanden, der kurz davor ist, Peter Jamieson aus dem Weg zu räumen. Das heißt Shug Francis, falls Ihr Haufen nicht aufgepasst hat.«

»Hm-hmm«, sagt Fisher. Er hat aufgepasst. Besser als Deana, wie's scheint. Shug wird Jamieson nicht aus dem Weg räumen, dazu ist er nicht in der Lage. Nicht in nächster Zeit. Nie. Aber er könnte seinen Fahrer umgelegt haben. So eine billige Nummer würde ihm ähnlich sehen.

»Hören Sie mir zu, Deana, das ist wichtig«, sagt er. Diesmal bemüht er sich, nicht überheblich zu klingen, aber es fällt ihm schwer. Sie ist hysterisch, nervig und schlecht informiert. »Wir müssen von Angesicht zu Angesicht reden. Ich muss wissen, wer der Kerl war und was er genau gesagt hat. Ich hab weder Shug Francis noch sonstwem von unserem Gespräch erzählt. Offen gesagt, ich bin gekränkt, dass Sie so was für möglich halten. Aber das vergessen wir vorläufig mal. Jetzt müssen wir erst mal für Ihre Sicherheit sorgen und rausfinden, was genau mit Kenny passiert ist.«

Wieder ein schrilles Lachen am anderen Ende der Leitung. »Sie glauben, dass ich mich mit Ihnen treffe? Dass ich Ihnen je wieder trauen kann? Sie müssen verrückt sein. Ausgeschlossen. Auf keinen Fall. Wenn Sie so ein ehrlicher, anständiger Kerl sind, müssen Sie das erst mal beweisen. Finden Sie raus, was mit Kenny passiert ist. Sie können tun, was Sie wollen, aber erwarten Sie nichts von mir. Ab jetzt tu ich nur, was für mich und Kenny am besten ist.«

Sie legt auf. Sinnlos, zurückzurufen, sie wird nicht rangehen. Dieser letzte Satz. Dass sie tun würde, was für sie und Kenny am besten wäre. Gott, so wie sie das gesagt hat, klang es fast wie eine Drohung. Kopfschüttelnd legt Fisher auf. Sie ist eine dieser Tussis, die glauben, sie können es mit der ganzen Welt aufnehmen. Die ihre Nase in diesen Schlamassel steckt und sich in die Bredouille bringt. Doch seine Sorge um sie hält nicht lange. Seine Gedanken sind längst woanders. Bei einer düsteren Sache. Jemand von diesem Revier hat die Information weitergegeben, dass Deana Burke Kenny als vermisst gemeldet hat. Kann Zufall gewesen sein. Ein echter Idiot. Aber das glaubt er nicht. So gehirnamputiert und grässlich hier manche Polizisten auch sind, keiner würde einen Zeugen beim Namen nennen. Nee, das war Absicht. Sein Gespür sagt ihm eindeutig, es war Paul Greig. Doch sein Verstand sträubt sich dagegen. Er muss erst mit Higgins reden. Fisher hat ihn beauftragt, und die Sache ihm überlassen. Mal hören, was er zu sagen hat. Greig kann er dann immer noch die Schuld geben.

Higgins zu erreichen, dauert eine halbe Stunde. Er ist irgendwo draußen. Fisher weiß nicht, wieso, aber inzwischen ist er auf dem Weg zum Revier. Er sollte hier sein und Fisher helfen. Er kriegt nicht die Leute, die er für diese Ermittlung gern hätte. Der DCI glaubt, die Zahlenjongleure können die meiste Arbeit erledigen; Fisher ist nur für die Verhaftungen zuständig. Für die Suche nach Hardy hat er auch nicht genug Leute. Nicht genug Beweise, dass sein Verschwinden was mit organisiertem Verbrechen zu tun hat. Er braucht mehr. Kenny McBride: Das könnte die Verbindung sein. Dann hätte Fisher so umfangreiche Ermittlungen, wie er braucht. Zwei zusammenhängende Vermisstenfälle. Durch den Verdächtigen miteinander verbunden. Durch Shug.

Da ist Higgins ja. Er kommt in seiner Uniform ins Büro und zu Fishers Schreibtisch. Nickt DC Davies zu. Higgins hat mehr Selbstvertrauen gegenüber den Detectives als früher. Das ist gut. Er ist talentiert und wird eines Tages hier seinen eigenen Schreibtisch haben.

»Kenny McBride«, sagt Fisher.

»Niemand hat ihn gesehen«, erwidert Higgins. »Ich hab die Nachricht gestreut, aber ... nichts.«

»Als Sie die Nachricht gestreut haben, was für Informationen haben Sie da gegeben?«

»Wie meinen Sie das?«

»Haben Sie irgendwem erzählt, wer ihn als vermisst gemeldet hat?«

»Nein, natürlich nicht. Ich hab nicht mal gesagt, dass er als vermisst gemeldet wurde«, sagt Higgins abwehrend. »Ich hab gesagt, wenn irgendjemand ihn sieht, soll er's dem Revier mitteilen. Nicht verhaften, bloß uns informieren. Ich hab so gut wie keine Einzelheiten genannt.«

Fisher nickt. Shug beseitigt Kenny. Jemand sagt ihm, dass die Polizei nach ihm sucht. Vielleicht hat er zwei und zwei zusammengezählt. Fisher hat bloß Higgins von Deana erzählt. Higgins hat allen auf dem Revier gesagt, sie sollen die Augen offenhalten. Irgendwer hat Shug gesagt, dass die Polizei nach Kenny sucht. Irgendwer hat geredet.

»Okay«, sagt Fisher und beendet das Ganze.

»Irgendwas nicht in Ordnung?«, fragt Higgins unsicher. »Hab ich was falsch gemacht?«

»Nein, nein«, sagt Fisher. Er kann es nicht ausstehen, wenn sich ein Polizist ständig rückversichert. Einem am Rockzipfel hängt. Doch das trifft auf Higgins nicht zu. Zumindest noch nicht. »Alles in Ordnung. Es hat sich rumgesprochen, dass wir Kenny suchen. Shug Francis hat einen Mann zu Deana Burke geschickt, ihr empfohlen, den Mund zu halten. Eine Drohung.«

»Shug Francis?« Higgins' Hand wandert zum Mund. Er reibt sich das Kinn und denkt nach. »Shug Francis?«

»Ja, und?«

»Ich hab was über Shug Francis gehört. Ich meine, ich weiß nicht. Vielleicht ist es ohne Bedeutung. Ein Gerücht. Stammt von einer legalen Quelle, nah am Geschäft, aber nicht direkt involviert. Erzählt mir nicht viel, doch wenn, dann ist es zuverlässig. Shug soll sich auf Alex MacArthur zu bewegt haben. Um Hilfe zu haben, bevor er auf Peter Jamieson losgeht. Das hab ich erst heute früh erfahren, deshalb weiß ich nicht, wie neu die Nachricht ist, aber ich vertraue der Quelle.«

Langsam passt alles zusammen. Shug wendet sich an MacArthur. Dieser gerissene alte Scheißkerl. Man hat sich schon gefragt, wie lange es dauert, bis er aus dem Ganzen Kapital zu schlagen versucht. Hat's in den letzten dreißig Jahren in der Stadt schon mal irgendwelchen Ärger gegeben, von dem MacArthur nicht versucht hat zu profitieren? Shug sucht also Schutz. Dafür muss er MacArthur eine große Beteiligung an seinen Geschäften angeboten haben. MacArthur sagt als Erstes, dass sie sich zusammenschließen müssen. Zeit, deine Unterlagen zu unseren Buchhaltern zu bringen. Wir können doch nicht zulassen, dass dieser alte Sack mit deinen ganzen alten Geheimnissen rumläuft, oder? Ein ziemlich vorhersehbares Gespräch. Und Shug ist natürlich einverstanden, weil er es sich nicht leisten kann, nein zu sagen. Damit wird Hardy zum wehrlosen Opfer. Doch Shug verlangt eine Gegenleistung. Er lässt seinen eigenen Geldmann beseitigen, kann es dabei aber nicht belassen. So eine Aktion macht den Eindruck, als würde er sich bei MacArthur anbiedern. Deshalb ein Schlag gegen Jamieson. Er muss sich für ein leichtes Opfer entscheiden, weil er nicht weiß, wie man die wichtigeren Leute beseitigen soll. Den Fahrer. Und plötzlich haben wir Kenny und Hardy, zusammen in einer einzigen umfangreichen Ermittlung.

»Ich sag Ihnen Bescheid, wenn ich mehr weiß«, sagt Fisher. »Ich glaube, die Ermittlungen weiten sich langsam aus. Aber halten Sie weiter Ausschau nach Kenny«, sagt er noch. Man sucht weiter, auch wenn man davon ausgeht, nichts zu finden. Das ist bloß höflich.

Higgins geht, dreht seine Runde. Shug Francis. Nicht gerade die größte Nummer in der Stadt, bei weitem nicht. Trotzdem wichtig. Wird anscheinend mit jedem Tag wichtiger. Wird entweder mutig oder verzweifelt. Beides ist gefährlich. Zwei mögliche Morde, die mit ihm zu tun haben. Eine Verbindung zu MacArthur könnte in vielerlei Hinsicht nützlich sein, wenn sie bewiesen wird. Doch das dürfte nicht passieren. Da ist Fisher sich sicher. Jemand wie MacArthur hielte sich nicht so lange, wenn er unvorsichtig wäre. Aber Shug? Der ist nicht vorsichtig. Sonst würde er sich nicht Alex MacArthur an den Hals werfen.

Und Greig. Immer noch Greig. Wer sonst? Jemand hat es Shug zugetragen. Jemand hat ihm erzählt, dass nach Kenny gesucht wird. Er wurde ein bisschen nervös und schickte seinen Mann los, um die Frau unter Druck zu setzen. Die Art Anfängerfehler passt. Und die undichte Stelle ist Greig. Kann nicht anders sein. Der Mann, der den Kriminellen zuarbeitet und seine eigenen Kollegen hintergeht. Manche Leute auf dem Revier finden das in Ordnung. Kein Problem. Man braucht jemanden, der nah an den Kriminellen ist. Wie soll man sonst was erfahren?

Aber das ist was anderes. So nah dran, dass er das Leben anderer Menschen gefährdet? Also bitte, das könnte selbst auf diesem Revier niemand rechtfertigen. Parasiten wie Greig zerstören einen Polizeiapparat. Es gibt keine größere Gefahr, als die Bedrohung aus dem Innern der Truppe.

18

William braucht nicht zu klopfen, er hat einen Schlüssel. Genau wie Calum. Und die Nachbarin. Irgendwann mussten sie ihrer Mutter sagen, dass sie aufhören solle, allen möglichen Leuten Schlüssel zu geben. Sie ist ein sehr vertrauensvoller Mensch. Im Moment ist das gleichzeitig gut und schlecht. Gut, weil sie die Lügengeschichte, die William ihr auftischen wird, einfach schlucken dürfte. Schlecht, weil sie vielleicht alles rumerzählt. Calum ist überzeugt, dass es keine gute Idee ist. Das hat er William gesagt. Klar und deutlich. Hat sein kaltblütiges, wütendes Gesicht aufgesetzt. Andere lassen sich davon einschüchtern, aber bei William klappt das nicht. Wenn man jemanden als Kind splitternackt ums Haus hat laufen sehen, senkt das den Einschüchterungsfaktor.

»Sie wird's ihren Freundinnen erzählen«, hat Calum gesagt, bevor William die Wohnung verließ. »Sie erzählt's ihnen, die erzählen's ihren Familien, und irgendwann erfährt's Jamieson. So läuft das, glaub mir.«

Er hat nicht ganz unrecht. Wenn's um Tratsch geht, ist

diese Stadt das reinste Dorf. Da braucht's nicht mehr als drei Leute. Ihre Mutter tratscht mit einer Freundin, die mit einer Freundin tratscht, die mit jemandem tratscht, der für Jamieson arbeitet. Unvermeidlich, dass er's erfährt.

»Wäre besser, wenn du ihr einfach gar nichts sagst«, fand Calum.

»Besser für dich, aber nicht für sie«, hat William erwidert. Diesmal hat er ein Machtwort gesprochen. Den großen Bruder gespielt. Für Calum ist das okay, er wird bis dahin über alle Berge sein. Dass William dann der Einzige sein wird, der sich um ihre Mutter kümmert, ist ihm offenbar nicht in den Sinn gekommen. Ihr Vater tot, Calum auf der Flucht. Die ganze Verantwortung landet bei William. Er wird das akzeptieren. Seiner Sohnespflicht nachkommen. Aber er wird es seiner Mutter nicht schwerer machen als nötig. Zum Glück ist sie vertrauensselig. Eher bereit, eine erfreuliche Lüge zu glauben, als einer unangenehmen Wahrheit ins Auge zu sehen.

»He, Ma. Ich bin's, William«, ruft er. Sie hat ihre festen Gewohnheiten. Er weiß, dass sie zu Hause ist. Mittwochmorgens hat sie Tanzunterricht für ältere Frauen. Freitagmorgens erledigt sie ihren wöchentlichen Einkauf. Und donnerstagmorgens ist sie zu Hause. Wenn Calum und William zu Besuch kommen, erzählt sie ihnen alles über ihr Leben. Die beiden nicken an den richtigen Stellen und vergessen alles wieder, sobald sie das Haus verlassen.

»William«, sagt sie mit argwöhnischem Lächeln. »Was führt dich her?« Sie ist auf ein Problem gefasst. Hat mitten in der Woche morgens um halb elf nicht mit ihrem Ältesten gerechnet. Nicht mit einem unangekündigten Besuch. Bei William befürchtet sie immer, dass er nichts Gutes im Schilde führt. Sie liebt ihn. Er ist ein Charmeur.

Doch er hatte Probleme in der Schule und hat schon immer die Klappe zu weit aufgerissen. Sie hat Angst, dass er mit den falschen Leuten verkehrt. Calum hingegen war immer still. Nie irgendwelche Schwierigkeiten.

»Na, das ist ja eine reizende Begrüßung«, sagt William grinsend. »Jetzt darf man nicht mal mehr vorbeikommen und seine klapprige alte Ma besuchen.«

»Hör schon auf«, sagt sie. Ist nicht mehr so auf der Hut. William scheint gute Laune zu haben, aber das muss bei ihm nicht viel heißen. Sie will trotzdem wissen, was er um diese Uhrzeit bei ihr will.

»Ach, Ma, du bist so misstrauisch. Ich hab einen Wagen abgeholt und bin auf dem Weg in die Werkstatt hier vorbeigekommen. Da hab ich gedacht, ich könnte mal reinschauen. Sehen, wie du zurechtkommst. Lädst du mich am Sonntag zum Mittagessen ein?«

Sie lächelt. Er hat so eine charmante Art zu schnorren. Hat er von seinem Vater, Gott hab ihn selig. »Wenn du kommen willst, bist du eingeladen. Du bist immer willkommen, mein Junge. Sag deinem kleinen Bruder auch Bescheid. Es ist bestimmt schön, wenn wir mal wieder alle zusammen sind.«

Das wollte er hören. Sie wünscht sich immer, dass sie alle zusammen sind. Er wollte, dass sie selbst das Gespräch auf Calum bringt. Dann ist es nicht so bedeutsam.

»Ah, Calum ist am Sonntag nicht da«, sagt er und setzt sein verschlagenstes Lächeln auf. »Aber ich darf dir nicht sagen, warum.«

»Du darfst mir nicht sagen, warum? Es ist doch alles in Ordnung, oder?« Die typische Reaktion einer Mutter.

William lacht. »Ja, Ma, alles in Ordnung. Hör zu, wenn ich's dir sage, musst du versprechen, Calum nichts zu verraten, wenn du ihn nächstes Mal siehst. Okay? Das muss unser Geheimnis bleiben.«

»Okay.«

»Calum ist grade unten in London. Da bleibt er bestimmt noch ein paar Tage. Er hat nämlich eine Freundin. Sie stammt von hier, hat da unten eine Stelle gekriegt. Und mein kleiner Bruder läuft ihr hinterher wie ein liebeskrankes Hündchen.«

Oh, das gefällt ihr. William hat's gewusst. Sie macht sich Gedanken, weil keiner ihrer Söhne verheiratet ist. Sie hat gedacht, William würde die schöne Morven heiraten und seiner Mutter Enkel schenken, aber das Ganze ging in die Brüche. Sie weiß immer noch nicht, warum. Wie kann man sechs Jahre mit einer Frau verbringen und sie dann nicht heiraten? Und es gab nie das geringste Anzeichen, dass Calum mit einem netten Mädchen eine Familie gründet. Sie klatscht in die Hände und grinst.

»Er ist ihr nachgefahren? Dann muss es was Ernstes sein. Wer ist sie? Was für eine Stelle hat sie da unten?«

»Langsam, immer mit der Ruhe. Ich bin der Frau erst zweimal begegnet. Und jedes Mal nur ganz kurz«, sagt er lächelnd. »Sie ist ziemlich hübsch. Ich weiß nicht. Eher sein Typ als meiner.«

»Ich meine nicht, wie sie aussieht. Typisch Mann. Ich meine, was für ein Mädchen sie ist. Ist sie sauber und ehrlich?«

Wenn sie Fragen über das Mädchen stellt, heißt das, dass sie an dessen Existenz glaubt. Sie wird nicht weiter nachbohren. Nicht solange sie zu hören kriegt, was sie hören will. Das heißt, William muss sich was Überzeugendes einfallen lassen.

»Sie heißt Emma«, sagt er und beschwört ein Bild herauf, das aus der jüngsten Vergangenheit stammt. Die kleine Brünette, die in die Werkstatt kam, um ihn als Lügner zu bezeichnen. Zu Recht, aber trotzdem ... »Sie hat einen Uniabschluss«, sagt er. Das wird seine Mutter beeindrucken. »Hat eine Stelle bei einem Forschungsinstitut unten in London gekriegt. Keine naturwissenschaftliche Forschung ... du weißt schon, das Eigentliche. Na ja, Politikforschung, was auch immer das ist. Wahrscheinlich diese Leute, die anrufen und wissen wollen, wen man gewählt hat. Total nervig. Sie ist schon ein paar Wochen in London. Calum war ganz scharf drauf, runterzufahren und sie zu sehen. Ich weiß nicht, er scheint's wirklich ernst zu meinen. So hab ich ihn jedenfalls noch nie erlebt.«

»Das ist ja phantastisch«, sagt sie. Ihr gefällt die Vorstellung einer achtbaren Schwiegertochter. »Stammt sie aus einer guten Familie?« Wenn sie will, kann seine Mutter seltsam versnobt sein. Keine Ahnung, warum.

»Ich kenne ihre Familie nicht«, sagt er lächelnd mit einem Schulterzucken. William fand nie, dass seine Familie einen Grund hätte, versnobt zu sein.

Inzwischen ist er schon eine halbe Stunde da. Lange genug. Hat beiläufig mit ihr geplaudert, wobei das Gespräch ständig auf Calum zurückkam.

»Wahrscheinlich wirst du eine Weile nichts von ihm hören«, sagt William. »Nicht bloß wegen dem Mädchen, auch wenn sie den größten Teil seiner Aufmerksamkeit beansprucht. Uns gemeines Volk hat er im Moment nicht auf dem Radar. Ich musste ihm einbläuen, dass er sie von mir grüßt. Aber er wird sich nicht melden. Hat sein Telefon verloren – der Idiot!«

»Nenn ihn nicht so. Er ist kein Idiot. Ist es eins dieser kleinen Mobiltelefone, das er verloren hat?«

»Ja. Das Ding ist jetzt echt mobil. Er muss sich ein neues besorgen. Die ganzen Nummern wieder eingeben. Darüber hat er gestöhnt. Ich muss zurück in die Werkstatt. Am Sonntag komm ich so gegen Mittag.«

»Also, das mit Calum freut mich. Aber wenn das Mädchen da unten ist, könnte es sein, dass er bei ihr bleibt. Würde mir nicht gefallen, wenn er wegzieht, aber ich will, dass er glücklich ist. Weißt du, William, das ist ein Zeichen. Wenn dein kleiner Bruder eine Freundin hat, wird's für dich dann nicht auch langsam Zeit?«

Mit dieser Lüge hat er sich ins eigene Fleisch geschnitten. Sie liegt ihm schon eine Weile damit in den Ohren, dass er eine Freundin haben sollte. Erinnert ihn immer wieder daran, dass er nicht mehr der Jüngste ist. Als wäre zweiunddreißig uralt. Er fährt zurück zur Wohnung. Calum sitzt genauso da wie vorher. Wirkt immer noch gedankenverloren.

»Sie hat's mir abgekauft. Wenn du dich bei ihr meldest, sag ihr, dass deine Freundin Emma heißt. Dass sie einen Uniabschluss hat und in der Meinungsforschung arbeitet. Ansonsten kannst du sagen, was du willst.«

»Sehr originell«, sagt Calum mit ironischem Lächeln. »Wie ist dir das denn eingefallen?«

»Also, du musst sie irgendwann anrufen. Warte ein paar Wochen. Und dann gibst du ihr Bescheid, dass es dir gutgeht und du nicht wiederkommst.«

Calum nickt. Das ist nicht das Problem. Sobald er irgendwo eine Bleibe hat, kann er sich melden. Dann könnte er schon eine neue Identität haben. Er kann sich für die Anrufe bei seiner Mutter ein billiges Prepaid-Handy besorgen.

Das Problem sind Jamieson und Young. Er macht sich

Gedanken, wie weit sie gehen werden. Sie werden rausfinden wollen, was aus ihm geworden ist. Niemand mag Rätsel. Nicht in diesem Geschäft. Sie werden alles daransetzen, zu erfahren, was sie wissen wollen. Wenn sie hören, dass Calums Mutter von ihrem Sohn spricht, als würde er gesund und munter in London leben, dann werden sie jemanden zu ihr schicken. Am Anfang werden sie dezent vorgehen, aber nur am Anfang. Wenn sie Informationen verlangen, werden sie die von jedem verlangen. Auch von einer alten Witwe. Sie dürften keine Skrupel haben, sie zu verprügeln.

»Ich fände es immer noch besser, wenn sie mich für tot hält. Oder nicht wüsste, was mit mir los ist.«

William schüttelt den Kopf. »Sie werden ihr nichts tun«, sagt er leise. Er sitzt seinem Bruder gegenüber und blickt ihm in die Augen. »Angenommen, sie gehen hin und reden mit ihr. Sie bezirzen sie. Finden raus, dass ich mehr weiß als sie. Dann kommen sie zu mir. Nicht sie trägt hier das Risiko, sondern ich.«

Calum nickt, denn das weiß er auch. William trägt das Risiko, und es ist ziemlich hoch. Bei ihm dürften sie viel schneller unangenehm werden als bei ihrer Mutter.

19

Bisher ist alles glattgegangen. Müsste eigentlich ein gutes Gefühl sein, oder? Young ist sich nicht sicher. Er sitzt im Club und blättert in Zeitungen. Sieht nichts, was von Bedeutung ist. Ein so kompliziertes Vorhaben müsste eigentlich holpriger laufen. Es müsste kleine Probleme geben. Irgendwas, womit er nicht gerechnet hat, wofür er keinen Plan hat. Bisher gab es nur die Sache mit Fizzy. Und das ist kein Problem, sondern eine Gelegenheit. Deana Burke – aber das ist geregelt. Jamieson ist nicht da. Er ist bei einem Treffen. Zum Mittagessen, das fand er unglaublich amüsant. Als wäre der Typ, mit dem er sich trifft, so beschäftigt, dass er gleichzeitig essen und reden muss. Er und ihr derzeitiger Hauptimporteur Angus Lafferty treffen sich mit einem kleineren Importeur, um zu sehen, ob sie ins Geschäft kommen können. Exklusiv. Der Markt wird schwieriger, also versucht man, so viele Importeure an sich zu binden wie möglich. Offen gesagt, ist Young schon froh, dass sie sich wieder auf Wachstum konzentrieren können. Selbst wenn sie beim Mittagessen nicht ins Geschäft kommen, ein Treffen ist schon ein Schritt nach vorn.

Sie haben sich von Shug viel zu sehr ablenken lassen, aber das ist bald vorbei. Und die Sache mit Frank hat sie auch abgelenkt, das war allerdings unvermeidlich. Ihr bester Schütze. Peters Freund. Und kaum schicken sie ihn in den Ruhestand, geht er zur Polizei. Er musste beseitigt werden. Es gab keine Alternative, hat aber Peter hart getroffen. Jetzt scheinen sie all das hinter sich zu lassen. Wieder zu dem Plan zurückzukehren, den Young schon vor Monaten ausgearbeitet hat. Und das Ganze läuft richtig gut. Der Buchhalter und Kenny tot. Die Falle für Shug funktioniert perfekt. Und die Polizei stolpert blind in eine Ermittlung, die sie genau dahin führt, wo Jamieson und Young sie haben will. Das macht die Sache ein bisschen unbehaglich. Etwas so Großes sollte nicht so leicht sein. Ja, alles ist gut geplant und wird von echten Profis ausgeführt, gewöhnlich reicht das nicht. So was läuft eigentlich nur gut, wenn man von einem anderen richtig reingelegt wird.

Es klopft. Young ruft den vor der Tür Wartenden rein. Der Barkeeper. Früher hat Kenny immer Besuch angekündigt, aber jetzt macht das dieser grässliche Kerl, der hinter der Theke steht. Jamieson hat noch keinen neuen Fahrer eingestellt. Er weiß nicht mal, ob er's überhaupt tun wird.

»Eine Frau möchte mit Ihnen sprechen«, sagt der Barkeeper, der bloß den Kopf zur Tür reinstreckt. »Sagt, sie heißt Deana Burke, und Sie wüssten Bescheid.«

Das ist es. Das Schlagloch, auf das er gewartet hat. Er wartet mit gemischten Gefühlen. Zum einen ist er verärgert. Die dumme Kuh müsste doch wissen, dass sie nicht im Club auftauchen und Antworten fordern darf.

Ihre Begegnung mit Nate Colgan dürfte sie bereits hinter sich haben. Dürfte interessant sein, was sie daraus gelernt hat. Noch ein Gefühl: Interesse. Er ist versessen darauf zu sehen, ob er sie für seinen Plan benutzen kann. Wie er am besten mit der Herausforderung fertig wird, die sie darstellt. Und er ist erleichtert. Er hat darauf gewartet, dass irgendwas schiefläuft. Wenn's nicht schlimmer kommt, kann er das verkraften.

»Bring sie rein«, sagt er zum Barkeeper. Er muss sich den Namen dieses Kerls merken, wenn der ständig den Kopf zur Tür reinstreckt.

Sie betritt den Raum. Eine gutaussehende Frau, was Young überrascht. Er hat sie schon mal gesehen, aber das ist eine Weile her, und damals fiel sie ihm nicht besonders auf. Sie war bloß irgendeine Tussi am Arm eines Fahrers. Weshalb sollte so was seine Aufmerksamkeit erregen? Deana ist ihrer Rolle als Witwe entsprechend gekleidet, sorgt aber dafür, dass sie die Blicke auf sich zieht. Die trauernde Witwe, die weiß, dass sie eher früher als später wieder in das Spiel einsteigen oder sich auf ein Leben in Armut einstellen muss. Schwarzer Rock, schwarzes Top, beides ein bisschen enger, als man's bei jemandem erwarten würde, der schüchtern wirken will. Das Haar zurückgebunden, damit man ihr hübsches Gesicht sieht. Sie ist allein, das ist gut. Doch ihre Tasche ist groß genug, um was Gefährliches darin zu verbergen, das ist nicht so gut.

»Deana«, sagt er und steht auf. »John Young. Sie sind Kennys Partnerin, stimmt's? Alles in Ordnung, hoffe ich.«

Sie sieht ihn an. Ein unnachgiebiger Blick. »Vielleicht können Sie mir helfen«, sagt sie. »Ich bin gekommen, um zu fragen, ob Sie wissen, wo Kenny ist. Ich hab ihn schon drei Tage nicht mehr gesehen.«

Ihre Stimme hat was Herausforderndes. Sie versucht, clever zu sein. Sie traut diesen Leuten nicht besonders, noch nicht. Will sehen, wie Young reagiert, bevor sie ins Detail geht. Wenn er sie davon überzeugen kann, dass er genauso sauer ist wie sie, dann wird sie ihm erzählen, was er wissen will. Sie glaubt nicht, dass Fisher der Sache auf den Grund gehen kann. Sein Revier scheint von Korruption zerfressen zu sein, egal, ob er selbst dahintersteckt oder nicht. Und außerdem ist er an das Gesetz gebunden. Für Peter Jamieson und John Young gilt das nicht. Wenn jemand einen ihrer Leute umlegt, müssen sie was unternehmen. Dieser Gedanke gefällt ihr.

»Ob ich weiß, wo Kenny ist?«, fragt Young höflich und verwirrt. »Nein. Auch wir haben Kenny ein paar Tage nicht gesehen, aber ich weiß, dass er frei hat, darum haben wir ihn nicht erwartet. Wann haben Sie ihn zuletzt gesehen?«

»Er sollte am Montagabend einen Auftrag für Sie erledigen, stimmt's? Ich hab ihn gesehen, bevor er losfuhr. Seitdem nicht mehr. Seitdem hat ihn niemand gesehen.«

Jetzt kommt's auf ein sorgfältiges Urteil an. Er muss Kenny und Deana einschätzen. Ihre Beziehung. Muss rausfinden, wie viel sie weiß. Wie viel er ihr erzählt hat. Er war schwach. Und ängstlich, deshalb ist er ja zur Polizei gegangen. Das ist immer der Grund. Es hat nie was mit Moral zu tun. Die Leute verlieren die Nerven und suchen Sicherheit. Doch Deana hat den Mumm, hier aufzutauchen. Sie hat sich an die Polizei gewendet, hatte eine Begegnung mit Nate, und trotzdem taucht sie hier auf. Also hat sie mehr Eier, als Kenny je hatte. Ein schwacher Mann, der mit einer starken Frau zusammen ist, schüttet ihr irgendwann sein Herz aus. Man muss davon ausgehen, dass er ihr alles erzählt hat. Dann weiß sie genauso viel über den Auftrag, wie Kenny gewusst hat. Nicht besonders viel, um ehrlich zu sein, aber genug. Sie haben ihm eine Menge verschwiegen, doch das Wenige, das Kenny wusste, ist trotzdem gefährlich. Sie weiß auch, dass Kenny mit Fisher geredet hat. Denkt, dass Jamieson hinter dem Mord steckt. Oder hat das zumindest gedacht.

Young setzt sich. Macht einen auf nachdenklich. »Ähm«, sagt er, als würde er sich ihrer plötzlich bewusst, »setzen Sie sich doch bitte.« Ein Stuhl steht vor dem Schreibtisch, und ein anderer an der Wand. Sie nimmt den vor dem Schreibtisch, sitzt Young gegenüber. Dann sieht sie ihn an, wartet darauf, dass er den nächsten Schritt tut. Setzt ihn ein bisschen unter Druck, aber nicht übermäßig. Wenn Shug für das Ganze verantwortlich ist, dann kann sie es sich nicht auch noch mit diesem Mann hier verscherzen.

»Sie haben ihn seit dem Abend, an dem er den Job erledigen sollte, nicht mehr gesehen«, sagt er leise. Keine Frage, sondern eine Feststellung. »Tja, der Auftrag wurde ausgeführt. Das ist das Seltsame. Der Auftrag wurde ausgeführt, und dem Mann, mit dem er zusammengearbeitet hat, geht's gut. Ich werde das sicherheitshalber nochmal überprüfen, aber ich glaube, er hat gesagt, als Kenny ihn abgesetzt hat, war er unterwegs nach Hause. Wir haben ihm gesagt, dass er ein paar Tage freimachen kann, deshalb ...« Er verstummt. »Ich weiß nicht, was ich sagen soll.« Er runzelt die Stirn und wirkt ziemlich wütend. Frustriert, weil er nicht weiß, was vor sich geht.

Das wirkt nicht gespielt. Er ist wütend, und das ist gut. Zeit, ihn noch wütender zu machen, noch entschlossener, rauszufinden, was passiert ist.

»Ich hatte gestern Besuch. Ich weiß nicht, wer der Mann war. Er kam zu mir nach Hause. Hat gesagt, ich soll nirgends rumposaunen, dass Kenny vermisst wird. Scheint für Shug Francis zu arbeiten. Er hat angedeutet, dass Kenny erst der Anfang war. Dass Shug Jamieson ausschalten will.« Sie nennt Colgan immer noch nicht beim Namen. Warum sich so einen Ärger auf den Hals laden?

Als sie Shugs Namen fallen lässt, hat Young den Kopf hochgerissen. Jetzt starrt er sie an. Denkt offenbar über ihre Worte nach. Er blickt zu Boden und schüttelt den Kopf. »Shug hat schon mal versucht, einen unserer Leute umzulegen«, sagt er leise und lässt es klingen wie ein unangenehmes Eingeständnis. »Niemanden ... von ganz oben.« Die höfliche Art zu sagen, dass es nur ein kleiner Fisch wie Kenny war. »Ist für Shugs Mann nicht gut ausgegangen. Wir dachten, das hätte ihn abgeschreckt. Wir wussten, dass er gegen mich und Peter vorgehen wollte. Aus Verzweiflung. Er steht am Abgrund, das weiß er. Wir dachten, die anderen wären aus der Schusslinie.«

Sie wartet auf mehr. Er hat ihr erzählt, was seiner Ansicht nach passieren wird, aber das hat für sie keinen praktischen Nutzen. Er soll sagen, was er als Nächstes unternehmen will.

»Für Sie dürfte keine Gefahr bestehen«, sagt er. »Wenn sie's auf Kenny abgesehen hatten, dann um uns zu schaden. Dabei spielen Sie keine Rolle.« Sie hat das Gefühl, dass er ihr bloß sagt, was sie gern hören will. Soll sich auch so anfühlen. Doch jetzt kommt's. »Sie können sich darauf verlassen, Deana, dass wir Ihnen jeden Schutz bieten, den Sie für nötig halten. Und wir lassen die Sache nicht ungestraft. Wir schlagen zurück.«

Genau das wollte sie hören. Young weiß das. Er hat seine Rolle gespielt, und jetzt hat er die Worte ausgesprochen, die sie bei Laune halten werden.

»Wenn Sie sagen, dass die's nicht auf mich abgesehen haben, dann brauche ich keinen Schutz«, sagt sie. »Aber Sie müssen rausfinden, was passiert ist. Halten Sie mich über jeden Schritt auf dem Laufenden. Das sind Sie Kenny schuldig.«

Ein Glück, dass Jamieson sich mit diesen Leuten zum Mittagessen trifft. Der erste Importeur, den sie je kennengelernt haben, der so was schick und angebracht findet. Sonst wäre Jamieson hier gewesen und hätte diese letzte Bemerkung gehört. Mit ziemlicher Sicherheit hätte er anders reagiert, als Young es jetzt tut. Er nickt steif. »Sie haben recht«, sagt er. Anscheinend hat er die Worte ausgesprochen, ohne verbittert zu klingen. Der Gedanke, dass sie diesem Scheißverräter irgendwas schuldig sind, ist eine Beleidigung. Aber Young spielt eine Rolle. Spielt sie gut. Also macht er weiter. »Wir haben bereits einiges unternommen, um Shug Francis auszubremsen – das versteht sich von selbst. Wir kriegen ihn. Und wir werden ihm klarmachen, dass es dabei auch um Kenny geht.«

Sie nickt. »Wann höre ich von Ihnen?«

»Na ja«, sagt er und bläst die Wangen auf. »Ich muss erst mit Peter sprechen. Wir haben ja Kennys Nummer. Wenn wir Sie da erreichen können, melden wir uns.«

Das verschafft ihm ein bisschen Zeit. Er will Deana Burke so gewinnbringend wie möglich nutzen. Das erfordert etwas Nachdenken. Und ein Gespräch. Er bringt sie zur Tür.

»Kaum zu glauben«, sagt er. »Der arme Kenny. Wir werden rausfinden, wo es passiert ist. Wo er jetzt ist. Wenn

Sie's wissen wollen, sagen wir's Ihnen. Wenn nicht, tja, das ist Ihre Entscheidung.«

»Ich will es wissen«, sagt sie. »Und ich will auf dem Laufenden sein. Das ist keine bloße Bitte, Mr. Young. Sollten Sie mich nicht auf dem Laufenden halten, komm ich wieder.«

»Natürlich«, Young nickt. »Sie haben viel mehr verloren als wir, das verstehe ich. Ich sorge dafür, dass Sie informiert werden.«

Gott sei Dank, sie ist weg. Zeit, sich hinzusetzen und nachzudenken. Nate Colgan hat seine Rolle gut gespielt. In der Hinsicht nichts Überraschendes. Sie ist überzeugt, dass es Shug war. Wenn sie nochmal mit Fisher spricht, übermittelt sie die richtige Botschaft. Oh, das Ganze scheint bestens zu laufen. Die kleinen Herausforderungen, mit denen man nicht gerechnet hat. Damit fertig zu werden, ist alles.

20

Er trinkt jetzt schon eine Weile. Das hat ihm Klarheit verschafft. Shug macht sich nicht viel aus Alkohol, der hilft in der Regel nicht, doch diesmal ist es anders. Heute hat er ihn beruhigt. Er hat bloß über Fizzy nachgedacht, sonst nichts. Fizzy ist zu einer Gefahr geworden. Er will bei dieser Sache nicht mitmachen. Das hat er ihm unmissverständlich klargemacht. Also ist er ein Klotz am Bein. Wenn er nicht mitmachen will, dann ist er bloß jemand, der zu viel weiß. Der keinen Beitrag leistet. So was kann man sich nicht erlauben. Schon gar nicht auf der Führungsebene. Er könnte Fizzy eine Abfindung anbieten, aber das würde man ihm als Schwäche auslegen. Und Fizzy würde sowieso ablehnen. Selbst mit einer Abfindung würde er nicht mehr dazugehören. Das schafft die Gefahr nicht aus der Welt, schiebt sie nur weiter weg. Das reicht nicht. Fizzy muss sein Freund bleiben. Aber das scheint er nicht mehr zu wollen. Tja, wenn er kein Freund sein will, dann macht ihn das zu einem Feind. Selbst Schuld.

Shug trinkt den letzten Schluck aus der Flasche und lehnt sich zurück. Plant seinen nächsten Schritt.

Am einfachsten wär's, Don Park anzurufen. Der würde alles regeln, dafür sorgen, dass nichts schiefgeht. Aber das geht nicht. Sähe aus, als würde Shug nicht selbst damit fertig. Das ist eine interne Angelegenheit. Wenn er gegen jemanden aus einer anderen Organisation vorgehen würde, wär's was anderes. Aber so ist es nicht. Es geht um einen seiner eigenen Leute. Damit muss er allein fertig werden. In seinem Laden muss er selbst aufräumen. Wenn MacArthur mit seinen eigenen Leuten nicht fertig würde, würde er ihm das als Schwäche auslegen. Also wird Shug es selbst erledigen. Na klar. Ist ein ziemlich gutes Gefühl. Das ist die Gelegenheit, einen Schlussstrich unter die Vergangenheit zu ziehen. Einen der Kleingeister loszuwerden, die ihn so lange behindert haben. Und vor allem ist es die Gelegenheit, Alex MacArthur zu zeigen, dass er mit so was selbst fertig wird. Dass er es regeln kann. Schnell erledigt. Und danach ganz gelassen ist. MacArthur soll denken, dass es für ihn keine große Sache ist. Das macht einen guten Eindruck.

Er nimmt sein Handy. Ruft Shaun Hutton, seinen Killer, an. Auch das dürfte MacArthur beeindrucken – die Tatsache, dass er einen erstklassigen Killer hat. So einen will jeder haben. Hutton geht dran.

»Shaun, hier ist Shug, du musst sofort vorbeikommen.« Seine Worte sind wohlüberlegt, und sein Ton erst recht. Er merkt nicht, wie langsam er redet. Dass er offenbar zu viel getrunken hat. Er lässt sich wieder zurücksinken und denkt über den Auftrag nach. Dürfte nicht schwierig sein, Fizzy auszuschalten. Ihn in seinem Haus zu erledigen. Er muss beerdigt werden. Ja, er muss ihn verschwinden lassen. Nicht nötig, eine große Sache daraus zu machen. Es dürfte ein Kinderspiel sein. Dürfte alles glattlaufen. Solange Hutton gute Arbeit macht, ist das eine schnelle Möglichkeit, einen guten Eindruck zu machen.

Aber plötzlich muss er an Fizzy denken. An alles, was sie zusammen erlebt haben. An ihre Freundschaft. Er kennt Fizzy länger als Elaine, seine Frau. Hat alles Mögliche mit ihm durchgemacht. Um ehrlich zu sein, Fizzy weiß mehr über Shug als Elaine. Fizzy war in den schlimmsten Zeiten dabei. Er hat Shug unglaublich geholfen. Hat so viel erledigt, wie es niemand sonst bei klarem Verstand getan hätte. Wenn man drüber nachdenkt, hat oft Fizzy die riskantesten Sachen erledigt. Fizzy hat sich mit den Werkstattbesitzern unten im Süden getroffen. Hat sie dazu gebracht, sich auf Geschäfte mit dem Autoschieberring einzulassen. Das hat viel Mumm erfordert. Und viel Loyalität. Fizzy ist das größte Risiko eingegangen, und Shug hat den größten Ertrag gekriegt. Mann, sie hatten auch gute Zeiten. Hat echt Spaß gemacht, an den Wagen rumzubasteln. Damals waren sie eine gute kleine Truppe. Aber die löst sich langsam auf. In den letzten Monaten haben sie das meiste zu zweit erledigt. Jetzt ist nur noch Shug übrig. Die natürliche Entwicklung in diesem Geschäft.

Es klingelt. Jemand kommt den Flur lang. Shaun Huttons massiger Körper schiebt sich zur Tür rein. Ein Mordskerl, groß und breitschultrig. Zu groß für einen Killer, denkt Shug. Ein Killer muss ruhig und unauffällig sein. Egal.

»Komm, setz dich. Ich hab einen Auftrag für dich. Muss schnellstens erledigt werden.«

Hutton setzt sich auf den Schreibtischstuhl gegenüber. Nickt. »Um wen geht's?«

»Fizzy.« Er redet eindringlicher als beabsichtigt. Versucht so zu klingen, als wäre er fest entschlossen, als würde ihre persönliche Beziehung für ihn keine Rolle spielen. »Fizzy muss weg. Er gehört nicht mehr zu uns, und er ist gefährlich. Könnte was gegen uns unternehmen. Es muss schnell über die Bühne gehen. Und du musst saubere Arbeit machen. Die Leiche beseitigen. Die Leute sollen denken, er ist abgehauen oder so. Es darf keine Spuren geben. Niemand braucht zu wissen, dass ich es war. Die Leute, auf die's ankommt, wissen das sowieso. Aber sonst niemand.«

Hutton nickt seelenruhig. Sagt kein Wort. Shug ist offenbar betrunken. Faselt lauter unnötiges Zeug. Fizzy zu beseitigen, wäre ein Kinderspiel. Doch es ist ein schlechtes Zeichen. Aus Huttons Sicht ist das kein Schlussstrich unter die klägliche Vergangenheit, sondern ein klares Zeichen, dass Shug nicht imstande ist, seine eigenen Leute mitzunehmen, wenn seine Organisation wächst. Fizzy ist nicht der Einzige von früher, der Belastendes über Shug weiß. Alle, die für seinen Autoschieberring gearbeitet haben, wissen so was. Will er die etwa alle umlegen? Aber nichts davon wird Hutton laut aussprechen. Das steht ihm nicht zu. Und das hat er auch gar nicht vor.

»Okay. Ich weiß, wo er wohnt. Ich sorge dafür, dass alles glattgeht.«

»Bei ihm zu Hause dürfte es ein Kinderspiel sein«, sagt Shug. »Seine Freundin ist nicht da. Ihr Vater hat Krebs und liegt im Sterben, deshalb ist sie zurzeit bei ihrer Schwester in Dundee. Nicht schlecht, was?«

»Ja.« Hutton nickt und steht auf. »Das macht die Sache leichter.«

Hutton verlässt das Haus und steigt in den Wagen. Denkt über das nach, was er grade gehört hat. Shug ist schwach. Markiert den Macker und versucht stark zu wirken. Das heißt immer, dass man schwach ist. Leicht zu erkennen, wie der Hase läuft. Als ob Hutton das nicht bereits wüsste. Er hat das hier schon eine Weile geplant. Er und John Young haben es zusammen geplant. Jetzt ist es so weit. Wenn nicht jetzt, wann dann? Er fährt ein ganzes Stück, bevor er hält und sein Handy rausholt. Wählt die Nummer, die Young ihm gegeben hat, und wartet, bis er rangeht. Young ist ein Taktiker. Im Lauf der Jahre hat er Hutton immer wieder kleinere Aufträge zugeschanzt, um ihn bei Laune zu halten. Hat ihn nie richtig eingestellt, aber sich ein bisschen Loyalität erkauft.

»Hallo.«

»Hi, George, hier ist Shaun Hutton. Wir müssen uns treffen. Dringend.«

Keine Pause. »In derselben Wohnung wie letztes Mal. Ich bin in einer Viertelstunde da.« Er legt auf. Keine langen Gespräche nötig. So was sorgt bloß für Schwierigkeiten.

Hutton fände es besser, sich mit Young persönlich zu treffen, aber das kommt nicht in Frage. In Zeiten wie diesen ein zu großes Risiko. Sie dürfen sich so wenig begegnen wie möglich. Also trifft Hutton einen von Youngs Leuten. Einen Mann namens George Daly. Ein helles Köpfchen, was man so hört. Sie haben sich schon mal vor ein paar Wochen getroffen. George ist im Grunde Huttons Kontaktmann. Kommt Hutton seltsam vor, aber Young will es so. Wenn man drüber nachdenkt, ist es eigentlich sinnvoll. Würden Young und Hutton irgendwo zusammen gesehen, dann wüsste jeder, dass Hutton Shug in den Rücken fällt. Doch bei Hutton und George kann's alles

Mögliche bedeuten. Könnte sein, dass George Hutton mit Informationen versorgt, statt umgekehrt. So behält man die Situation unter Kontrolle. Hutton kommt an der Wohnung an, überzeugt, dass ihm niemand gefolgt ist. Schäbige kleine Bude. Schäbige Gegend. Wahrscheinlich sehen alle Wohnungen so aus, die sie als Treffpunkte benutzen. Die besseren hat er noch nicht zu Gesicht bekommen. Wird er auch nicht, bis er fest für sie arbeitet.

George kommt fünf Minuten später als abgemacht. Entschuldigt sich für die Verspätung. Sie setzen sich in die Küche, denn da ist es nicht so feucht wie im Wohnzimmer. Alles relativ. Man riecht es trotzdem. Sieht die schwarzen Flecken oben an den Wänden und in den Ecken.

»Shug hat mich vor gut einer Stunde zu sich bestellt«, sagt Hutton. »Hat gesagt, ich soll mich um Fizzy Waters kümmern.«

»Seine rechte Hand?«

»Ja.«

»Warum?«

»Er hat gesagt, Fizzy gehört nicht mehr dazu. Er will wohl zu neuen Ufern aufbrechen und Fizzy hinter sich lassen. Aber er will ihn gar nicht hinter sich lassen. Er will ihn beseitigen. Und es soll schnell passieren. Ich weiß nicht. Kommt mir vor, als würde der Kerl durchdrehen.«

»Weiß er denn nicht, wie das aussieht, wenn er seinen besten Kumpel umbringt?«, fragt George. Aufrichtig geschockt, dass Shug so dumm sein soll.

»Nee«, sagt Hutton mit einer wegwerfenden Handbewegung. »Er weiß nicht, wie der Laden läuft. Jedenfalls nicht richtig. Er macht alles, wie's ihm gerade einfällt. Der Arsch hat keine Ahnung.«

George wird mit Jamieson und Young reden. Ihnen berichten, hören, was die meinen. Sie sagen es George, und der sagt es Hutton. Dann erledigt Hutton den Rest. Wenn sie auch wollen, dass Fizzy stirbt, dann ist er ein toter Mann. Könnte ihnen nützlich sein, wenn Shug sich zum Trottel macht. Wenn die Leute sehen, dass er vor aller Augen Fehler macht. Doch hoffentlich kommt's nicht dazu. Hutton fährt wieder nach Hause und hofft, dass seine künftigen Bosse es anders wollen. Dass sie Shug nicht seinen Willen lassen. Hutton kann sich keinen schlimmeren Auftrag vorstellen. Ein Mann, der die Kontrolle über seine Geschäfte verliert, säuft und auf seine Freunde losgeht. Die Wahrscheinlichkeit, dass das in einer Katastrophe endet, ist verdammt groß. Hutton will nicht in Shugs Nähe sein, wenn alles zusammenbricht. Wenn er uralte Freunde beseitigt, was hat er dann erst mit jemandem wie ihm vor? Je früher er zu Jamieson überläuft, umso besser.

21

Es klopft. Laut und fordernd. Deana Burke sitzt kerzengerade im Bett. Blickt auf die Uhr. Fünf nach elf. Dürfte niemand sein, den sie sehen will. Sie kriecht zum Fenster und schaut auf die Straße runter. Zwei Häuser weiter steht ein roter Wagen, den sie nicht kennt. Sie kann niemanden sehen. Sie trägt nur einen dünnen Unterrock, also holt sie einen Morgenmantel aus dem Schrank. Zieht Hausschuhe an, was eine gute Idee sein dürfte, falls sie rausrennen muss. Rennen in Hausschuhen. Ja, das hilft ihr echt weiter. Verdammt nochmal. Sie muss aufs Schlimmste gefasst sein. Alles zur Hand haben, was sie braucht, um schnell abzuhauen. Ein Schläger sagt dir, dass Shug es nicht auf dich abgesehen hat. Das heißt nicht, dass du aufhören darfst, deinen Verstand zu gebrauchen. Einen Plan zu machen. Für alle Fälle.

Sie steht oben an der Treppe. Es klopft nochmal. Genauso laut wie beim ersten Mal. Sie hat kein Licht eingeschaltet. Die können nicht sicher sein, dass sie zu Hause ist. Es sei denn, sie haben das Haus beobachtet. Natürlich haben sie das. Schon seit Stunden. Sie haben gesehen, dass Licht brennt. Und wissen, dass sie nicht weggegangen ist, sondern im Bett liegt. Sie weiß, dass diese Leute so vorgehen. Kann sich gerade nicht erinnern, wer ihr das erzählt hat. Nicht Kenny. Einer ihrer anderen Freunde, vor Jahren schon. Sie hat damals gesagt, die würden doch bestimmt die Tür aufbrechen oder das Schloss knacken. Irgendwer hat gelacht und gesagt, nein, Killer würden meistens klingeln. Man öffnet die Tür, und sie schießen. Die Waffe macht sowieso Lärm. Besser, vor der Tür zu stehen, bereit wegzurennen, als oben in einem dunklen Haus, das man nicht kennt. Der Kerl, der geklopft hat, könnte schon die Waffe im Anschlag haben. Bereit, zu feuern, sobald sie die Tür öffnet. Sie hat nicht gefragt, was passiert, wenn man nicht aufmacht.

Hinten raus. Nein. Da dürfte schon jemand warten. Das sind doch keine Dilettanten. Die haben Kenny beseitigt. Nate Colgan für sich gewonnen. Haben es auf Peter Jamieson abgesehen. Die werden sich hüten, die Hintertür unbewacht zu lassen. Sie muss der Sache ins Auge sehen. Den Kopf hoch und der Sache ins Auge sehen. Als Colgan in Shugs Auftrag aufgekreuzt ist, hat sie auch die Tür aufgemacht. Die Alternative wäre gewesen, sich in panischer Angst zu verstecken. Das sieht ihr nicht ähnlich. Sie lässt nicht zu, dass die ihr so viel Angst einjagen. Sie marschiert die Treppe runter – im wahrsten Sinne des Wortes – und knipst unten zwei Lichtschalter an. Einen für die Treppe, einen für den Flur an der Haustür. Das ist des Guten zu viel, aber sie will, dass alles erleuchtet ist. Die Leute sollen das sehen. Sie greift nach dem Türknauf. Dreht ihn und zieht die Tür auf. Der Mann auf der Stufe weicht einen Schritt zurück. Überrascht von ihrem aggressiven Auftreten. Sie will grade was ziemlich Schroffes sagen, als sie sieht, wer es ist. Und da sagt sie was noch Schlimmeres.

»Verdammte Scheiße, warum zum Teufel klopfen Sie um diese Uhrzeit? Ich hatte fast einen Herzinfarkt.«

»Tut mir leid«, sagt DI Fisher und hebt beruhigend die Hand. »Ich wollte Sie nicht erschrecken. Ich wusste, dass Sie im Bett sind, deshalb musste ich laut klopfen.«

»Woher wussten Sie das denn?«

»Ich hab das Haus seit ein paar Stunden beobachtet«, sagt er. »Zur Kontrolle. Sie haben gesagt, jemand hätte Sie bedroht. Ich wollte sehen, ob die Sie überwachen. Ob die ein Auge auf Sie haben. Vielleicht haben die's ja auch auf Sie abgesehen, egal, was irgendjemand sagt. Deshalb hab ich die letzten Stunden hier draußen gewartet. Ein Stück weiter vorn. Ich hab gesehen, wie im Haus das Licht ausging. Hab mir gedacht, wenn die Ablösung kommt, dann jetzt. Aber da war nichts. Sie werden nicht überwacht.«

»Den roten Wagen da kenn ich nicht«, sagt sie und deutet mit einem Kopfnicken auf die Straße. Eine missmutige Retourkutsche, um ihn zu widerlegen, weil er ihr so einen Schock versetzt hat.

»Das ist meiner«, sagt er. »Ich hab ihn eben erst hergefahren. Hören Sie, Deana, kann ich reinkommen? Wir müssen trotzdem reden.«

Wir müssen nicht reden, denkt Deana. Doch sie weiß, dass man einen Polizisten nicht einfach wegschickt. Man spielt mit und lässt ihn sagen und tun, was ihn glücklich macht. Sie tritt zur Seite und lässt ihn rein. Blickt auf die Straße. Was, wenn einer von Shugs Leuten sie doch beobachtet? Sie schließt die Tür und dreht sich um. Fisher steht höflich im Flur und wartet, bis sie entschieden hat, wo das Gespräch stattfinden soll. Für Höflichkeit scheint er nicht geschaffen zu sein, nach allem, was Kenny gesagt hat. Sie hat Fotos von diesem Mann gesehen. Kenny hat sie ihr in ein paar Zeitungsartikeln gezeigt. Im richtigen Leben sieht er älter aus. Kleiner, nicht so imposant. Aber er scheint zäh zu sein, und Kenny hat gesagt, das ist er auch. Sieht so aus, als würde er sich mit seiner Höflichkeit schwertun.

Deana beschließt, dass sie das Gespräch in der Küche führen. Besser, wenn hinten Licht brennt als vorn, denkt sie sich. Fisher setzt sich an den Tisch. Sie hat ihm noch keine Tasse Tee angeboten und wird's auch nicht tun. Nichts, was ihn zum Bleiben ermuntert. Er wird nichts für sie tun. Dazu ist er nicht imstande. Sie hat voll auf Peter Jamieson gesetzt, und damit ist sie zufrieden. Wenn irgendwer dafür sorgt, dass Kennys Mördern Gerechtigkeit widerfährt, dann Jamieson. Sie vergewissert sich, dass ihr Morgenmantel fest zugezogen ist. Keine Haut zu sehen. Nur ein ungeschminktes Gesicht. Nichts, was ihn zum Bleiben verlocken könnte.

»Gab's seither irgendwelche Probleme?«, fragt Fisher. Er beginnt das Gespräch und bemüht sich, freundlich zu klingen. Das fällt ihm ziemlich schwer. Er kann diese Frau nicht ausstehen. Anders kann er's nicht ausdrücken. Sie ist kein bisschen besser als Kenny. Hat genau gewusst, was er getrieben hat. Hat weggeschaut, weil ihr das Leben gefiel, das er ihr bot. Diese Gangsterflittchen kotzen ihn an. Aber inzwischen kann er das besser verbergen.

Sie sieht, wie viel Mühe ihn das kostet. Wie anstrengend es für ihn ist, ein Gespräch zu führen. Doch sie sieht seine Abscheu nicht oder versteht sie zumindest nicht. Deana hält ihn bloß für einen arroganten, asozialen Arsch.

»Nein, keine Probleme«, sagt sie schulterzuckend. »Der

Schläger, der hier war, hat gesagt, es würde auch keine geben. Solange ich nicht mit Ihnen rede, also herzlichen Dank, dass Sie gekommen sind.«

»Wir müssen reden, ohne dass Sie mittendrin auflegen«, sagt er. »Ich kann die Leute, die sich Kenny vorgenommen haben, nicht finden, solange ich nicht weiß, was Sie wissen. Ich gehe davon aus, dass er tot ist. Das scheint mir offensichtlich zu sein. Aber ich muss noch einen anderen Vermissten finden. Haben Sie schon mal den Namen Richard Hardy gehört?«

Sie überlegt. »Sagt mir nichts. Hat er was mit der Sache zu tun?«

»Das weiß ich nicht genau«, sagt Fisher. »Er ist am selben Abend verschwunden wie Kenny. Könnte derselben Sache zum Opfer gefallen sein. Ich will mir bloß ein klares Bild machen.«

Sie hat noch nie von Hardy gehört. Hat das Gefühl, dass sich Fisher an einen Strohhalm klammert. Was will er von ihr hören? Wenn es irgendwas Wichtiges gäbe, hätte sie's ihm doch schon gesagt. Langsam glaubt sie, dass Fisher keine Anhaltspunkte hat.

»Der Auftrag, den er an jenem Abend hatte«, sagt Fisher. »Er hat doch von einem Auftrag gesprochen. Was hat er Ihnen darüber erzählt?«

»So gut wie nichts«, sagt sie. Erleichtert, dass sie da auf sicherem Boden ist. Kenny ist nicht ins Detail gegangen. Er hat gesagt, es sei eine große Sache. Dass er deswegen ziemlich nervös sei. Sonst nichts. »Er hat nicht gesagt, worum's geht. Bloß dass es eine große Sache ist. Größer, als er's gewohnt ist. Ich meine, er war bloß Fahrer. Das ist alles. Er hat Peter Jamieson nachts nach Hause gefahren. Das war's. Er war nie an was Wichtigem beteiligt.«

Fisher nickt. Da ist was Wahres dran. Aber manchmal braucht man bei einer wichtigen Angelegenheit einen Fahrer. Müsste schon ein Riesenzufall sein, wenn er bei einem wichtigen Auftrag für Jamieson von Shug abgefangen wird. Alles andere ergibt einen Sinn. Shug macht gemeinsame Sache mit MacArthur. Beseitigt den Mann, der seine Geschäftsgeheimnisse kennt. Attackiert Jamieson, nur um zu zeigen, dass er's kann. Passt alles zusammen. Aber der Auftrag für Kenny – sieht ganz nach einer Falle von Jamieson aus. Seinem Fahrer sagen, dass man einen wichtigen Auftrag für ihn hat. Ihn an einen abgelegenen Ort locken und dort umlegen. Die Strafe für seinen Verrat. Das war das Risiko, das Kenny eingegangen ist.

»Aber es war ein wichtigerer Auftrag als sonst, sagen Sie«, fährt Fisher fort. »Er muss doch noch was gesagt haben. Ich meine, vermutlich hat er die Sache nicht allein durchgezogen. Es kann doch nicht bloß ums Fahren gegangen sein. Er muss jemanden irgendwo hingebracht haben. Hat er angedeutet, wer noch dabei ist? Und, was noch wichtiger ist, wo sie hinwollen? Ich muss wissen, wo ich suchen soll.«

Wie viel soll sie ihm sagen? Fisher darf nicht wissen, dass sie mit John Young geredet hat. Sonst setzt er sich wieder aufs hohe Ross.

»Er hat gesagt, dass noch jemand dabei ist. Jemand, dem er vertraut. Er hat aber nicht verraten, worum's geht oder wo das Ganze stattfindet.«

Fisher seufzt. »Sie glauben, dass Shug hinter der Sache steckt und nicht Jamieson?«, fragt er. Eine ernstgemeinte Frage. Er will nichts andeuten, sein Interesse ist aufrichtig.

Sie zuckt kurz mit den Schultern. »Das glaube ich. Die

wussten wohl nicht, dass Kenny mit Ihnen geredet hat. Ich, äh ... John Young hat angerufen. Ich war im Club. Er hat gefragt, ob ich weiß, wo Kenny ist. Wir haben geredet. Nur ganz kurz. Aber ich hab ihm natürlich nicht alles erzählt. Ich bin sicher, dass sie keine Ahnung haben. Sie glauben, es war Shug. Davon bin ich überzeugt.«

Fisher verzieht das Gesicht. »Mein Gott!«, murmelt er und schüttelt den Kopf. Es lief schon immer auf einen Krieg hinaus, doch das Ganze geht schneller, als er erwartet hat.

Jamieson wird gegen Shug vorgehen. Er muss. Wenn Shug einen von Jamiesons Leuten umgelegt hat, dann muss er zurückschlagen. Fisher hatte gehofft, vor dem Vergeltungsschlag jemanden verhaften zu können. Das könnte den Leuten den Wind aus den Segeln nehmen und sie beruhigen. Sie könnten sich an niemandem rächen. Aber wenn sie schon Bescheid wissen, wird daraus nichts.

»Was hat Young gesagt? Was genau?«

»Nur das«, sagt sie. »Er wollte wissen, ob ich Kenny gesehen hab. Hat gesagt, nur Kenny würde vermisst. Vermutlich haben sie Gerüchte gehört oder so. Ich hab wohl nur bestätigt, was sie erwartet haben.«

Fisher steht auf. Mehr wird er nicht erfahren. Er glaubt nicht, dass Jamieson in dieser Sache unschuldig ist. Noch nicht. Aber jetzt deutet alles auf Shug. Er geht in die Nacht hinaus. Weiß, dass er mehr Indizien braucht. Für eine Verhaftung bleiben ihm höchstens zwei, drei Tage, sonst fließt noch mehr Blut.

22

Die Lage wird langsam unangenehm. Keiner von beiden würde das je aussprechen. Sie sind Brüder. Calum und William sollten damit klarkommen. William kapiert es. Er weiß, dass Calum nicht einfach abhauen kann. Er muss erst alles beisammen haben. Angenommen, er verschwindet nach London. Versucht alles, was er für einen neuen Ausweis braucht, nach seiner Ankunft zu besorgen. Das dürfte eine Weile dauern. Zunächst mal weiß er nicht, an wen er sich wenden soll. Wenn er alles hat, weiß Jamieson, dass er abgehauen ist. Schickt ihm jemanden hinterher. Die erwischen ihn. Sozusagen auf frischer Tat. Die werden ihm nicht vergeben und das Ganze vergessen. Er muss in der Stadt bleiben; alles schneller geregelt kriegen. Und dann spurlos verschwinden. Und wenn sie ihn in der Zwischenzeit schnappen? Na ja, er hat die Stadt nicht verlassen. War bei seinem Bruder. Ist nach einem Auftrag untergetaucht. So kann Calum ihnen erzählen, was sie hören wollen.

All das ist in Ordnung, bis man es selbst erlebt. Allein

die Anspannung. Jedes Geräusch löst Panik aus. Während sie frühstücken, klopft es. Calum läuft ins Gästezimmer. William geht nervös zur Tür. Hat Angst. Dann ärgert er sich darüber. Und ist in Kampfstimmung, als er aufmacht und seinen Freund Maurice »Sly« Cooper draußen steht.

»William«, sagt Sly. »Ich hab schon gedacht, du wärst vom Erdboden verschwunden. Wo hast du denn gesteckt?«

Er hält inne, bevor er antwortet. Denkt nicht an sich, sondern an Calum. Die Leute dürften schon reden. Darüber, dass William so wenig vor der Tür war. Nicht so gesellig wie sonst. Er war auf der Arbeit, hat sich aber nur selten mit seinen Freunden getroffen. Hat seine Termine eingehalten, aber keine neuen gemacht. »Ich war hier. Viel zu tun, weißt du. Jobmäßig.«

Sly kommt rein, bleibt fünf Minuten und geht wieder. Er dürfte begriffen haben, dass er nicht richtig willkommen war. Er wird ihren gemeinsamen Freunden erzählen, dass mit William eindeutig was los ist. Und dann dürften sie Vermutungen anstellen. So kann's nicht weitergehen.

»Er ist weg«, sagt William zu Calum. Calum kommt aus dem Gästezimmer und blickt seinen Bruder an. Sieht seine Anspannung. Ein weiterer ungemütlicher Tag.

»Vielleicht kann ich was anderes zum Übernachten finden«, sagt Calum. »Würde mir nichts ausmachen. Bed & Breakfast. Oder eine leere Wohnung irgendwo. Wäre vielleicht sicherer.«

»Nein«, sagt William energisch. »Das lass ich nicht zu. Ausgeschlossen. Du bleibst hier, bis es so weit ist. Woanders hinzugehen, wäre nicht sicherer. Nicht jetzt – das weißt du. Eine größere Wahrscheinlichkeit, dass dich jemand sieht. Du würdest alles über Bord werfen, was du bisher getan hast. Du hast es fast geschafft, Calum. Bist schon fast raus aus dem Geschäft. Du wirst jetzt nichts tun, wodurch die dich schnappen können.«

Er darf sich nicht mit seinem Bruder streiten. Will's auch nicht. Woanders hinzugehen könnte das Ganze scheitern lassen. Er muss hier durchhalten. Egal, wie unangenehm es wird. Das Telefon klingelt. Beide starren den Apparat an. William lacht und geht ran. Er versucht, die Anspannung zu verringern. Calum beobachtet ihn. Lauscht. William verhandelt mit jemandem. Sieht auf die Uhr und sagt, das gehe in Ordnung. Kommt zum Tisch, nimmt einen Stift. Schreibt irgendwas aufs Titelblatt einer Zeitung. Dann legt er auf.

»Das war Barry Fairly; er hat deine Sachen. Ich soll sie sofort abholen.«

Calum nickt. Das ist eine gute Nachricht. Es geht voran. Doch er macht sich auch Sorgen. Alles Mögliche kann passieren. Vielleicht ist es eine Falle. »Weißt du, wo du hinmusst?«, fragt er.

»Ja, er hat mir eine Adresse gegeben. Irgendein Büro. Ich kenne die Straße, und das Gebäude finde ich schon.«

William holt einen Mantel und das restliche Geld. Calum stellt sich neben die Haustür. William ist clever, braucht aber trotzdem Anweisungen. Auch wenn er das nicht gern hört.

»Hör zu«, sagt Calum, als sein Bruder zur Tür kommt. »Wenn du da bist, park den Wagen ein Stück entfernt. Guck dir jedes Auto in der Straße ganz genau an. Wenn dir irgendwas seltsam vorkommt, fahr einfach. Komm wieder her. Wenn du reingehst und da jemand anders als Fairly ist, dann geh wieder. Auch wenn bloß er da ist, nimm die Sachen, gib ihm das Geld und verschwinde. Weiter nichts. Sollte Fairly versuchen, dich in ein Gespräch zu verwickeln, ignorier ihn.«

William hebt lächelnd die Hand. »Keine Sorge. Ich werde vorsichtiger sein als je zuvor. Die Vorsicht in Person. Blitzschnell rein und wieder raus. Sie werden nur meine Staubwolke sehen. Ich werde nur ein Schemen mit zwielichtigen Ausweisen und Geldscheinen sein. Okay?« Klingt wie ein Witz, aber er meint es ernst.

»Halte dich daran«, sagt Calum.

Es ist eine ganz normale kleine Straße. William fährt sie schon zum zweiten Mal lang. Ein paar Häuser von dem Büro entfernt, das ihm Fairly genannt hat, entdeckt er eine Parklücke. Ein Büro über einem Gadget-Laden. In der Straße gibt's jede Menge kleine Läden. Dichtbesiedelte Gegend. Das ist beruhigend. Vielleicht soll er das ja glauben. Beim ersten Mal hat er in jeden Wagen geblickt. Jetzt geht er langsam auf der anderen Straßenseite, will sehen, ob ihm irgendwas seltsam vorkommt. Niemand sitzt in einem Wagen und wartet. Niemand steht an einer Tür oder in einem Durchgang. Sollte sich hier jemand verstecken, dann macht er seine Sache gut. Nur Einkaufende, die sich nicht für William interessieren. Er überquert die Straße und geht zur Tür. Nicht zum Ladeneingang, sondern zu einer schlichten Tür rechts davon. Klingelt und wartet. Ein Summen als Antwort. William drückt die Tür auf und steht am Fuß einer schummrig erleuchteten Treppe. Er wird ziemlich nervös. Calum macht so was ständig. Das ist sein Leben. Das geht William durch den Kopf, während er die Treppe raufsteigt. Ins Ungewisse.

Oben an der Treppe eine schlichte Tür. Keine Beschriftung. Ein Büro, hat Fairly gesagt. Offenbar ein Büro, das keine Werbung macht. Dastehen und eine unbeschriftete

Tür anstarren, bringt ihn nicht weiter. William drückt die Tür auf. Drinnen ist ein Büro. Drei Schreibtische. Mehrere Aktenschränke. Computer auf den Schreibtischen, aber irgendwas kommt ihm seltsam vor. Es dauert ein paar Sekunden, bis William begreift. Nirgends liegt irgendwas rum, kein Hinweis darauf, was hier gearbeitet wird. In der Werkstatt achtet er manchmal darauf, dass die Leute bestimmte Papiere nicht zu sehen kriegen. Autos, die er nicht dahaben dürfte und so. Das hier ist offenbar eine ganze Firma voll Sachen, die keiner sehen soll. Wahrscheinlich Kreditgeschäfte oder so was. Ganz und gar nicht beruhigend. Nicht mal, dass Barry Fairly allein an einem der Schreibtische sitzt, ist beruhigend. Außer ihm niemand da, aber hinter ihm ist eine Tür, und rechts von ihm noch eine. Da drin könnte sonst wer sein. Jemand könnte hinter William die Treppe raufkommen und ihm den Weg versperren. Beides trägt nicht zu seiner Entspannung bei.

»Keine Sorge«, sagt Barry, »hier sind wir sicher. Ich arbeite manchmal für den Mann, dem das Büro gehört. Und er lässt es mich hin und wieder benutzen. Alles in Ordnung.«

Klingt, als wollte Barry ihn unbedingt beruhigen. William kriegt's langsam mit der Angst zu tun. »Haben Sie die Sachen?«, fragt er.

»Ja«, sagt Barry und tippt auf eine Plastiktüte, die auf dem Schreibtisch liegt. »Haben Sie das Geld?«

»Ja«, sagt William. Er zieht ein Bündel Geldscheine aus der Tasche. Geht auf Barrys Schreibtisch zu. Legt die zweihundert Pfund neben die Tüte. Bemüht sich, selbstsicher zu wirken. Keine leichte Aufgabe. Er nimmt die Tüte und öffnet sie. Ja, er weiß, was Calum gesagt hat. Nimm sie und verschwinde so schnell du kannst. Aber er wird nicht gehen, um dann draußen festzustellen, dass in der Tüte nur ein paar Stück Pappe sind. Er muss rausfinden, ob er das kriegt, weswegen er gekommen ist. Er holt den Pass raus. Sieht überzeugend aus. Der Führerschein auch.

»Da ist noch ein Blatt mit ein paar Angaben zu dem Ausweis drin. Alles, was weder im Pass noch auf dem Führerschein steht. Die Namen der Eltern und so«, sagt Barry.

»Sieht gut aus«, sagt William, nickt und schiebt alles zurück in die Tüte. »Bestimmt machen wir noch öfter Geschäfte. Viel öfter.«

Er geht raus und die Treppe runter. Ein bisschen schneller, als sein Stolz es für richtig hält. Egal. Zur Haustür raus und auf die Straße. Er stößt mit jemandem zusammen. Lässt die Tüte fallen. Er weicht einen Schritt zurück, bereit zuzuschlagen. Oder abzuhauen. Alles zu tun, was ihn am Leben erhält.

»Hoppla, passen Sie doch auf«, sagt ein kleiner Typ in den Dreißigern. »Ich hab Sie nicht gesehen.« Als er Williams heftige Reaktion sieht, blickt er ihn verwundert an.

»Tut mir leid«, sagt William. Er reißt sich zusammen. »Ich hab's ziemlich eilig. Meine Schuld.« Er lächelt. Der Mann macht ihm Platz. Dann geht er weiter und wirft einen Blick über die Schulter. William hebt die Tüte auf. Guckt in beide Richtungen. Nichts Auffälliges. Niemand beachtet ihn außer dem Kerl, mit dem er zusammengerauscht ist. Er eilt zu seinem Wagen. Als er dort ankommt, ist er so froh, da zu sein, dass er sich nicht mal umschaut. Er steigt einfach ein, lässt den Motor an und fährt los.

»Bitte schön, Donald Tompkin – alles, was du brauchst, um dich zu verpissen.« William grinst erleichtert und lässt die Tüte auf den Küchentisch fallen.

»Keine Probleme?«, fragt Calum.

»Nee.«

»Und dir ist niemand gefolgt?«

»Nee«, sagt William und wünscht, er hätte darauf geachtet.

Calum holt den Pass und den Führerschein aus der Tüte. Beides sieht gut aus. Sogar perfekt. So gut, wie er gehofft hat. Fast das letzte Puzzleteil. Jetzt muss er bloß noch unter seinem neuen Namen ein Konto eröffnen und das Flugticket bezahlen.

»Danke, William«, sagt er lächelnd. »Du hast ausgezeichnet gearbeitet. Und das war das Letzte, worum ich dich bitte.« Für beide eine Erleichterung.

23

Der Mann geht weiter. Dreht sich ständig um. Beobachtet, wie der Kerl die Sachen aufhebt, die er fallen gelassen hat, und die Straße langeilt. Das war also der Typ, den Fairly getroffen hat. Normalerweise sind das keine totalen Trottel. Fairly ist so ziemlich der beste Fälscher im Geschäft. Gewöhnlich wissen seine Kunden, wie man sich verhalten muss, um keine Aufmerksamkeit zu erregen. Keinen Verdacht. Der hier aber nicht. Das Ganze muss neu für ihn sein. Er sollte ihn lieber nicht erschrecken. Marty geht weiter, bis er sicher ist, dass ihn Fairlys Kunde nicht mehr sehen kann. Dann bleibt er stehen, dreht sich um und geht denselben Weg zurück. Der kleine Extraspaziergang war ein Gefallen für Fairly. Um seine Kunden nicht zu verängstigen. Ihm keinen Grund zur Beschwerde zu geben. Fairly ist nützlich. Manchmal sogar äußerst nützlich. Seine Pässe bewirken Wunder. Neben den Originalen das Beste, was man kriegen kann.

Zur Tür rein und die Treppe rauf. Das Büro über dem Laden gehört ihm. Er benutzt es nicht oft, doch er braucht es. Er verleiht Geld. Kurzfristige Darlehen, langfristige Kunden. Erstaunlich und komisch, wie dumm die Leute sein können. Und Marty nutzt das aus. Denn er ist richtig clever. Er erkennt die Schwächen der Leute und macht damit Geld. Geld und Frauen. Damit verdient man am meisten. Marty ist noch an allen möglichen anderen Sachen beteiligt, aber diese beiden lohnen sich am meisten. Geldgeschäfte sind schwieriger. Echt scheiße, um ehrlich zu sein. Bei Frauen gibt's immer Nachschub. Manche enttäuschen einen. Arbeiten für andere Leute, doch es gibt immer Nachschub. Und Geldgeschäfte? Gott, das sind haiverseuchte Gewässer. Brutal. Schlimmer kann's nicht kommen. In diesem Teil des Geschäfts sind die übelsten Schläger unterwegs. Stünde Marty nicht unter Jamiesons Schutz, würde er da gar nicht mitmischen. Und diesen Schutz könnte er sich inzwischen verscherzt haben.

Fairly ist noch im Büro, sieht so trottelig aus wie immer. Cleverer Typ, aber er hat's nicht mit Brutalität. Er erlebt das nicht so hautnah wie Marty. Scheiße, niemand tut das, denkt Marty.

»War das dein Kunde, der hier vor ein paar Minuten rausgestolpert kam?«, fragt er. Macht höfliche Konversation. Er will, dass Fairly verschwindet. Er ist mit ein paar Leuten verabredet, die an diesem Morgen Geld eingetrieben haben. Knallharte Typen. Besser, wenn Fairly die nicht sieht.

»Ja, das war er.«

»Sah nicht aus wie einer deiner üblichen Kunden. Wirkte total nervös.«

Fairly zuckt mit den Schultern. Leute wie Marty halten sich für taff, wenn sie so tun, als wären sie nie nervös. Aber das ist Unsinn. Marty scheißt sich zurzeit bestimmt in die Hose. Es heißt, dass er und sein Bruder bei Jamieson unten durch sind. Sie haben im Nachtclub des Bruders Privatpartys veranstaltet, ohne Jamieson daran zu beteiligen. Was für ein dummer, raffsüchtiger Scheißkerl. Aber er hält sich für taff. Tsss!

»Die Dinge ändern sich«, sagt Fairly und steht auf. »Besonders im Autogeschäft. Der Markt wächst. Der Typ ist noch neu. William MacLean, hat eine Werkstatt im Osten der Stadt.«

Stille. Fairly geht zur Tür, will sich verabschieden. Marty steht mitten im Raum, sein Grips auf der Suche nach dem Vorwärtsgang. Da ist er.

»William MacLean hast du gesagt?«

»Hm-hmm.«

»Und er hat eine Werkstatt im Osten?«

»Ja, hab ich gesagt.«

Marty hält die Hand hoch. Fairly soll warten, während er überlegt. Fairly seufzt, tut aber, was Marty gesagt hat. Marty zahlt gut. Er ist ein kleiner Scheißkerl, aber wenn Barry über Leute urteilen würde, wäre er nicht in diesem Geschäft.

»Hast du Kopien von den Sachen, die du für ihn gemacht hast?«, fragt Marty.

Fairly sieht Marty stirnrunzelnd an. Man steckt seine Nase nicht in die Angelegenheiten anderer Leute. Selbst Marty müsste das wissen.

Fairly dreht sich um und will gehen. Marty läuft ihm nach. Versperrt ihm den Weg, die Hände beschwörend erhoben.

»Hör zu, Barry. Das ist wichtig. Dieser William MacLean – da könnte mehr dahinterstecken. Vertrau mir. Könnte sein, dass ich dir den größten Gefallen aller Zeiten tue. Ohne Scheiß. Zeig mir die Kopien. Wenn ich falsch liege, was soll's? Wen juckt das? Aber wenn ich recht hab, dann rette ich dir den Arsch, Kumpel. Das kannst du mir glauben.«

Dieser einschmeichelnde Tonfall. Fairly würde am liebsten sagen, dass er ihn am Arsch lecken soll, doch das geht nicht. Selbstschutz. Er kehrt zum Tisch zurück und knöpft seine Jackentasche auf. Holt die Kopien raus, die er gemacht hat. Die er immer macht. Man weiß ja nie.

Marty steht am Tisch und betrachtet das Bild. Bläst die Wangen auf.

»Und?«, fragt Fairly. Gereizt, ungeduldig.

»Das hier ist ...« Marty fehlen die Worte. Er will schon sagen, dass es eine einzigartige Gelegenheit ist. Dass er sich damit bei Peter Jamieson wieder lieb Kind machen könnte. Doch das sagt er Fairly lieber nicht. »Das ist wichtig. Hör zu, Barry, ja? Hör zu. Gut. Ich muss das behalten. Nur ein Weilchen. Fahr nach Hause, ich ruf dich an. Ich muss ein Treffen arrangieren. Da musst du dabei sein. Das hier ist wichtig. Ganz im Ernst.«

Fairly verlässt das Büro. Marty setzt sich an den Schreibtisch und betrachtet die Kopie des Passes, die vor ihm liegt. Er kennt das Gesicht. Kein neues Foto, aber er kennt das Gesicht. Wie kann er davon am meisten profitieren? Er muss langfristig denken. Das ist immer das Richtige. Besonders wenn man so schlecht dasteht wie Marty. Das hier könnte eine Menge Probleme lösen. Er nimmt das Handy. Ruft Young an. Der geht nicht ran. Scheiße! Ignoriert ihn wahrscheinlich. Die sind immer noch sauer. Na schön. Es gibt noch eine andere Möglichkeit. Er ruft Kevin Currie an. Erzählt ein bisschen, verschweigt aber viel. Er muss ja bei dem Treffen noch was in petto haben. Marty weiß, wie das Spiel läuft. Currie gefällt das nicht. Er will alles wissen. Na klar. Er will alle Informationen selbst weitergeben können. Er will mehr Lorbeeren kassieren. Marty ist sowieso stinksauer, weil er auf Curries Hilfe angewiesen ist. Currie ist für Young und Jamieson ein wichtiger Mann. Bringt ihnen mit Zigaretten und Alkohol eine Menge Geld ein. Sie vertrauen ihm. Das Ganze sollte gar nicht nötig sein. Young soll einfach an sein verdammtes Handy gehen.

Zwei bullige Scheißkerle kommen ins Büro. Marty bedeutet ihnen, draußen zu warten. Er telefoniert immer noch mit Currie. Muss es nochmal bei Young probieren. Die beiden Schläger gehen wieder raus. Wirken nicht sonderlich beeindruckt. Für Marty zu arbeiten, ist nicht einfach. Und außerdem haben sie die Gerüchte über einen Streit mit Jamieson gehört. Sie machen sich Sorgen. Wollen sich nicht mehr lange rumschubsen lassen. Es sei denn, es gibt bessere Nachrichten, was Martys Schutz angeht. Marty beendet das Gespräch mit Currie. Ruft Young nochmal an. Wieder umsonst. Kleiner Mistkerl!

Marty könnte einfach zum Club fahren. Einer von beiden muss ja da sein. Nein. Ohne Vorwarnung darf er da nicht auftauchen. Das dürfte ihnen nicht gefallen. In diesem Fall muss er sich an die Regeln halten. Er muss mit Informationen kommen, die ihnen die Sprache verschlagen. Seine Neuigkeiten dürften ihnen nicht gefallen. Doch die beiden sind zu intelligent, um den Überbringer der schlechten Nachricht zu bestrafen. Diese Sache wird ihnen zeigen, wie nützlich Marty und seine Verbindungen sein können.

24

Letzte Nacht ist es spät geworden. Diesen Morgen geht's in aller Frühe weiter. Das Gespräch mit Deana Burke hat Fisher wieder in Richtung Shug getrieben. Genau das wollte er. Klar, er wollte nicht wissen, dass ihm die Zeit davonrennt, aber dass er auf der richtigen Spur ist. Es gehört zu Shugs Deal mit MacArthur, dass er Hardy hat umlegen lassen. Alex MacArthur hat bestimmt darauf bestanden. Ach, wie schön wäre es, MacArthur auch zu erwischen. Er kann ihn nicht direkt angehen, aber mit ein bisschen Glück über Shug. Wenn er gegen Shug was Handfestes findet. Ihn im Verhörraum nervös macht und zum Reden bringt. Aus einem abgebrühten Gangster kriegt man nichts raus. Doch Shug Francis ist nicht abgebrüht. Er ist windelweich. Wer sich mit geklauten Autos abgibt, ist nicht abgehärtet. Es gibt jede Menge total blauäugige Kleinkriminelle. Die denken, durch ihren Job sind sie knallhart und auf alles vorbereitet. Aber die haben keine Ahnung.

Er hat letzte Nacht nicht viel geschlafen. Zu viel nachgedacht. Den besten Ansatzpunkt gesucht. Er überlegt nicht mehr, wie er Shug am besten verhaften und alles unter Dach und Fach bringen kann. Inzwischen geht's darum, ihn möglichst schnell zu verhaften. Wenn Fisher zu lange braucht, nimmt ihm Peter Jamieson die Entscheidung ab. Dann muss er Jamieson ins Visier nehmen, und das dürfte nichts bringen. Jedenfalls im Moment nicht. Er hatte Kenny, das hätte zu etwas führen können. Beinahe hätte er Frank MacLeod gehabt. Hat nicht viel gefehlt. Aber letztlich nichts. Frank ist wie vom Erdboden verschluckt. Zwei mögliche Gründe. Erstens, dass er abgehauen ist. Doch wahrscheinlicher ist, dass Peter Jamieson seinen früheren Killer umlegen ließ. Ihn zum Schweigen brachte, wenn man so will. Und jetzt ist Kenny verschwunden, und Jamieson brauchte gar nichts zu unternehmen. Shug hat in seiner Dummheit jemanden beseitigt, der Jamieson gefährlich wurde. Er weiß nicht mal, dass er seinem Feind einen Gefallen getan hat.

Hoffentlich tut er jetzt noch einem Feind einen Gefallen. Fisher sitzt ein Stück von Shugs Haus entfernt in seinem Wagen und blickt in den Rückspiegel. Weit genug weg, dass man ihn vom Haus aus nicht sehen kann. Aber auch so weit, dass er selbst kaum was sieht. Doch kaum was ist besser als gar nichts. Er wartet darauf, dass Shug das Haus verlässt. Dass er in einem seiner grellen Sportwagen irgendwo hinfährt. Fisher zu einer neuen Spur führt. Jemanden, auf den sich Fisher stützen kann. Dass er ihnen neue Informationen liefert. Bisher sind sie keinen Schritt weitergekommen. Wenn man sich mit Leuten wie Jamieson und MacArthur befasst, findet man nichts raus, womit man was anfangen kann. Aber bei Shug ist das anders. Der macht jede Menge Fehler. Vielleicht hört das jetzt auf, und er wird MacArthurs Erwartungen gerecht. Aber vielleicht müssen sie Shug auch nur etwas genauer unter die Lupe nehmen.

Er beobachtet das Haus und wartet. Sieht, wie die Zeit langsam vergeht. Wie lange wird Jamieson warten? Er will Shug unschädlich machen. Das wird bald passieren, und dann steht Fisher mit leeren Händen da. Und nicht nur das. Die anderen werden über seine Ermittlungen spotten. Falls man auf dem Revier seine Bemühungen in den letzten Monaten nicht längst lächerlich findet. Ein Misserfolg nach dem anderen. Der Nachwuchs verliert den Respekt und die Angst vor ihm. Er braucht irgendwas. Plötzlich guckt er genauer hin. Sein Gedankengang wird unterbrochen, weil sich an Shugs Haustür was tut. Eine Frau kommt raus und geht zu einem Wagen in der Einfahrt. Holt was raus und geht wieder rein. Das dürfte die Ehefrau gewesen sein. Elaine. Wenn Fisher nichts Besseres findet, muss er sie ins Visier nehmen. Normalerweise ist es klüger, diese knallharten Unterweltfrauen zu ignorieren. Die lassen sich nicht knacken. Aber sie ist anders. Sie könnte weich werden. Er muss sich noch ein paar Tage Zeit lassen. Muss irgendwas Konkretes finden oder sich die Frau vorknöpfen.

Morgens um kurz vor acht hält ein Stück von Shugs Haus entfernt ein Wagen. Sieht aus, als hätte der Fahrer es eilig. Ein Mann steigt aus, klein, in mittlerem Alter. Schwierig, auf diese Entfernung sein Gesicht zu erkennen. Fisher hätte eine Kamera mitnehmen sollen. Dann hätte er sich auf dem Sitz umdrehen und ihn ranzoomen können. Der Mann geht mit schnellen Schritten zur Haustür. Klingelt und wartet. Hat Fisher den Rücken zugekehrt. Kleiner Scheißkerl, wer auch immer du bist. Die Tür öffnet sich, und der Mann geht rein. Fisher sitzt da und wartet. Überlegt. Auf wen soll er sich konzentrieren? Soll er ausharren und auf Shug warten oder den Ankömmling beschatten? Keine leichte Entscheidung. Der Ankömmling könnte wichtig sein, aber auch totale Zeitverschwendung. Bei Shug weiß man wenigstens, dass man jemanden beobachtet, der von Bedeutung ist. Man beschattet die wesentliche Person.

Nach gut fünf Minuten geht die Haustür wieder auf. Fisher rutscht auf dem Sitz nach unten und blickt in den Spiegel. Er kann den Mann, der rauskommt, immer noch nicht richtig erkennen. Er muss sich entscheiden. Jemand, der so lange im Haus bleibt, dürfte unwichtig sein. Doch er könnte ihn zu jemand Wichtigem führen. Vielleicht soll er für Shug was überbringen. Aber nicht besonders wahrscheinlich. Vermutlich nur ein armseliger kleiner Scheißkerl, der für den Boss Besorgungen macht. Seine Einkäufe abholt, so was. Er sollte sich nicht um ihn kümmern. Er muss das Haus im Auge behalten; Shug folgen, wenn er rauskommt. Falls er rauskommt. Früher war er ziemlich aktiv. Hat viel Zeit in den Werkstätten verbracht. Ging jedes Wochenende zum Autorennen. Hat sich sogar einen Rennwagen zugelegt. Hat sich dafür viel Zeit genommen. Es heißt, er soll ganz damit aufgehört haben. Von einem Kollegen hat Fisher erfahren, dass Shug in den letzten beiden Monaten kaum noch in seinen Werkstätten war und keine Rennen mehr gefahren ist. Die neue Lebensweise eines Mannes, der ziemliche Sorgen hat.

Der kleine Typ überquert den Rasen und geht zur Straße. Steigt in seinen Wagen und fährt in Fishers Richtung. Fisher rutscht nach unten, außer Sichtweite. Der Wagen gleitet vorbei. Als Fisher sich wieder aufrichtet, glaubt er, was zu erkennen. Er hat nicht viel gesehen. Nur den Rücken des Fahrers und einen Teil des Gesichts. Doch das reicht aus, um seine Meinung zu ändern. Im Bruchteil einer Sekunde sieht man etwas, das einem eine Möglichkeit bietet. Vielleicht irrt er sich. Vielleicht begeht er einen weiteren Fehler. Wäre in letzter Zeit nicht der einzige. Aber wenn er recht hat, könnte das alles miteinander verbinden. Er startet den Motor, bleibt aber, wo er ist. Lässt den Fahrer aus seinem Blickfeld verschwinden. Der dürfte paranoid sein und schauen, ob ihm jemand folgt. Fisher muss vorsichtig sein. Ein Blick in den Rückspiegel, ob hinter ihm irgendwas geschieht, das seine Aufmerksamkeit verdient. An Shugs Haus regt sich nichts. Gut. Er muss sich auf den Fahrer konzentrieren.

Er bleibt unauffällig. Manche Polizisten können das gut. Fisher hat mal mit einem Fahrer im Wagen gesessen, der einem Raubverdächtigen folgte. Der Typ hat nicht gemerkt, dass jemand hinter ihm war. Fisher wusste, dass er die Waffen, die sie bei dem Job am Tag zuvor benutzt hatten, woandershin bringen wollte. Der Fahrer musste genau den richtigen Abstand einhalten, ohne die Zielperson zu verlieren. Er leistete einwandfreie Arbeit. Kam ihm nicht zu nahe. Fiel nicht zu weit zurück. Machte sich den Verkehr unglaublich gut zunutze. Erstaunlich, wie ein guter Fahrer den Verkehr ringsum beeinflussen kann. Fisher kann das nicht so gut, das weiß er. Also ist er vorsichtig. Bleibt ein bisschen weiter zurück, als er sollte. Riskiert, die Zielperson eher zu verlieren, als zu nah ranzufahren und sich zu verraten. Versucht darauf zu achten, dass er den Wagen im morgendlichen Verkehr immer nur flüchtig sieht. Er könnte ihn ganz leicht verlieren. Hat ihn sogar ein paarmal verloren. Ist im Verkehr stecken geblieben oder musste an einer Ampel halten, während die Zielperson weiterfuhr. Hat ihn eher zufällig wieder eingeholt.

Inzwischen läuft alles zu Fishers Gunsten. Weil er weiß, wo die Zielperson hinfährt. Mit dieser Information muss er den Mann nicht im Blick behalten. Soll er ruhig schneller sein, wenn er will. Fisher fährt sogar eine etwas andere Strecke, damit er aus einer anderen Richtung am Ziel ankommt. Der Mann soll nicht wissen, dass ihm Fisher gefolgt ist. Jetzt fühlt Fisher sich wohl und genießt die Fahrt. Wen kümmert schon der morgendliche Verkehr, wenn man weiß, dass am Ende der Fahrt eine gute Nachricht wartet? Er ist fast da. Biegt in die letzte Straße ab. Sieht, wie das Zielfahrzeug ihm entgegenkommt und dann abbiegt. Auf den Parkplatz, genau wie erwartet. Fisher lässt sich Zeit. Er hat's nicht eilig. Dann biegt auch er auf den Parkplatz. Stellt den Wagen an die übliche Stelle.

Fisher sieht, wie die Tür des Zielfahrzeugs aufgeht. Er bleibt sitzen. Er sieht den Fahrer aussteigen. Ein kleiner, hagerer Mann in mittlerem Alter. Inzwischen ist es eindeutig. Aus der Ferne konnte er das nicht sehen, aber jetzt ist es kein Problem. Das dunkle Haar, die Narbe an der Wange. PC Paul Greig. Hat einen seiner miesen kriminellen Freunde besucht und kommt jetzt zur Arbeit. Unterwegs in die Umkleide, um seine Uniform anzuziehen. Die Uniform, in der er die Öffentlichkeit vor Leuten wie Shug Francis schützen soll. Die Uniform, die er so regelmäßig entwürdigt. Fisher steigt aus. Greig überquert den Parkplatz. Während Fisher mit der Fernbedienung seinen Wagen abschließt, sieht er auf. Blickkontakt mit Greig. Die Versuchung, zu lächeln und hallo zu sagen. Jetzt, wo er den Mistkerl an den Eiern hat, verspürt er nicht mehr so einen Hass. Ihm geht bloß gegen den Strich, dass Greig immer ungeschoren davonkommt. Aber das wird sich bald ändern. Nein. Kein Lächeln, kein Hallo. Er sieht mit versteinerter Miene seine Schlüssel an. Greig darf nicht wissen, dass sich zwischen ihnen etwas geändert hat.

Fast eine ganze Stunde sitzt er an seinem Schreibtisch. Die Streifenpolizisten haben ihm ein paar Sachen gebracht – nichts, was im Moment von Bedeutung wäre. Die Finanzexperten haben eine Liste der Unstimmigkeiten in Hardys Büchern zusammengestellt. Hat alles mit Shug zu tun. Interessante Sachen. Eine ellenlange Liste. War ziemlich mühsam, alles auseinanderzuklamüsern. Kommt ins Anklageprotokoll. Doch wenn's dabei bliebe, wäre es ein Reinfall. Da muss noch was dazu. Das Verschwinden von Hardy und Kenny. Das Treffen mit Greig. Jemandem wie Shug Francis könnte er so viel vorwerfen. Je mehr er ihm vorwirft, umso mehr könnte dabei rausspringen. Fisher ist bereit, Deals einzugehen. Gegen wichtige Informationen ein paar Anklagepunkte fallenzulassen. Aber er braucht mehr Anschuldigungen. Wie lange noch, bis Jamieson zuschlägt? Kann nicht mehr lange dauern. Jamieson wird versuchen, hart zuzuschlagen, denkt Fisher. Ohne zu merken, dass Jamieson ihn benutzt. Er beeilt sich, ihm zuvorzukommen. Aber er lächelt. Zum ersten Mal seit Monaten hat er das Gefühl, dass eine Ermittlung erfolgreich ist. Nicht in einer Sackgasse endet.

25

Gott, ist das früh. Viel zu früh. George starrt an die Decke. Denkt an den Tag, der vor ihm liegt. Daran, was alles schiefgehen kann. Eine ganze Menge. Er braucht erst mal einen Kaffee. Zwanzig Minuten später: geduscht und angezogen, kippt er so viel Koffein in sich rein, wie in eine Tasse passt. Um neun muss er sich mit Hutton treffen. Nicht viel zu klären, aber so was wie zu viel Vorbereitung gibt's nicht. Das hat er von Calum gelernt. Die Vorbereitung entscheidet über Erfolg oder Misserfolg. Also muss er sich mit Hutton treffen, muss alles durchgehen, was Jamieson gesagt hat. Dafür sorgen, dass Hutton weiß, was er tut. Dass er weiß, dass er Fizzy nicht umlegen soll. Das war eine Überraschung. George dachte, sie würden sich freuen, dass Shug so einen dummen Fehler macht, doch dann hatten sie eine bessere Idee. Eine nutzbringendere. Jamieson hat George letzten Abend davon erzählt, aber es klingt eher nach John Young.

John Young. Komisch, aber George kann den Mann nicht mehr ausstehen. Ohne triftigen Grund. Alles, was

George an seinem Leben nicht gefällt, ist seine eigene Schuld. Das weiß er. Doch Young verkörpert alle Fehler, die George gemacht hat. Young hat ihm gesagt, dass er Calums Beziehung zu dieser Emma zerstören soll. Also hat George es getan. Seine eigene Schuld. Er erledigt ständig solche Aufträge und macht seine Sache gut. Egal, wie oft er Young schon gesagt hat, dass er nicht mehr Verantwortung will, er kriegt immer mehr aufgehalst. Und da haben wir's wieder. Eine verantwortungsvolle Aufgabe. George soll sich mit jemand Wichtigem treffen und ein wichtiges Gespräch führen. Etwas, worin er bestimmt nicht gut ist. Wenigstens muss er niemanden umlegen. Immerhin. Da hat er für sich eine Grenze gezogen und bisher nie überschritten. Doch das hier wird ein weiterer Schritt zum Einzigen, was George nicht sein will. Wichtig.

Im Geschäft gibt's nicht viele Leute wie ihn. Ein intelligenter Mann fürs Grobe. Er verprügelt Leute, schüchtert sie ein. Er ist die Warnung, die Peter Jamieson jemandem schickt, der ihm Geld schuldet. In der Regel Jammergestalten, die jeder, der aufrecht stehen kann, zusammenschlagen könnte. Kinderleichte, geistlose Arbeit. Meistens von geistlosen Typen ausgeführt. Schwachköpfigen Schlägern, die Jamieson jederzeit heuern und feuern kann. Aber George ist anders. Er ist intelligent, taff und sympathisch. Das fällt auf. Und heißt, dass er alle anspruchsvollen Aufträge kriegt. Dass er für Young und Jamieson größere Jobs übernehmen soll. Mehr Verantwortung. Dass er einen Killer wie Calum unterstützen soll. Aufträge wie den hier erledigen. Darauf hat George keine Lust. Er ist nicht bloß intelligent. Er ist intelligent genug zu wissen, dass Ehrgeiz Gift ist. Verantwortung ein Fluch. Im Geschäft ist man am besten unbedeutend.

Er verlässt die Wohnung und geht zu seinem Wagen. Blickt rechts und links die Straße lang. Eine simple Vorsichtsmaßnahme. George lebt nicht in Todesangst. Wenn man sich vom Morden fernhält, hält es sich auch von einem selbst fern. Doch er hat in seinem Arbeitsleben eine Menge Leute verprügelt. Manche, die so dumm sind zu glauben, dass Rache eine gute Idee wäre. Im Lauf der Jahre waren schon ein paar Leute hinter ihm her. Wollten es ihm heimzahlen. Beweisen, dass sie's noch draufhaben. Wegen einer bestimmten Art von Leuten muss man sich Sorgen machen. Die jämmerlichen Junkies sind keine Bedrohung. Die leben von einem Tag auf den anderen. Haben kein Rachekonzept für vergangene Taten. Es sind die Kleindealer, die Möchtegerne. Sie leihen sich Geld von Jamieson oder lassen sich von ihm beliefern und versprechen, ihn am Gewinn zu beteiligen. Wenn Jamieson das Geld nicht kriegt, das ihm zusteht, schickt er als Warnung George vorbei. Man verprügelt einen kleinen Scheißer, der sich für einen großen, knallharten Gangster hält. Er fühlt sich gedemütigt und will sich rächen. Ist zweimal vorgekommen. Beide Male wollten sie ihn eigenhändig verprügeln. Haben vergessen, dass George ein Profi ist. Verprügeln ist sein Geschäft. Nach der zweiten Demütigung haben sie's aufgegeben. Heute ist niemand da, also steigt er in seinen Wagen.

Das erste Treffen hat er mit Hutton, in derselben Wohnung wie gestern. Unterwegs kein Problem. Hutton wartet schon. Wirkt nervös. Seltsam, George hat nicht erwartet, dass er so ist. Er dachte, er würde genauso wie Calum sein, total kühl und entspannt. Offenbar verhält sich jeder anders. Nervosität ist keine Schande.

»Die Sache ist abgeblasen«, sagt George und beobachtet, wie Hutton ruhiger wird. »Jamieson will das anders regeln. Er will was mit Fizzy aushandeln. Also kein Mord. Jamieson hat gesagt, dass du Shug ab jetzt ignorieren sollst. Wenn er anruft, drück ihn weg. Rühr dich nicht, bis du von mir oder John Young hörst. Ich glaube nicht, dass du nochmal für Shug was machst.«

Hutton versucht seine Erleichterung zu verbergen, aber es gelingt ihm nicht ganz. Nicht gegenüber jemandem, der so aufmerksam ist wie George. »Geht in Ordnung«, sagt Hutton und macht einen auf cool. »Ich warte, bis sich einer von euch meldet. Ignoriere alle anderen.«

»Eins noch«, sagt George, während Hutton aufsteht. »Ich will mich noch mit Fizzy Waters treffen. Kannst du mir sagen, wie ich hinkomme?«

George kennt die Stadt gut. Er ist nicht davon besessen, alle Seitenstraßen und Neubaugebiete zu erkunden, wie manche andere. Killer zum Beispiel. Für die kann es eine Frage von Leben und Tod sein. Von Festnahme oder Flucht. Für George ist es eher eine Annehmlichkeit, die Stadt zu kennen. Er muss sich bei seinen Aufträgen nur selten beeilen. Die Leute, die er einschüchtert, gehen nirgendwohin. Er fährt jetzt zu Fizzys Haus. Er kennt die Gegend, und Hutton hat ihm den Weg beschrieben. Manche Leute können das gut. Hutton gehört nicht dazu. Er hat ihm die falschen Orientierungspunkte genannt. George glaubt zu wissen, wo die Straße ist; aber er hat sich geirrt. Er will nicht das Navi einschalten. Auch das hat er von Calum gelernt. Wenn man einen Auftrag ausführt, sollte man mit technischen Geräten äußerst vorsichtig sein. Die können alles Mögliche verraten. Er kutschiert zwanzig Minuten lang durch irgendwelche Straßen, bis er die richtige gefunden hat.

Er steigt aus und geht zur Haustür. Hoffentlich hat niemand gesehen, dass er wie ein Idiot rumgekurvt ist. Wenn jemand so was mitkriegt, erinnert er sich daran. George will nicht, dass sich jemand an ihn erinnert. Er klingelt und wartet. Vielleicht ist Fizzy nicht zu Hause. Wenn er auch nur einen Funken Verstand hat, dann ist er nicht mal in der Stadt. Du musst abhauen, du Trottel. Aber Shug hat Hutton gesagt, dass er da ist. Er schien sich sicher zu sein, dass Fizzy bleiben würde. Das ist die verlässlichste Information, mit der George arbeiten kann. Jemand kommt an die Tür. Macht auf. Bitte keine Frau. Anscheinend ist seine Freundin nicht in der Stadt, das sollte hilfreich sein. Es ist ein Mann. Fizzy. Er starrt den unbekannten jungen Mann an. George, lockiges Haar und strahlendes Lächeln.

»Hi, Mr. Waters, ich heiße George. Hören Sie, ich weiß, die Sache ist kompliziert, aber wir müssen reden. Besser nicht zwischen Tür und Angel. Ich arbeite für Peter Jamieson.«

Der Ton macht die Musik. Seine Worte hätten leicht wie eine Drohung klingen können. Jede Erwähnung von Peter Jamieson ließe sich leicht missverstehen. Doch George hat sich um einen sympathischen, freundlichen Ton bemüht und es geschafft. Fizzy nickt. Hält ihm die Tür auf. Zu vertrauensvoll, denkt George. Das kommt davon, wenn man all die Jahre nur in der Autobranche gearbeitet hat. George könnte sonstwer sein. Könnte für Shug arbeiten. Könnte hergeschickt worden sein, um Fizzys Loyalität zu testen. Fizzy kann von Glück sagen, dass er's nicht auf die harte Tour lernt.

George ist im Haus. Die erste Hürde ist geschafft. Er hat keine Waffe dabei. Wenn die Sache unangenehm wird, dann hat er schlechte Karten. Könnte sein, dass Fizzy bewaffnet ist. Auch wenn's unwahrscheinlich ist. Fizzy ist zu Hause, das dürfte ihn beruhigen. Kein Grund, warum es unangenehm werden sollte, aber man weiß ja nie. Man darf sich nie einbilden, man wüsste, was einem anderen durch den Kopf geht. Fizzy ist clever, aber unerfahren. Wenn ihm klar wird, dass er nicht mehr dazugehört, wird er sich sehnlichst Hilfe wünschen. Eigentlich müsste es ein lockeres Gespräch werden. Eigentlich.

Fizzy führt ihn in ein Zimmer im hinteren Teil des Hauses. Die Häuser in dieser Gegend sind größer, als sie von vorn aussehen. George ist beeindruckt, sogar ein bisschen neidisch. Das zeigt, wie viel Fizzy mit der Autoschieberei verdient hat. Genug, um sich so ein Haus zu kaufen. Die Arbeit hat gutes Geld gebracht. Das zeigt, wie dumm es war, dass sie den Hals nicht vollgekriegt haben. Solche Leute gibt's wie Sand am Meer. Durch Habgier und Ehrgeiz verblödet.

»Ich brauche Ihnen wohl nicht zu sagen, wie die Situation aussieht«, sagt George, während er sich setzt. »Sie wissen ja, dass Shug alles verschleudert. Er hat sich an MacArthur gebunden, aber der haut ihn übers Ohr. MacArthur versorgt Peter schon seit Wochen mit Informationen. Er will Shug loswerden und sein Geschäft übernehmen, deshalb hofft er, dass Peter Shug unschädlich macht. Er hat Peter sogar an dem Abend angerufen, als Sie Ihr großes Treffen mit ihm hatten. Das dürfte Sie wohl kaum überraschen«, sagt er und achtet auf Fizzys Gesichtsausdruck.

»Nein. Eigentlich nicht. Scheint zu stimmen.«

»Sie sollten noch was wissen«, sagt George und blickt auf den Boden. Er muss die richtigen Worte finden. Es darf nicht melodramatisch sein. Manchmal kann die Wahrheit wie eine Lüge klingen. Er muss vorsichtig vorgehen. »Shug hat letzte Nacht Shaun Hutton angerufen. Hat gesagt, er soll Sie beseitigen. Sie wären eine Gefahr für ihn – eine Bedrohung. Ich weiß nicht, was zwischen Ihnen und Shug gelaufen ist, aber er scheint Sie loswerden zu wollen.«

Fizzy sitzt da und starrt geradeaus. Kein Schock. Keine erkennbare Gefühlsregung. »Okay.«

»Sie brauchen sich keine Sorgen zu machen«, versichert George. »Na ja, vielleicht schon, aber nicht wegen Hutton. Er wird den Auftrag nicht ausführen, dafür wurde gesorgt.« Da muss er vage bleiben. Fizzy braucht erst dann zu wissen, dass Hutton die Seiten gewechselt hat, wenn er ihm folgt. »Aber vielleicht wegen Shug. Sobald der sich in den Kopf gesetzt hat, Sie umzulegen, lässt sich das nicht so einfach ändern. Wenn Sie in diesem Geschäft jemand als Feind betrachtet, gibt's normalerweise kein Zurück.«

Er muss weiterreden. Fizzy sagt keinen Piep mehr, doch das ist in Ordnung. Er widerspricht nicht, das reicht. »Ich will nicht so tun, als hätte Peter mich aus reiner Herzensgüte geschickt. Shug geht ihm auf den Sack. Shug wird untergehen, wissen Sie das? MacArthur hat vor, ihn zu Fall zu bringen. Falls er die Sache überlebt, wandert er lange hinter Gitter. Wenn das passiert, müssen Sie so weit wie möglich von ihm weg sein. Peter Jamieson hat sich um Wichtigeres zu kümmern. Shug war eine Nervensäge, aber MacArthur ist ein anderes Kaliber. Er versucht Peter einzuschätzen, will gegen ihn vorgehen. Das wissen alle, auch Peter. Er wird es nicht dazu kommen lassen. Peter wird MacArthur in diesem Spielchen austricksen. MacArthur will Shugs Geschäft übernehmen. Aber Peter glaubt, er kann es sich selbst unter den Nagel reißen. Wenn das klappt, braucht er jemanden, der alles leitet. Jemand

Glaubwürdigen. Jemanden, der das nötige Know-how hat. Da kommen Sie ins Spiel. Als Gegenleistung bekommen Sie die vollen Erträge und den Schutz eines hochrangigen Mitglieds der Jamieson-Organisation.«

Sofort zu antworten, würde dilettantisch wirken, also lässt Fizzy sich Zeit. Ist eigentlich unnötig. Was soll er anderes sagen als ja? Jamiesons Angebot ist das einzige, das auf dem Tisch liegt. Das dürfte der Mistkerl wissen. Er kann gegenüber Shug loyal bleiben, aber das bringt ihn nicht weiter. Nicht jetzt. Shug will ihn beseitigen. Er würde sich gern einreden, dass der Befehl dazu von MacArthur kommt, aber das ist bloß Augenwischerei. Er kommt von Shug. George hat recht, ihre Freundschaft ist beendet. Fizzy muss sich jetzt um sich selbst kümmern.

»Wenn Ihr Mann Shugs Geschäft übernimmt und für meine Sicherheit sorgt, dann leite ich alles für ihn. Aber auf meine Art, ohne Drogengeschäfte.«

George nickt. »Überschneidungen wird es nicht geben, das kann ich garantieren. Ihnen geht es hauptsächlich ums legale Geschäft.«

Fizzy nickt. »Gut. Sie übernehmen. Sorgen für meine Sicherheit. Shug geht unter, und ich führe für Jamieson die Geschäfte.«

26

Sie haben seit ihrer Kindheit nicht mehr zusammengewohnt. William ist vor mehr als dreizehn Jahren von zu Hause ausgezogen. Doch jetzt sind sie zusammen und wissen, dass es das letzte Mal sein könnte. Calum sitzt auf dem Sofa, schaut auf seinen Laptop. Er sucht Flüge nach London. Möglichst heute. Wenn es keine Plätze mehr gibt, ist er auch bereit, bis morgen zu warten. Nicht von Glasgow aus: Er wird nach Edinburgh fahren und von dort fliegen. Glasgow würde es einem potentiellen Verfolger zu einfach machen.

»Ich will spätestens morgen früh los«, sagt Calum. »Wenn jemand anfängt rumzuschnüffeln, dauert es nicht lange, bis er rausfindet, dass was in der Luft liegt.«

»Wer soll schon rumschnüffeln? Dazu besteht doch kein Grund«, sagt William.

»Es gibt immer ein Risiko«, sagt Calum schulterzuckend. »Barry Fairly zum Beispiel.«

»Nee«, sagt William. »Der weiß schon, wo was zu holen ist.«

William hat recht. Fälscher sind nicht auf den Kopf gefallen. Sie brauchen Grips, um es zu was zu bringen. Sie hüten sich, Fragen zu stellen. Haben ein feines Gespür dafür, wie man das Unschuldslamm spielt. Doch es gibt andere Risiken. Dass Jamieson nervös wird und nach Calum sucht. Ein dringender Job ist zu erledigen, den nur Calum für sie übernehmen kann; sie machen sich auf die Suche und finden ihn nicht. Oder die Polizei. Auch die könnte ihn jederzeit suchen. Ist aber unwahrscheinlich. Er war vorsichtig. Und selbst wenn es einen Notfall gäbe, würde Jamieson so kurz nach der Sache mit Hardy und Kenny einen Freischaffenden beauftragen. Calum weiß, dass er sich sicher fühlen müsste, aber er tut's nicht. Er sitzt in der Wohnung rum und sieht der Uhr beim Ticken zu. Wartet auf die Gelegenheit, sich davonzumachen. Diese Gelegenheit kommt, und sie kommt bald.

Also wird er Flüge buchen. Das Geld kommt von einem Bankkonto, das er heute früh eingerichtet hat. Es läuft auf Williams Namen, ist mit Calums Geld eröffnet. Die Kontoeröffnung war kein Problem. Er wird es benutzen, um seinen Flug zu bezahlen, und dann wieder schließen. Für seinen Flug von London aus wird er ein anderes eröffnen. Schließlich noch eins für seine Unterkunft, wo auch immer er danach sein wird. Bis er sich irgendwo niederlässt und ein neues Leben aufbaut, wird er sein sechstes oder siebtes Konto haben. Die ersten zwei oder drei auf Williams Namen, bevor er auf den falschen Ausweis umsteigt. Er hat es William nicht erzählt, weil der nicht gefragt hat, aber wenn er sich irgendwo eingelebt hat, lässt er sich einen neuen Ausweis machen. Donald Tompkin wird nur der Name für die Reise sein. Hoffentlich findet er an seinem neuen Wohnort einen weiteren Fälscher, der ihm einen anderen Ausweis macht. Ein weiteres Glied in der immer längeren Kette, die von seinem alten Leben wegführt.

Es gibt noch einen Grund, warum er William nichts davon erzählt hat. Etwas, worüber er nicht sprechen will. Woran er, um ehrlich zu sein, nicht mal denken will. Er muss sich auf seine Flucht konzentrieren. Auf die Befreiung von dem Leben, das er hinter sich lässt. Was erwartet ihn? Wie wird sein neues Leben aussehen? Es gibt nur eine Sache, die er gut kann. Leute umlegen. Er weiß, wie man ein Opfer beobachtet. Wie man den Job erledigt. Wie man danach verschwindet. Das kann er gut. Hat jahrelang darüber nachgedacht, jeden Job geplant, sich jede Einzelheit eingeprägt. Seine größte Herausforderung wird es sein, diese Tätigkeit von jetzt an zu meiden. Er muss dafür sorgen, dass er nicht schwach wird und irgendwo einen Job annimmt. Das wäre nicht schwer. Jede Stadt hat eine eigene Unterwelt. Und dort braucht man talentierte Killer. Die Bezahlung ist gut und die Arbeit leicht, wenn man sie beherrscht. Dürfte kein Problem sein, die richtigen Leute kennenzulernen. Nicht, wenn man weiß, was man sucht. Und am ersten Tag in der neuen Stadt wird er sich nach einem Fälscher umsehen.

Das geht ihm schon den ganzen Tag durch den Kopf. Heute Abend sind keine Plätze mehr frei. Zu spät, um noch auf einem anderen Flug unterzukommen. Er würde nicht rechtzeitig in Edinburgh sein. Bucht einen Flug für morgen früh. Überlegt, wo er danach hin will. Was für einen Job er kriegen wird? Irgendwas Einträgliches wahrscheinlich. Bei der Geldbeschaffung ist er nicht gerade von moralischen Skrupeln belastet. Nein, er muss aufhören, so zu denken. Muss sich von kriminellen Sachen fernhalten.

Leicht verdientes Geld, aber eine heikle Angelegenheit. Wenn er sich darauf einlässt, ist er schon bald wieder da, wo er angefangen hat. Dann legt er Leute um, macht sich Feinde und führt ein einsames Leben. All dem will er doch grade entkommen. Es muss ein legaler Job sein. Legales Geld. Wenn er so ein Leben führt, kann er alles haben, was sein bisheriges Leben ihm verwehrt hat. Er kann treffen, wen er will. Ein geselliges Leben führen. Eine Beziehung haben, eine Zukunft. Dieses Ziel darf er nicht aus den Augen verlieren. Er muss sich mit der Langeweile eines Achtstundentags abfinden. Öde, geisttötende Arbeit ertragen. Den Adrenalinjunkie in sich ignorieren. Den faulen Sack, der nur alle paar Monate ein paar Tage arbeiten will. Den Perfektionisten, der tun will, was er gut kann. Er muss sich auf die Herausforderung eines normalen Lebens konzentrieren; alles ignorieren, was ihn daran hindert.

Er und William haben sich schon über Geld gestritten. Kein heftiger Streit. William hat bloß versucht, den großen Bruder zu spielen. Er macht sich Sorgen über Calums finanzielle Situation. Wollte Calum überreden, sein altes Konto leerzuräumen.

»Nein, es kann sein, dass die Zugang zu meinem Konto haben. Sie haben Kontaktleute bei den Banken, die so was überprüfen können. Bankangestellte, die von ihnen bezahlt werden. Wahrscheinlich nicht bei jeder Bank, aber das kann ich nicht riskieren. Sie dürfen nichts Auffälliges finden. Sie müssen glauben, dass ich nicht mehr am Leben bin.«

William gab nach. Betrat sicheren Boden. Der Wagen. Er wurde umgespritzt und hat ein neues Kennzeichen. Da ist nichts, woran man erkennen könnte, dass er mal Calum gehört hat. Zeit, ihn zu verkaufen.

»Könnte ein Weilchen dauern«, sagt William. »Er ist gut in Schuss, doch der Markt boomt nicht gerade. Ich kann ihn zu einem anständigen Preis verkaufen, aber nicht, bevor du weg bist. Wenn du also noch ein bisschen rumhängst, Konten wechselst und was nicht alles, sollte ich dir das Geld im Voraus geben. Damit du's hast, wenn du es brauchst.«

Klingt nicht besonders clever, oder? Ein Mann, der sich um die Finanzen seines Bruders Sorgen macht und ihm plötzlich eine größere Summe vorschießen will. Doch er hat nicht ganz unrecht. Wenn William den Wagen verkauft, wird er nicht wissen, auf welches Konto er das Geld einzahlen soll. So ist es praktischer, aber Calum hat kein gutes Gefühl dabei. Er weiß genau, was William tun wird. Er wird viel mehr Geld auf das Konto einzahlen, als er mit dem Verkauf des Wagens verdienen kann. Er liebt Calum und will, dass das neue Leben seines Bruders gelingt. Schließlich hat er ihn mit dem alten Leben bekannt gemacht. Und er ist sein großer Bruder. Trotz allem, was Calum in seinem Leben getan hat, fällt es ihm schwer, dem Menschen zu widersprechen, mit dem er zusammen aufgewachsen ist. Dem er insgeheim nachzueifern versuchte.

»Was hältst du davon: Die Hälfte des Geldes zahlst du jetzt ein und die andere Hälfte, wenn du den Wagen verkauft hast? Ich schreib dir, wohin du das Geld überweisen sollst.«

William blickt ihn mit einer Mischung aus Ungläubigkeit und Gekränktsein an. »Was soll das bringen? Das hier ist kein normaler Job. Du gehörst zur Familie. Ich zahle es jetzt ein. Und wenn ich den Wagen verkaufe, behalte ich einfach das Geld. Scheiße, vielleicht mach ich sogar auf deine Kosten Gewinn.«

Calum lächelt. »Du denkst, du kannst Gewinn machen, was? Wie viel willst du mir dafür geben, und wie viel glaubst du, beim Verkauf wieder reinzukriegen?«, fragt er. Er hat beim Reden seine falschen Angaben für den Flug eingetragen und klickt auf Bestätigen, um zu bezahlen.

William verhält sich, als wollte er einen Kunden übers Ohr hauen. Das dürfte bei Calum nicht klappen, aber einen Versuch ist es wert. Normalerweise berechnet er den Leuten zu viel, nicht zu wenig. Das hier ist neu. »Tja«, sagt er und überlegt, wie viel er Calum zusätzlich geben kann, ohne dass es zum Streit kommt. »Ich denke, ich gebe dir dreitausend. So viel dürfte ich ungefähr für den Wagen kriegen.«

»Tatsächlich?«, sagt Calum. »Weißt du noch, was du gesagt hast, als ich am Dienstag hier aufgetaucht bin? Anderthalbtausend, wenn ich Glück hab. Und du hast von Unkosten gesprochen. Auf einmal sind's dreitausend, und von Unkosten ist keine Rede mehr.«

William wird langsam sauer. Er kann's nicht leiden, wenn Calum so überheblich ist. »Okay, gut – du willst es nicht anders. Du kannst von Glück sagen, wenn du für den Wagen anderthalbtausend kriegst«, sagt er in aggressivem, lautem Ton. »Es hat mich etwa dreihundert gekostet, die verdammte Karre verkehrssicher zu machen, bleiben also zwölfhundert. Aber ich sag dir eins: Wenn ich beschließe, dreitausend auf das verdammte Konto einzuzahlen, dann tu ich das auch. Und ich glaube nicht, dass du dagegen was tun kannst, Mr. Unsichtbar. Also nimm, was ich dir gebe. Eines Tages wirst du dafür vielleicht ziemlich dankbar sein.« Eine Pause tritt ein. William immer noch wütend, Calum verlegen. »Und wenn du dich wie ein totaler Idiot aufführen willst«, fährt William leiser fort, »dann kannst du's mir ja zurückzahlen, sobald du dich irgendwo eingelebt hast. Okay?«

Calum nickt und stellt den Laptop beiseite. »Hör mal, so war das nicht gemeint. Ich bin dir wirklich dankbar. Ich will bloß nicht, dass du meinetwegen Verlust machst. Und ich will dich nicht in die Lage bringen, dass du nicht erklären kannst, was du mit dem Geld angefangen hast. Ich nehme es und bin dir dankbar dafür. Und wenn ich kann, zahle ich's dir zurück, weil ich nun mal ein totaler Idiot bin.« Das bringt William zum Lachen und entspannt die Situation.

William tritt ans Fenster und blickt raus in den Regen. Er hat eine Tasse Tee in der Hand. Er hat sein Sandwich gegessen und will mal in der Werkstatt vorbeischauen. In letzter Zeit war er ziemlich nachlässig. Muss sich mal blicken lassen, niemand soll eine Änderung seines Alltags bemerken.

»Glaubst du, dass die irgendwo da draußen sind und dich suchen?«, fragt William. Das erste Mal, dass er von den Leuten spricht, die nach Calum suchen könnten. Er denkt ständig an sie.

»Nein«, sagt Calum. »Noch nicht. Sie rechnen noch nicht damit, von mir zu hören. Sie dürften nicht auf den Gedanken kommen, dass irgendwas nicht stimmt. Zumindest nicht innerhalb der nächsten Woche.« Und sie dürften beschäftigt sein. Sehr beschäftigt. Damit, Shug eine Falle zu stellen. Gegen ihn vorzugehen. Calum kennt den ungefähren Plan. Den Bullen dazu bringen, dass er ihnen die Arbeit abnimmt. Sie dürften zu viel damit zu tun haben, gegen ihre Feinde vorzugehen, als dass sie sich um ihre Freunde kümmern.

27

Viele Leute wollen mit Peter Jamieson sprechen. Kein Wunder. Nichts Neues. Aber kaum jemand dringt zu ihm vor. Es sei denn, Jamieson kennt ihn schon. John Young ist für die Auswahl zuständig. Die Topleute – die, von denen sie wissen, dass sie wichtig sind – lässt er zu ihm. Aber nur ganz wenige. Dann kommt die nächsttiefere Ebene. Interessante Leute, denen sie noch nie begegnet sind. Die was Hörenswertes zu sagen haben könnten. Die sprechen mit Young. Von denen gibt's ein paar, aber nicht besonders viele. Höchsten drei oder vier pro Woche. Und die Hälfte davon darf danach zu Jamieson. Die meisten, die zu ihm wollen, scheitern bereits an der ersten Hürde. Sie wollen ein Gespräch mit dem Boss, sind aber nicht mal so interessant, dass ein Gespräch mit seiner rechten Hand zustande kommt. Gewöhnlich über zwanzig Leute pro Woche. Sie müssen mit jemandem vorliebnehmen, der in der Hierarchie viel weiter unten steht. Friss, Vogel, oder stirb.

In einer Woche wie dieser kriegt niemand den Boss zu

sehen. Wie allgemein aufgefallen sein dürfte, hat Jamieson viel zu tun. Und Young auch. Trotzdem wirft er einen kurzen Blick auf ein paar Namen. Etliche Leute, die in den letzten Tagen Kontakt aufgenommen haben. Normalerweise wenden sich diese Leute an einen seiner Untergebenen. Der gibt die Nachricht nach oben weiter. Ein Typ, der glaubt, er hätte eine gute Geschäftsidee. Haben wir die nicht alle? Mein Gott, der Berg von Scheißideen, den Young durchackern muss. Meistens Phantasten. In einer so hektischen Woche kann er sich unmöglich die Zeit nehmen, diesen Kerl zu treffen. Das muss einer seiner Leute übernehmen. Doch ein anderer ist interessant. Barry Fairly. Hat sich an Marty Jones gewendet. Und Marty hat Kevin Currie verständigt, einen von Jamiesons wichtigen Leuten. Currie, der sehr profitable Geschäfte mit steuerfreien Zigaretten und Alkohol betreibt, hat es dringend genannt. Er hat gesagt, dass Fairly eventuell Informationen über einen Mitarbeiter hat. Aber nicht verraten will, um wen es geht. Fairly ist Passfälscher. Das macht ihn interessant. Auch dass die Nachricht von Currie kommt, ist von Bedeutung. Er kann selbstständig denken. Regelt seine Sachen meistens allein. Zahlt Jamieson stets seinen Anteil und baut seine Geschäfte aus. Wenn so jemand sagt, es ist dringend, dann stimmt das auch.

Young hat mit Currie telefoniert. Currie hat ihn vorgewarnt. Marty Jones hat was mit der Sache zu tun. Er hat ihn nicht bloß informiert, sondern will auch bei dem Gespräch dabei sein. Young hat das seufzend hingenommen. Hat Currie aufgefordert, Marty und Fairly in den Club zu schicken. Dürfte interessant sein zu erfahren, wer sich bei ihm einen Ausweis besorgt hat. Vielleicht irgendein unbedeutender Idiot. Aber vielleicht auch ein wertvoller Idiot, der zu Dummheiten neigt. Currie ist ein Menschenkenner. Und Fairly scheint ein zuverlässiger Mann zu sein. Marty ist eine verdammte Nervensäge, aber das muss ja nicht heißen, dass er sich irrt. Schon eine Stunde später streckt der Barkeeper den Kopf zur Tür rein. Herrgott, er kann sich seinen Namen einfach nicht merken. Deshalb finden viele Leute Young nicht besonders nett. Er ist zu unpersönlich. Jamieson hätte sich den Namen längst eingeprägt.

»Da sind zwei Leute, die mit Ihnen sprechen wollen. Barry Fairly und Marty Jones.«

»Schicken Sie sie rein, danke«, sagt Young. Er legt Wert darauf, sich zu bedanken. Es wäre schön, so beliebt zu sein wie Jamieson. Das gesamte Personal schwärmt von Jamieson. Ein Charmeur. Großzügig und sympathisch. Und alle zeigen ganz deutlich, dass es ihnen mit Young anders geht.

Fairly tritt ein. Er wirkt unsicher. Kommt mit ausgestreckter Hand auf Young zu. Begeisterter Händedruck. Schweißnasse Hand, aber das wird Young nicht ansprechen. Keine besonders eindrucksvolle Erscheinung. Auch das wird er nicht ansprechen. Marty ist die ganze Zeit dicht hinter ihm. Ein gerissen aussehender Scheißkerl. Zu selbstbewusst. Young schüttelt rasch seine trockene Hand.

»Nehmt euch zwei Stühle«, sagt Young und setzt sich aufs Sofa.

Sie folgen seiner Aufforderung. Fairly wirkt nervös. Man sollte meinen, dass jemand mit seinem Ruf solche Treffen gewohnt ist. Fairly ist in der Branche bekannt. Für sein Können geachtet. Er hat schon für viele Leute gearbeitet. Er holt sich einen Stuhl und setzt sich vors Sofa.

Die Hände auf den Knien, den Blick auf Young gerichtet. So machen es alle. Sitzen da und starren Young an. Warten darauf, dass er was sagt. Sie machen einen Termin, weil sie was zu sagen haben, erwarten aber, dass Young das Gespräch eröffnet. Haben meistens Angst, ohne Erlaubnis zu reden. Sogar jemand mit Fairlys Erfahrung glaubt diesen Unsinn. Sprich nur, wenn man dich dazu auffordert. Sonst könnten dem großen bösen Gangster die Sicherungen durchbrennen. Als könnten Spinner, die nicht ertragen, dass Leute mit ihnen reden, in diesem Geschäft überleben. Doch Marty hat dieses Problem nicht. Er setzt sich neben Fairly und plappert sofort los.

»Das hier wird dich bestimmt interessieren, John«, sagt er voller Zuversicht.

Young blickt ihn an. Es gefällt ihm nicht, dass Marty mit ihm redet, als wären sie beste Freunde. Das sind sie nicht. Waren sie nicht und werden sie auch nie sein. Selbst als Marty noch gut angeschrieben war, wurde er eher geduldet als gern gesehen. »Red weiter.«

»Ich hab Barry eins meiner Büros für seine Geschäfte zur Verfügung gestellt. Da können Leute ihre Sachen abholen und so«, sagt Marty. Er erklärt nicht, was Fairly macht, denn das dürfte Young schon wissen. Young weiß das meiste schon. »Neulich begegne ich da zufällig einem Mann, der grade aus dem Büro kommt. Ich gehe rein. Frage Barry nach ihm. Und Barry sagt mir, wer er ist. Ich bitte ihn, mir die Kopie zu zeigen, will mir das Foto ansehen. Und häng mich sofort ans Telefon, um dich anzurufen. Ohne Umschweife, John. Es ging niemand ran. Aber ich wusste, dass es wichtig ist, also hab ich versucht, dich über Kevin zu kontaktieren.«

Marty hält inne. Er sieht Young lächelnd an. Wartet auf

die Bemerkung, dass er gute Arbeit geleistet hat. Young verzieht das Gesicht. Beugt sich vor und blickt auf den Boden.

»Ihr habt mir immer noch nicht gesagt, worum's überhaupt geht. Barry, stimmt's?«

»Ja«, sagt Fairly. Scheint immer noch Angst zu haben.

»Wer war der Mann?«

»Er heißt William MacLean. Wissen Sie, die Werkstattbranche ist gerade im Umbruch, und ich muss aufpassen, dass ich da nicht den Anschluss verliere. Also, dieser Typ hat eine Werkstatt. Er wollte Papiere haben. Keine große Sache. Sonst hätte ich ihn nicht ins Haus gelassen. Aber es schien alles legal zu sein.«

Marty fällt es auf. Kein Zeichen des Erkennens, als Barry Williams Namen erwähnt. »Ich hab eine Kopie des Passes, den er hat machen lassen«, sagt Marty und zieht sie mit triumphierendem Blick aus der Tasche.

Marty reicht ihm die Kopien von Pass und Führerschein. Das Wichtige ist das Bild. Young sieht es sich an. Das ist Calum. Nicht der Calum von heute. Das Foto dürfte zwei, drei Jahre alt sein. Aber eindeutig Calum. Oder Donald Tompkin, wie's in dem Pass steht. Young sagt nichts. Er sitzt auf dem Sofa und hält den Pass ein bisschen zu fest. Denkt nach. Es gibt Gründe, warum sich jemand aus dem Geschäft einen falschen Ausweis besorgt. Manchmal braucht man so was für einen Auftrag. Aber keinen Pass. Führerschein vielleicht, aber keinen Pass. Vielleicht will Calum bloß mal ins Ausland. Urlaub machen. Nicht unmöglich. Vielleicht hat er Angst, dass die Polizei ihn auf dem Radar hat und will sich der Aufmerksamkeit entziehen. Nee. Es gibt im Geschäft durchaus Leute, die so dumm wären. Leute, die für so was Belangloses wie einen

Urlaub die lächerlichsten Dinge auf sich nehmen. Aber nicht Calum. Zu intelligent. Er würde zu Hause Urlaub machen.

Young denkt weiter nach. Aber da ist nichts zu überlegen. Es gibt nur eine Erklärung. Die einem sofort ins Auge springt. Jamieson hat's doch gesagt. Er hat es beim Namen genannt. Calum ist unzufrieden bei ihnen. Hat sich nicht eingewöhnt. Er hatte eine Reihe schwieriger Jobs. Zu viele in zu kurzer Zeit. Er will weg. Er haut ab. Eine andere Schlussfolgerung gibt es nicht. Ihr einziger Killer haut ab. Plötzlich fällt ihm wieder ein, dass Marty Jones und Barry Fairly ihm gegenübersitzen und ihn anstarren.

»Okay, ist gut«, sagt Young. Er steht auf, bringt sie zur Tür. »Gut, dass ihr gekommen seid, aber das wusste ich schon. Es geht um einen Auftrag, also zu keinem ein Wort. Trotzdem danke, dass ihr gekommen seid, das werde ich nicht vergessen.« Und das wird er auch nicht. Er wird nicht vergessen, dass Fairly die Information schon zwei Tage hatte, ohne etwas zu unternehmen. »Gut gemacht, Marty«, sagt Young und schließt die Tür hinter ihnen. Das sagt er nur ungern, aber es stimmt. Marty hat bei ihnen wieder einen Stein im Brett. Young muss dringend Jamieson Bescheid sagen.

28

Es war kein besonders langes Gespräch. So kurz wie die Dringlichkeit es erforderte. Jamieson kommt im Laufschritt ins Büro.

»Sind wir sicher, dass es Calum ist?«, fragt er. Überflüssigerweise.

»Hier ist die Kopie.«

Jamieson betrachtet sie. Runzelt die Stirn. Er hat's gewusst. Das macht ihn wahnsinnig wütend. Er wusste, dass Calum unzufrieden war. Dass es ihm nicht gefiel, Teil einer Organisation zu sein. Sein Gespür hat ihm gesagt, dass sie mehr unternehmen müssten, um den Jungen zufriedenzustellen. Ihn davon überzeugen, dass es für ihn das Richtige ist. Frank hat sich bei ihnen wohlgefühlt; er hatte kein Interesse, allein zu arbeiten. Das hat es Jamieson leicht gemacht. Keine Überzeugungsarbeit vonnöten. Als Calum bei ihnen anfing, kannte er bloß das Leben eines Freischaffenden. Es bestand immer die Möglichkeit, dass es nicht funktionieren würde. Solange Jamieson das Problem früh genug erkannte, konnte er was dagegen tun.

Und er hat es erkannt. Wusste es die ganze Zeit. Doch er hat nichts unternommen.

»Wie lange hat er die Sachen schon?«, fragt Jamieson. Die wichtigste Frage.

»Sein Bruder hat sie heute früh abgeholt. Also, ich weiß nicht ... ein paar Stunden. Er könnte längst über alle Berge sein.«

Jamieson nickt. Überlegt. Was würde er an Calums Stelle tun? Wahrscheinlich noch heute aus der Stadt verschwinden. Auch wenn's nicht weit ist. Vielleicht Edinburgh, und von da das Land verlassen. Das würde passen. Wie schnell könnte er sich auf den Weg machen? Vielleicht ist er schon weg. Sein Bruder ist der Schlüssel. Offenbar hat er Calum geholfen. Er hat ihm den Ausweis besorgt. Calum würde sich auf niemand anderen verlassen. Auf seinen Bruder, und nur seinen Bruder. Also dürfte er bei ihm wohnen.

»Wir müssen zu seinem Bruder fahren«, sagt Jamieson. »Sein Haus beobachten lassen. Nicht reingehen. Noch nicht. Nicht, ehe wir Bescheid wissen. Wenn der Bruder eine Werkstatt hat, ist er vielleicht dort. Das sollten wir überprüfen. Wen haben wir, der rausfinden kann, ob auf seinen Namen ein Flug gebucht wurde?«, fragt er. »Auf Donald Tompkin.« Er spricht den Namen voller Verachtung aus.

Young denkt nach. »Ich schicke jemanden los, der das Haus überwacht. Zur Werkstatt fahre ich selbst, falls der Bruder da ist. Könnte sich lohnen, sich mal mit ihm zu unterhalten. Erst mal auf die freundliche Tour; mal sehen, ob ich ihn nicht überzeugen kann, mir sein Herz auszuschütten. Vielleicht nehme ich jemanden mit.«

Jamieson seufzt. Das heißt, Young will hin und William

windelweich prügeln. Dann stünde die Wut seinem Urteilsvermögen im Weg.

»Erst mal sehen, ob wir rausfinden, wo Calum ist«, sagt Jamieson. »Vielleicht kann ich mich mit ihm unterhalten. Und die Flugtickets ... kümmere dich um die Tickets.«

Young nickt. »Am besten wär jemand bei der Polizei. Ich kontaktiere einen verlässlichen Mann. Mal sehen, was er rausfinden kann. Ich überprüfe Calums Wohnung. Und schicke jemanden zum Haus seines Bruders. Das ist die Hauptsache.«

»Hmm«, sagt Jamieson. Nicht für ihn. Für ihn ist die Hauptsache, dass er einen weiteren Killer verlieren könnte. Dann bleibt nur noch Hutton. Ein Mann, über dessen berufliche Fähigkeiten er nichts weiß. Er hat Hutton bloß als jemanden kennengelernt, der es meisterhaft versteht, sich vor seiner Arbeit zu drücken.

Young verlässt das Büro, hat das Handy am Ohr. Die Aufregung des Augenblicks. Die Wut über den Verrat. All das trübt sein Urteil. Für die Beobachtung des Hauses muss er einen geschickten Mann finden. Er ruft George an. Hört die Enttäuschung in seiner Stimme.

»Williams Haus überwachen? Warum? Was hat er getan? Vielleicht solltest du erst mal mit Calum sprechen.«

»Du sollst nach Calum Ausschau halten. Geh nicht rein. Sie dürfen nicht wissen, dass du da bist. Halt einfach nach ihm die Augen offen.«

»Calum«, sagt George. Er sagt nicht nein. Das geht nicht. Das ist unmöglich. Doch offenbar sträubt er sich. Und Young soll es hören. Der Boss soll wissen, dass George von diesem Auftrag nichts hält. Dass er Calum vertraut. Eine leere Geste, auf die er trotzdem nicht verzichtet.

In seinem eigenen, selten benutzten Büro öffnet Young

eine verschlossene Schublade. Sucht den Schlüsselbund und den Schlüssel zu Calums Wohnung. Handschuhe aus einem Karton im Lagerraum. Er verlässt den Club und steigt in den Wagen. Fährt zur Wohnung. Weiß bereits, was er finden wird. Ist trotzdem die Mühe wert, wenn es so einfach ist. Er kann die Tür aufschließen und sich umschauen. Er parkt und geht die Treppe zu Calums Wohnung rauf. Niemand zu sehen. Er klopft, nur zur Sicherheit. Keine Reaktion. Natürlich nicht. Er zieht die Handschuhe an und schiebt den Schlüssel ins Schloss. Geht schnell rein und schließt die Tür. Absolute Sorgfalt. So oder so wird Calum verschwinden. Entweder so, wie er's vorhat, oder so, wie Jamieson es befiehlt. Ein Nachbar könnte ihn als vermisst melden. Die Polizei fängt an rumzuschnüffeln. Sie findet raus, dass jemand gesehen hat, wie ein Mann die Wohnung betreten hat nach Calums Verschwinden. Der Mann hatte einen Schlüssel. Das würde die Neugier der Polizei wecken. Young muss unsichtbar sein.

Die Wohnung sieht ganz normal aus. Keine Anzeichen für Probleme. Keine umgekippten Möbel oder geleerten Schubladen. Sieht aus wie eine Wohnung, in die jemand zurückkehren will. Auf dem Tisch liegt ein Handy. Daran leuchtet ein grünes Lämpchen. Vermutlich wegen verpasster Nachrichten. Wie lange ist er schon weg? Er hat den Auftrag erledigt. Das weiß Young. Mein Gott, seit jener Nacht! So muss es sein. Er hat die Morde an Hardy und Kenny als Tarnung für seine Flucht benutzt. Kaltblütiger Scheißkerl. Brachte die beiden dort raus, erledigte den Auftrag und fuhr dann zu seinem Bruder. Wusste, dass Jamieson frühestens in einer Woche damit rechnen würde, von ihm zu hören. Cleverer Mistkerl. Ein Portemonnaie auf der Küchentheke. Okay, das ist überzeugend.

Calum hat gewusst, was er tut. Young geht ins Schlafzimmer. Zieht die Schranktür auf. Sieht voll aus. Hat nichts zu bedeuten. Er könnte sich Kleidung von seinem Bruder leihen. Sein Bruder könnte ihm auch was Neues besorgt haben. Er geht zurück ins Wohnzimmer, zum Schreibtisch. Zieht die Schublade raus. Darin liegt ein Pass. Ein Scheckheft. Wieder in der Küche, öffnet er das Portemonnaie. Zwei Bankkarten. Ein bisschen Bargeld.

Young steht im Zimmer und betrachtet die Briefe, die an der Wohnungstür auf dem Boden liegen. Falls Calum abgehauen ist, hat er seine Sache gut gemacht. Hat jede Spur verwischt. Hätte er keinen neuen Ausweis gebraucht, wäre er davongekommen. Aber es ist überzeugend. So überzeugend, dass Young innehält und überlegt. Vielleicht haut er ja gar nicht ab. Vielleicht ist er tot. Vielleicht ist er bei dem Job ums Leben gekommen. Vielleicht ist nicht Calum derjenige, der was im Schilde führt, sondern sein Bruder. Sein Bruder findet raus, dass Calum tot ist, und heckt einen dummen Plan aus, um daraus Kapital zu schlagen. Nein. So sind sie nicht. William würde das nicht tun. Calum ist abgehauen. Anders kann's nicht sein. Young verlässt die Wohnung und geht zu seinem Wagen. Er ruft George an.

»Irgendein Lebenszeichen bei seinem Bruder?«

»Nein, nichts«, sagt George. »Ich bin aber erst zwanzig Minuten hier.«

Er könnte woanders sein. Nein, wenn Calum noch in der Stadt ist, dann bei seinem Bruder. Er würde nicht riskieren, woanders hinzugehen. Falls er noch da ist.

Young fährt zu Williams Werkstatt. Er weiß nicht, was er dem Bruder sagen soll. Für Floskeln ist keine Zeit. Jamieson hat gesagt, dass er mit Calum reden will, wenn sich die Möglichkeit dazu bietet. Reines Wunschdenken. Dazu wird es nicht kommen. Young muss rausfinden, was los ist. Wenn der Bruder es ihm nicht freiwillig erzählt, wird er nachhelfen. Für die sanfte Tour hat er zu wenig Zeit. Er biegt in die Straße, in der Williams Werkstatt ist. Findet eine Parklücke. Geht die Straße lang und betritt die Werkstatt. Zwei Leute, die an einem Wagen arbeiten. Sie scheinen ziemlich durcheinander zu sein. Auf keinen der beiden passt die Beschreibung von William MacLean. Der eine zu jung, der andere zu alt. Und hinten im Büro ist niemand zu sehen.

»Ich suche William MacLean. Ist er da?«, fragt Young. Es muss beiläufig klingen. Er darf ihnen keinen Grund geben, panisch zu werden.

»Nee, den haben Sie knapp verpasst. Ist grade weg«, sagt der ältere Mechaniker. »Kann ich Ihnen helfen?«

Young sieht auf seine Uhr. »Halb fünf. Hört er immer schon um halb fünf auf?«

Der Ältere zuckt mit den Schultern. »Nein, er ist ein Malocher«, sagt er zurückhaltend. Er mag seinen Chef. »Heute ist er früher gegangen.«

»Ist diese Woche ziemlich oft vorgekommen«, sagt der Jüngere und verstummt, als er den Blick seines älteren Kollegen sieht.

Young bleibt nicht. Er hat William knapp verpasst. Das kann im Mechaniker-Jargon alles Mögliche heißen. Als sein Wagen das letzte Mal in der Werkstatt war, hieß es, der TÜV würde nicht viel kosten. Doch die Reparatur hat zwei Tage gedauert und sechshundert Pfund gekostet. Auf dem Rückweg zum Wagen klingelt sein Handy.

»William ist gerade heimgekommen«, sagt George. Er klingt nicht besonders glücklich. Noch jemand, der mit seiner Arbeit unzufrieden ist, denkt Young. Den sie im Auge behalten sollten.

»Behalte weiter das Haus im Auge«, sagt Young. »Gib mir Bescheid, wenn jemand kommt oder geht.« Er legt auf. Denkt nach. Wenn Calum noch in der Stadt ist, dann im Haus seines Bruders. George muss vorerst dableiben. Young hat noch was zu erledigen.

29

Sie sitzen schweigend da. Nicht mehr in beklommenem Schweigen, einfach nur schweigend. Brüder, die sich nichts mehr zu sagen haben. Es herrscht Nervosität. Nervosität und Schuldgefühle und alles mögliche andere. Es gäbe viel zu sagen, aber sie wollen nicht. Sie tun alles völlig mechanisch. Calum guckt Fernsehen. Er weiß, wenn er sich in einigen Monaten irgendwo eingelebt hat und nicht mehr mit William sprechen kann, wird er das bereuen. Bereuen, dass er nichts von dem gesagt hat, was ihm durch den Kopf ging. Doch diese Reue bringt ihn nicht dazu, es jetzt auszusprechen. Zu sagen, dass er seinen Bruder liebt. William zu sagen, wie dankbar er ihm für das hier ist. Für die ganze Unterstützung, die er im Lauf der Jahre von ihm gekriegt hat. Ihm zu sagen, dass er sich nicht schuldig zu fühlen braucht. Nee, das würde er auf keinen Fall sagen. Er weiß, dass Williams Angst um Calum hauptsächlich auf Schuldgefühlen beruht. Vielleicht weiß William das nicht mal selbst. Also wird Calum nichts sagen.

Es muss jetzt mehr als elf Jahre her sein. William hat damals seit ungefähr einem Jahr in der Werkstatt gearbeitet. Bloß ein Mechaniker, der sein Handwerk lernte. Damals war er noch nicht der Besitzer. Doch er kannte sich gut genug aus, um zu wissen, dass sein Chef ein Ganove war. In der Werkstatt lungerte eine Menge zwielichtiger Typen rum. William störte das nicht. Er reparierte Autos. Spritzte sie manchmal um. Alle Jubeljahre gab man ihm einen Wagen, der komplett überholt werden musste. An dem jedes Erkennungsmerkmal verändert werden musste. Nur ein Job, der sich auszahlt. Er stellte keine Fragen, also wusste er nichts Belastendes. Hin und wieder kam Calum in die Werkstatt, holte William von der Arbeit ab. Dann hing er rum und unterhielt sich mit den Leuten. Das machte William nichts aus. Calum redete mit einer Menge Mistkerlen. Na und? Damals war er mit seinem kleinen Bruder sowieso nicht besonders eng.

Da war jemand namens Greg Lacock. Ein Typ mittleren Alters. Korpulent, hielt sich aber für den Traum aller Frauen. Trieb sich damals oft in der Werkstatt rum. Er und der Besitzer Alasdair Marston waren befreundet. Gingen viel zusammen auf Partys. Machten sich ein schönes Leben. Und irgendwann auf der Heimfahrt sagt Calum, Lacock habe ihm einen Job angeboten.

»Nichts Besonderes, aber es könnte mehr daraus werden«, sagte Calum. William widersprach nicht. Lacock war Dealer, das wusste jeder. Die Jobs würden beschissen sein. Ihn durch die Gegend fahren, oder so. Wenn Lacock bereit war, Calum dafür zu bezahlen, nun gut. Hätte William damals bloß was gesagt. Hätte er doch bloß einen Einwand gehabt. Tja, man kann halt nicht in die Zukunft blicken. Nicht wissen, wo so was hinführt.

Es fing ganz klein an. Fahren. Sachen abholen. Dann wurde es langsam größer. Lacock baute seine Geschäfte aus. Viele Leute nahmen ihn nicht ernst, aber das war ein Fehler. Ein großmäuliger Partygänger. Ein Typ in den Vierzigern, der's nie zu was gebracht hatte. Kein Grund, ihn ernst zu nehmen. Doch er war nicht bloß ein Großmaul. Er arbeitete drauflos und hielt seine Schritte geheim. Und er expandierte. Und wurde wichtiger. Calum sah all das aus nächster Nähe. Erwähnte es ein paarmal gegenüber William. Doch William reagierte nicht. Dann war da noch ein Typ namens Stan Austin. Den kannte William schon seit der Schule. Austin arbeitete für Lacock. Calum weiß nicht mehr genau, weshalb Lacock damals wütend war. Er hatte ihn nicht bestohlen. Bloß für jemand anderen gearbeitet, um ein bisschen dazuzuverdienen. Was Triviales. Lacock duldete das nicht. Schien es für eine Frage des Respekts zu halten. Er schickte jemanden los, der Austin verprügeln sollte. Der leistete gründliche Arbeit.

Ein paar Tage nach seiner Entlassung aus dem Krankenhaus kam Austin in die Werkstatt, um mit William zu sprechen. Sah nach einem Freundschaftsbesuch aus. War's aber nicht. Es war eine Warnung. Du musst deinen kleinen Bruder unter Kontrolle bringen. Er war es, der Austin verprügelt hatte. William wollte es erst nicht glauben. Calum war kein knallharter Typ. Kein Kämpfer.

»Er ist ein kaltblütiger Scheißkerl«, sagte Austin. »Regle das, sonst guckt er sich bald die Radieschen von unten an. Lacock ist verrückt. Den wird bald jemand ausbremsen. Dann reißt er alle mit in den Abgrund.«

Also fuhr William, der grade ausgezogen war, zu seinem Elternhaus, um mit Calum zu reden. Ihn zu warnen. Calum blieb ruhig. Er leugnete es, aber nicht besonders energisch. William wusste Bescheid. Sein kleiner Bruder war ein Mann fürs Grobe. Ein echter Witz. Calum war nicht taff genug. Das sagte ihm William auch. Er sagte, dass er sich damit übernehme.

Der Nächste war David Kirkpatrick. Calum erinnert sich noch an die Nacht. Lacock rief an und sagte, er solle zu ihm kommen. Erzählte, dass Kirkpatrick sie aus dem Weg räumen wolle. Sie alle hinter Gitter bringen. Kirkpatrick war Dealer. Noch so ein Drecksack.

»Er hat uns in die Scheiße geritten. Wir müssen ihn zum Schweigen bringen. Du musst das erledigen, Calum. Sonst gehst du mit mir unter. Das willst du nicht. Wir müssen ihn uns schnappen.«

Calum saß seelenruhig da. »Okay« war alles, was er sagte. Er wusste, was Lacock von ihm verlangte. Es schien kein besonders großer Schritt zu sein.

»Guter Junge«, sagte Lacock grinsend. Er war erleichtert – das sah man ihm an. Er hatte Angst vor Kirkpatrick. Der Grund, den er nannte, war wahrscheinlich gelogen, doch Angst hatte er tatsächlich. Er gab Calum ein Messer. Sagte ihm, wo Kirkpatrick war. Der betrank sich in einem beschissenen Pub. Calum sollte ihm folgen. Den Auftrag erledigen. Am selben Abend. Ohne große Vorbereitung. So sei es am besten, sagte Lacock.

Die Gegend um den Pub war ruhig. Calum konnte nicht reingehen. Er durfte nicht in Kirkpatricks Nähe gesehen werden. Also wartete er draußen. Gegenüber von einem kleinen Parkplatz, hinter einer Mauer. Jedes Mal, wenn ein Wagen vorbeifuhr, duckte er sich. Den ganzen Abend pisste es. Er kann sich noch mühelos an alles erinnern. Die Feuchtigkeit. Die Leute, die den Pub betraten und verließen. Doch von Kirkpatrick keine Spur. Als er schließlich rauskam, war es zwanzig nach zwölf. Das wird Calum nie vergessen. Zwanzig nach zwölf. Kirkpatrick und zwei andere Männer. Einer verabschiedete sich von den beiden anderen. Wankte über die Straße und torkelte den Gehsteig lang, bis er nicht mehr zu sehen war. Kirkpatrick und der andere Typ gingen in die andere Richtung. Calum beobachtete sie. Wartete. Sonst niemand auf der Straße. Nur vereinzelte Autos. Er musste den richtigen Moment abwarten. Kirkpatrick folgen, bis er allein war. Aber was, wenn er nicht allein sein würde? Calum wusste nicht, ob Kirkpatrick verheiratet war. Wo er wohnte. Mit wem er zusammenlebte. Ihm dämmerte, wie gefährlich seine Unwissenheit war.

Er trat hinter der Mauer hervor. Ließ ihnen genügend Vorsprung und verfolgte sie. Sie unterhielten sich laut. Das weiß er noch. Er konnte nicht verstehen, was sie sagten. Hörte bloß ihre Stimmen. Zwei Betrunkene, die nachts rumschwadronierten. Ein Taxi kam die Straße lang. Der andere Mann winkte es heran. Es hielt. Calum sah, wie er Kirkpatrick zu überreden versuchte mitzukommen. Doch Kirkpatrick wollte nicht. Sein Freund stieg ein, das Taxi fuhr los. Calum musste weitergehen. Er kam Kirkpatrick gefährlich nahe. Als der Taxifahrer die Straße lang fuhr, muss er ihn gesehen haben. Der Freund war zu besoffen, aber der Fahrer hatte ihn bestimmt gesehen. Wenn, dann hat er's für sich behalten. Jetzt waren nur noch Kirkpatrick und Calum auf der Straße. An die Gebäude kann er sich nicht mehr genau erinnern. Geschlossene Läden. Backsteinmauern. Alles dunkel und still. Keine Wohnhäuser, das weiß er noch. Kirkpatrick wurde langsamer. Brummte vor sich hin. Blickte nach links und rechts. Entdeckte eine breite Gasse zwischen zwei Gebäuden. Torkelte darauf zu. Kirkpatrick war zu langsam. Calum blieb nichts anderes übrig, als an ihm vorbeizugehen.

Im Weitergehen blickte er über die Schulter. Kirkpatrick verschwand in der Gasse. Scheiße, was hat er vor? Calum hatte die Situation nicht mehr unter Kontrolle. Ganz und gar nicht. Er schob die Hand in die Tasche, spürte den Griff des Messers. Kehrte um. Sonst niemand auf der Straße. Keine Autos. Vielleicht war Kirkpatrick gar nicht so betrunken. Vielleicht lauerte er ihm auf, eine Waffe in der Hand. Nein. Er stand mit dem Gesicht zur Mauer da. Fummelte an seiner Hose rum. Hörte nicht, wie Calum sich näherte. Stand da und pinkelte vergnügt an die Mauer. Calum trat lautlos hinter ihn. Ohne zu zögern. Um es zu Ende zu bringen. Er zog das Messer aus der Tasche. Rammte es ihm geradezu in den Körper. Dann nochmal, in den Rücken. Kirkpatrick kippte nach vorn. Stieß an die Mauer. Fiel wie ein nasser Sack zu Boden. Ein Gewirr aus klatschnassen Armen und Beinen, an die Mauer gesunken. Er musste sterben. Calum hob das Messer. Stieß es ihm seitlich in den Hals. Wenn das nicht reichte, konnte er's auch nicht ändern. Der Drang zu verschwinden. Das Verlangen loszurennen. Doch er tat es nicht. Er steckte das Messer wieder ein. Verließ die Gasse und ging die Straße lang. Zurück zu Lacock, dann nach Hause.

Vieles hatte nicht gestimmt. An dem Mord. An der Situation. Zu viele Fehler. Dass Calum davonkam, war reines Glück. Glück und ein kleines bisschen Urteilsvermögen. In jener Nacht begriff er, wie verrückt Lacock war. Begriff, dass er jede Kontrolle verloren hatte. Calum hat nie wieder für ihn gearbeitet. Verschwand vom Radar. Einen Monat später kam Lacock in den Knast. Wegen harter Drogen. Die Polizei ahnte, dass er hinter dem Mord an

Kirkpatrick steckte, konnte es ihm aber nicht nachweisen. Lacock schwieg. Er wanderte sowieso für sechs Jahre hinter Gitter. William hoffte inständig, dass das Ganze damit überstanden war. Denn er wusste Bescheid. Wusste, dass Calum Kirkpatrick ermordet hatte. Er musste es gewesen sein. Lacock hatte sonst niemanden, der das für ihn erledigen konnte. Es war Calum. Die Zeit verstrich, und es sah aus, als sei Calum nicht mehr im Geschäft. Dann gab es Gerüchte. Calum würde für alle möglichen Leute arbeiten. Freischaffend. Und er sei gut darin. Da begann William sich wieder Sorgen zu machen.

Doch die Schuldgefühle blieben. Calum hatte Lacock in der Werkstatt kennengelernt. William hatte mehrmals die Gelegenheit gehabt, Calum zu warnen. Ihn zum Ausstieg zu zwingen. Doch er hatte alle Gelegenheiten verpasst, weil es ihn nicht richtig interessiert hatte. Er hatte die Probleme nicht kommen sehen. Seinen Bruder falsch eingeschätzt. Ihn für einen zu guten Menschen gehalten, um in so was verstrickt zu sein. Und er hat immer noch Schuldgefühle, weil er nichts unternommen hat. Es jahrelang laufen ließ. Jetzt hat er die Gelegenheit, Calum zu helfen, und wird alles für ihn tun. Ihm die Flucht ermöglichen. Doch William wird es nie offen ansprechen. Er setzt sich mit einer Tasse Tee Calum gegenüber. Sagt kein Wort. Über so was spricht man nicht. Das behält man für sich. In der Hoffnung, dass der andere klug genug ist, selbst dahinterzukommen. Und Calum ist klug genug. Er weiß Bescheid. Es muss nicht ausgesprochen werden. Soll er was zu William sagen? Dass er keine Schuldgefühle zu haben braucht? Dass alles Calums Entscheidung war? Nee. Auch William ist klug genug, das zu wissen.

30

Er schickt eine Nachricht: *Komm SOFORT in die Wohnung.* Hoffentlich sieht das sein Kontaktmann und erscheint rechtzeitig. Hoffentlich hat er da, wo er gerade ist, sein Handy dabei. Young fährt direkt zu der Wohnung. Parkt und geht zum Haus. Er wird zuerst da sein und wie üblich warten. Er überlegt, ob er Jamieson anrufen soll. Um ihm was zu sagen? Dass es keine Fortschritte gibt. Keine Spur von Calum. Das braucht er nicht zu wissen. Ruf ihn an, wenn du was zu berichten hast. Young sitzt da, den Kopf in die Hände gestützt. Nach diesem Treffen wird er wieder zum Club fahren, wo soll er sonst hin? Er kann nichts weiter tun. Man verbringt so viel Zeit damit, die Strippen zu ziehen, und eine kleine Kleinigkeit wirft alles über den Haufen. Er hat so lange gebraucht, um die Sache mit Shug und MacArthur zu planen. Alles war perfekt. Fisher nimmt ihnen das Schwerste ab. Lässt Shug von der Bildfläche verschwinden. Frank hat das Ganze verzögert. Und jetzt könnte Calum alles kaputt machen.

Knapp zwanzig Minuten später klopft es. Young steht

auf und geht zur Tür. Guckt durch den Spion. PC Joseph Higgins. Er wirkt nervös. Sollte er auch. Young kann sich nicht erinnern, den jungen Polizisten schon mal so kurzfristig hergerufen zu haben. Das dürfte ihn verunsichern. Wenn er erfährt, was los ist, wird ihn das noch mehr verunsichern. Calums Flucht könnte alle möglichen Probleme auslösen. Ein Killer auf der Flucht könnte redselig werden, und das ist für jeden gefährlich, der auch nur die geringste Verbindung zur Organisation hat. Young öffnet die Tür und bedeutet Higgins mit einem Kopfnicken reinzukommen. Der Polizist macht schnell. Er versucht, so zu tun, als hätte ihn die Nachricht nicht eingeschüchtert, doch es gelingt ihm nicht. Im Wohnzimmer setzt er sich an seinen üblichen Platz. Young kommt hinter ihm rein. Versucht, so zu tun, als hätte ihn der ganze verdammte Mist nicht mitgenommen, aber das gelingt ihm nicht. Higgins' Nervosität wird noch größer.

»Als ich die Nachricht erhalten habe, hab ich mich sofort auf den Weg gemacht«, sagt Higgins. Er will mit was Positivem beginnen.

»Gut«, sagt Young nickend. »Also, vielleicht ist es keine große Sache«, er bemüht sich vergeblich, locker zu klingen, »aber es geht um Zeit. Darum die Eile. Ich ziehe dich da nur ungern rein, aber du bist der Einzige, dem ich zutraue, das richtig zu machen. Es ist nicht kompliziert. Und für dich kein großes Risiko. Aber ich versichere dir, dass ich deine Hilfe nicht vergessen werde.« Young denkt an das jüngste Schwachsinnsgeschäft, in das er den alten Higgins reingezogen hat. Dafür sorgen, dass sich der Vater verschuldet, und ihm aus der Patsche helfen, damit der Sohn einem immer dankbar ist. Er weiß, dass Higgins junior an dasselbe denkt.

»Okay«, erwidert Higgins.

»Ich muss bloß rausfinden, ob jemand das Land verlassen hat oder nicht. Überprüf mal, ob er einen Flug oder einen Zug gebucht hat. Wir versuchen, jemanden zu erreichen und können ihn nicht ausfindig machen. Um ehrlich zu sein, uns läuft die Zeit davon.«

Higgins nickt. Er weiß, dass er das überprüfen kann. Nicht besonders schwer. Er muss nur wissen, warum.

»Um wen geht's?«

»Donald Tompkin«, sagt Young. »Könnte die Stadt gerade verlassen haben, vielleicht macht er sich auch erst in den nächsten vierundzwanzig Stunden auf.«

Higgins runzelt die Stirn. Von diesem Tompkin hat er noch nie gehört. Er dachte, er würde den Namen kennen. Ein alter Bekannter. Dann könnte er auf dem Revier so tun, als gäbe es Gerüchte, dass es jemand auf den Mann abgesehen hat. Könnte behaupten, dass er ihn sucht. Und wenn der Kerl dann tot aufgefunden wird, kann er sagen, er habe befürchtet, dass er in der Klemme stecke. Habe aber nicht gedacht, dass es so schlimm sei. Könnte ein bisschen fragwürdig aussehen, dass er den Namen allein überprüft hat, doch das ließe sich erklären. Wenn die Polizei den Mann nicht kennt, dürfte das schwieriger sein.

»Donald Tompkin. Kenne ich nicht«, sagt Higgins. Er wird nicht weiter nachhaken. Wenn Young nicht sagen will, wer das ist, dann wird Higgins nicht fragen. »Aber ich kann mal nachsehen.«

Higgins steht auf. Young will, dass es schnell erledigt wird, also tut Higgins eilig. An der Wohnungstür bleibt er nochmal stehen. Ja, verdammt, hat er nicht wenigstens das Recht zu fragen? Hier geht's um seine Karriere. Um seine Sicherheit. Da darf er doch eine Frage stellen. Eine verständliche Frage. Er geht zurück ins Wohnzimmer.

»Besteht die Gefahr, dass dieser Tompkin tot aufgefunden wird?«, fragt er.

Young sieht ihn an. Noch vor ein paar Monaten hätte der Junge das nicht gewagt. Er hätte die Anweisung einfach befolgt. Er hat sich verändert. Wird vielleicht langsam erwachsen. Oder härter. Irgendwann musste das ja passieren. Er hat sich daran gewöhnt, Informant zu sein. Glaubt, er hat das Recht, Fragen zu stellen. Wie lange wird es dauern, bis er so hart wie Paul Greig ist?

»Das ist absolut ausgeschlossen«, sagt Young. »So ist das ganz und gar nicht. Du musst dir keine Sorgen machen.«

Higgins ist gegangen. Er hat gesagt, dass er in den nächsten zwei Stunden anruft. Young hat ihm über Tompkin die Wahrheit gesagt. Jemand, der nicht existiert, kann nicht tot aufgefunden werden. Doch er kann trotzdem deine Karriere zerstören. Wenn er will, kann er alles zerstören. Young lässt Higgins einen Vorsprung. Überlegt sich was anderes. Ruft George an.

»Irgendwas Neues?«

»Nichts. Seit Williams Ankunft ist niemand rausgekommen.« Eine kurze Pause. »Wär's nicht besser, wenn jemand reingeht, rausfindet, was Sache ist?«

Dumme Frage, aus Ungeduld. Aus Loyalität zu Calum. Young ist langsam frustriert. »Bleib, wo du bist, und halt die Augen offen. Wenn jemand kommt oder geht, gib mir Bescheid. Aber mach keinen Unsinn.« Er legt auf. Verlässt die Wohnung und fährt zum Club. Im Wagen zu sitzen und sich auf die Fahrt zu konzentrieren, ist eine Erleichterung.

Er geht die Treppe rauf und durch den Snookersaal. Ein Raum, in dem Jamieson sich in letzter Zeit nicht viel aufgehalten hat. Den Flur runter und ins Büro. Jamieson sitzt an seinem Schreibtisch. Er liest irgendwas und blickt auf, als Young reinkommt. Young durchquert das Zimmer und setzt sich aufs Sofa.

»Gibt's was Neues?«, fragt Jamieson.

»Nichts Brauchbares. Der Bruder hat früher aufgehört zu arbeiten und ist nach Hause gefahren. Er ist jetzt im Haus. Ich lasse es beobachten. Anscheinend hat er diese Woche oft freigemacht. Jemand überprüft die Reisedaten von Donald Tompkin. Ich denke, er ist noch nicht weg. Da bin ich mir fast sicher.«

Jamieson sagt nichts. Young sollte sich nicht so sicher sein. Noch nicht. Nicht wenn sie Gefahr laufen, in der Scheiße zu versinken. Calum ist ein cleverer kleiner Mistkerl. Hat seine Flucht direkt nach einem Job geplant. Speziell diesem Job. Weil er weiß, wie beschäftigt sie sind. Was für eine Schande. So intelligent und kaltblütig – er hätte brillant sein können.

Während sie darauf warten, dass Youngs Handy klingelt, sagt keiner ein Wort. Draußen ist es dunkel. Der Club dürfte sich langsam füllen. Es ist Freitagabend, da dürfte es unten proppenvoll sein. Eine lange, laute Nacht. Die Leute haben keine Ahnung, was sich über ihnen abspielt. Würde sie auch nicht interessieren. Sie wollen sich bloß amüsieren und in Ruhe gelassen werden. Das ist eine wertvolle Lektion, die Jamieson im Lauf der Jahre gelernt hat. Man muss den Leuten ihren Willen lassen, dann reden sie nicht schlecht über einen. Seit Youngs Ankunft sind zwei Stunden verstrichen. Nichts. Das alles dauert länger als erwartet. Vielleicht hat Higgins Probleme. Jamieson sieht Young an, der so tut, als würde er Zeitung lesen. Wie gut kennt Young seine Informanten? Er glaubt, er kann diesem Higgins trauen. Jamieson ist dem Jungen noch nie begegnet. Er muss damit aufhören. So darf er nicht denken. Wenn er das Vertrauen in seine rechte Hand verliert, ist alles im Arsch. Im Moment gibt's genug Leute, denen man misstrauen muss. John Young gehört nicht dazu.

Kurz vor zehn klingelt Youngs Handy. Er guckt aufs Display. Blickt Jamieson an und nickt, bevor er rangeht.

»Hallo. Hm-hmm. Okay. Ausgezeichnet.« Dann legt er auf. Er hat das Gespräch so kurz wie möglich gehalten. »Donald Tompkin ist noch da. Hat für morgen einen Flug nach London gebucht. Fliegt von Edinburgh aus.«

Jamieson runzelt die Stirn. »Er ist vielleicht schon in Edinburgh.«

»Nee«, sagt Young. »Er hat das Haus seines Bruders bestimmt nicht verlassen. Nicht seit der Nacht, in der er Kenny und Hardy umgelegt hat. Er dürfte sich dort verstecken. Niemand soll ihn sehen. Er geht bestimmt kein Risiko ein. Wetten, dass ihn sein Bruder morgen nach Edinburgh bringt? Die Maschine geht am Nachmittag.« Man hört die Begeisterung in Youngs Stimme. Sie haben wieder alles unter Kontrolle, glaubt er.

Jamieson sitzt an seinem Schreibtisch und überlegt. Macht einen Plan. Er muss auf sein Bauchgefühl hören. Das hat er immer gemacht. Damit ist er weit gekommen. Doch in letzter Zeit traut er seinem Gespür nicht mehr. Zweifelt an sich. Das ist Franks Schuld. Und auch Kennys. Man lässt jemanden nah an sich ran, und der enttäuscht einen. Wie soll man dann noch an sich glauben? Weil man's muss, ist die kurze und simple Antwort. Sein Bauch sagt ihm, dass Calum hingeworfen hat. Der gesunde Menschenverstand sagt ihm dasselbe. Eigentlich eine klare Sache. Sie müssen Calum finden. Und ihn umlegen. Es gibt keinen anderen Ausweg. Alles andere reicht nicht. Sie können ihn nicht wieder aufnehmen. Darauf hat Jamieson gehofft, aber jetzt begreift er, dass das nicht geht. Sobald ein Killer sich aus dem Staub machen will, muss man ihn ausschalten. Wenn er's einmal probiert, wird er's wieder tun. Er ist nicht zufrieden und wird es nie sein. Jamieson weiß genau, was sie unternehmen werden.

»Wir müssen ihn aus dem Haus kriegen, weg von seinem Bruder«, sagt er. »Wir erledigen es morgen früh.«

31

William verlässt früh das Haus. Er fährt für ein, zwei Stunden in die Werkstatt. Wahrscheinlich sollte er besser bei seinem Bruder sein, aber die Situation ist zu angespannt. Außerdem bringt er Calum später nach Edinburgh. Da gibt's genug Zeit, sich zu verabschieden. Calum hat gesagt, dass sie in Verbindung bleiben. Könnte 'ne Weile dauern, bis er sich meldet, aber er wird's schon schaffen.

»Wenn ich mich irgendwo eingelebt und eine neue Identität habe, melde ich mich. Ich werde nicht plötzlich vergessen, dass du mein Bruder bist«, hat Calum gesagt. Er wird auch nicht vergessen, was William für ihn getan hat. Aber das brauchte er nicht zu sagen.

Gut, mal aus dem Haus zu kommen, denkt William. Zur Werkstatt zu fahren und sich ein Weilchen auf die Arbeit zu konzentrieren. Sich zu vergewissern, dass in seiner Abwesenheit nichts unglaublich Dummes passiert ist. Er fährt los. Ohne zu überprüfen, ob ihm jemand folgt. Da ist er im Moment ziemlich nachlässig.

Hätte er sich umgeschaut, hätte er vielleicht George gesehen. Der erschöpft in seinem Wagen saß. Er ist letzte Nacht eingeschlafen. Er sollte das Haus beobachten und hat mehr als zwei Stunden geschlafen. Dilettantisch. Aber er ist auch nur ein Mensch. Er ruft Young an und sagt, dass William allein das Haus verlassen hat.

»Soll ich ihm folgen?«

Lange Pause. Die lange Pause, in der eine schlechte Entscheidung getroffen wird. »Nein. Bleib, wo du bist. Halt Ausschau nach Calum. Wenn er das Haus verlässt, folge ihm. Wenn nicht, bleibst du, wo du bist.« So sollte das Ganze nicht laufen. Eigentlich sollte George William folgen. George sollte William bestrafen. Aber Young hat es sich anders überlegt. Mangelndes Vertrauen. George steht Calum zu nah. Er würde William nicht so bestrafen, wie's sein muss. Er würde ihn davonkommen lassen. William MacLean hat gewusst, was er tut. Er kannte das Risiko. Jetzt muss er dafür büßen.

Young ruft Shaun Hutton an. Hutton muss auch noch Calum bestrafen. Ihr einziger Mann, der das übernehmen kann. Doch erst muss er sich um William kümmern. Young sagt ihm, was er tun soll. Wo er die Grenze ziehen muss. Hutton klingt nicht begeistert. Er hält das für unter seiner Würde. Er ist ein Killer, kein Muskelmann. Vielleicht hätte sich Young doch für George entscheiden sollen. Nein, zu spät.

»Fahr zu seiner Werkstatt«, sagt Young. »Da könnte er sein. Wenn nicht, gib Bescheid.«

War das der richtige Schritt? Jamieson dürfte sauer sein. Er wollte, dass George sich um den Bruder kümmert. Jamieson mag George. Glaubt, dass er Talent hat, und das stimmt ja auch. Er wollte George einbeziehen, hat sich persönlich mit ihm getroffen. Er denkt, der Junge hat Grips, und auch das stimmt. Aber all das spielt keine Rolle, wenn man ihm nicht vertraut. George steht Calum zu nah.

Hutton sitzt vor der Werkstatt im Wagen. Er hat den Mann gesehen, den er für William hält. Es wird ein herrlicher Tag. Strahlender Sonnenschein. Man hat ihn hergeschickt, um jemanden am helllichten Tag zu bestrafen. Als wäre das je eine gute Idee. In Jamiesons Organisation scheint das reinste Chaos zu herrschen. Sieht so aus, als gäb's da nur beschissene Aufträge zu erledigen. Vielleicht war es ein Fehler, die Seiten zu wechseln. Vielleicht hätte er einfach verduften sollen. Eine Weile untertauchen und dann freischaffend arbeiten. Zu spät. Man kann nicht mitten im Rennen abspringen. Nicht ohne sich weh zu tun. Also beobachtet er William MacLean. Der kommt aus der Werkstatt und studiert einen an der Straße geparkten Wagen. Versucht drunterzuschauen. Blickt auf ein Blatt Papier, das er in der Hand hält. Irgendwas scheint nicht zu stimmen. Er schüttelt den Kopf und kehrt in die Werkstatt zurück. Sonst niemand zu sehen. Samstagmorgen. Die anderen Mechaniker scheinen nicht da zu sein. Nur der Chef, der ein bisschen arbeiten will. Wenn er das Tor schließt, dürften sie nur zu zweit sein.

William ist schon eine Weile drinnen. Immer noch niemand sonst zu sehen, also steigt Hutton aus. Was du heute kannst besorgen, das verschiebe nicht auf morgen. Young hat gesagt, er soll sich beeilen. Er schließt den Wagen ab und geht zum Tor. Seltsames Gefühl, am helllichten Tag einen Job zu erledigen. In aller Öffentlichkeit. Kein Mord, sonst wäre mehr Vorsicht nötig. Trotzdem hat er das Gefühl, dass es falsch ist. Er geht durch das große

Tor und sieht sich um. Dunkel hier drin. Niemand läuft rum. Ein Wagen rechts auf der Rampe, zwei weitere dicht nebeneinander im hinteren Teil der Werkstatt. Dahinter eine kleine Kammer, aus der man den ganzen Raum übersehen kann. Dort brennt Licht. Da Hutton ein Hüne ist, sieht er den Kopf von jemandem, der am Schreibtisch sitzt. Das dürfte das Opfer sein. Hutton dreht sich um und schließt das Tor. Langsam und scheppernd gleitet es zu, doch Hutton hat den Punkt erreicht, wo Lautlosigkeit nicht mehr wichtig ist.

William denkt sich nichts dabei. Er hat dieses Geräusch schon tausendmal gehört. Registriert kaum, dass es das Schließen des Tores ist. Er merkt es am schwächer werdenden Sonnenlicht. Im hinteren Teil der Werkstatt ist es stets dunkel, deshalb hat er immer das Licht an. Trotzdem fällt es auf, wenn das bisschen Sonnenlicht nicht mehr da ist. Er reckt den Hals, blickt durchs Fenster in die Werkstatt. Sieht, wie eine Gestalt das Tor schließt, kann nicht erkennen, wer's ist. Er steht auf, ist erst wütend, dann nervös. Könnte ein Polizist sein. William geht die paar Holzstufen runter auf den Mann zu, der sich ihm nähert. William ist drauf und dran, was zu sagen. Etwas, das seinen Ärger klar macht, aber einem Polizisten nicht auf den Sack geht. Er muss nett bleiben. Wenn der Mann nach Calum fragt, muss er sich dumm stellen. Jetzt ist er bei ihm angelangt. Ein Riesenkerl. Das einzige Licht kommt aus dem Büro. Reicht grade aus, um den Mann zu erkennen. Um zu erkennen, dass er kein Polizist ist.

Hutton sieht, dass William nicht weiß, wer er ist. Wiedererkennen ist wichtig für seine Arbeit. Hutton ist größer als William, das ist hilfreich. Doch dass er sich in der Werkstatt nicht so gut auskennt, ist ein Nachteil. Das heißt, er muss den ersten Schritt tun. Muss den Größenvorteil so schnell wie möglich nutzen.

»Was wollen Sie?«, fragt William.

Er rechnet mit einer Antwort. Es geht darum, mit den Erwartungen der anderen zu spielen. Deshalb schlägt Hutton zu. Ein fester Hieb. Doch nicht mit voller Kraft. Er will William von den Füßen holen, sich aber nicht die Hand dabei brechen. William geht zu Boden. Er hat es nicht kommen sehen – das ist der Punkt. Hutton will die Sache rasch beenden. Er darf ihn nicht aufstehen lassen. Schaut sich nach Waffen um. In der Nähe ist nichts. Das ganze Werkzeug ist sorgfältig auf der anderen Seite der Werkstatt verstaut. Egal. Wenn man jemanden gleich zu Boden schlägt, braucht man keine Waffe mehr.

Er weiß nicht mal, was William getan hat. Hat noch nie jemanden verprügelt. Ist wegen seines Seitenwechsels immer noch nervös. Bei Shug ist er an einen Loser geraten. Und jetzt ist er in einer Organisation gelandet, die anscheinend ums Überleben kämpft. Er macht sich Sorgen um seine Zukunft. Er bestraft den Bruder, und um Calum muss er sich auch noch kümmern. Als wäre er der einzige Mann, den Jamieson hat. Was für eine Organisation hat denn nur einen einzigen Mann für diese Arbeit? Alles zusammengenommen könnte erklären, was los ist. Könnte Huttons Verfassung erklären. Er tritt näher. William versucht, sich aufzurappeln. Ganz langsam kämpft er sich auf alle viere. Den Kopf hält er noch immer gesenkt. Hutton steht mit geballten Fäusten vor ihm. Wartet darauf, dass er den Kopf hebt. Mehrere Sekunden verstreichen. Schließlich hebt William den Kopf. Jetzt regt sich auch Hutton. Legt los, obwohl er noch ziemlich wütend ist. Bevor er sich eines Besseren besinnen kann.

Er tritt auf William ein. Immer wieder. Gegen den Kopf. Mit voller Wucht. Achtmal. Neunmal. Zehn. Dann hört er auf. Ringt nach Luft. Nicht gut in Form. Starrt William im Dunkeln an. Der regt sich nicht. Liegt auf der Seite. Hutton kann sein Gesicht nicht sehen. Seine Reaktion. Ein paarmal hat er nicht richtig getroffen. Ihn bloß gestreift. Doch die meisten Tritte haben gesessen. Hutton bückt sich, wartet auf eine Reaktion. Plötzlich ein rasselndes Atmen. Überrascht weicht er einen Schritt zurück. Klingt, als wär's eine Provokation. Wie jedes Geräusch, das die Stille zerreißt. Hutton tritt William in den Bauch. Nochmal und dann ein drittes Mal. Schließlich hält er inne und macht einen Schritt zurück. William gibt keinen Ton von sich. Regt sich nicht.

In diesem Licht kann Hutton ihn nicht genau sehen. Kann die Verletzungen nicht erkennen. Doch der Kerl regt sich nicht, also sollte er besser aufhören. Die Bestrafung ist vollzogen. Die Botschaft übermittelt. Hutton hat noch nie jemanden eingeschüchtert. Jede Einzelheit hat sich schlimm angefühlt. Rücksichtslos. Zu dicht. Zu persönlich. Er blickt sich nochmal in der Werkstatt um, macht ein paar Schritte in Richtung Büro. Niemand da. Gut, er muss jetzt gehen. Zum Tor raus. Er zieht es einen Spaltbreit auf und tritt ins Freie. Niemand auf der Straße. Niemand, der ihn weggehen sieht. Er zieht das Tor hinter sich zu. Jetzt sieht es aus, als wäre die Werkstatt geschlossen. Samstagmorgen. Durchaus glaubhaft. Eine Weile dürfte dort niemand rumschnüffeln. Erst wenn William rausgekrochen kommt. Falls er das tut. Inzwischen macht Hutton sich Sorgen, dass er zu weit gegangen sein könnte. Er sollte eine Botschaft übermitteln, keinen Mord begehen.

Hutton geht zu seinem Wagen. Öffnet die Tür und lässt sich auf den Fahrersitz sinken. Wirft einen Blick nach unten und sieht Blut an seinem braunen Wanderstiefel. Williams Blut. Anscheinend ist seine Nase gebrochen oder die Lippe aufgeplatzt. Keine große Sache. So was kommt in dieser Stadt öfter vor. Er fährt los. Es fällt ihm schwer, sich zu konzentrieren. Er ist nervös. Sehr seltsam. Nervöser als nach einem Mord. Die Angst rührt nicht von der Schwere der Tat her, sondern von der Ausführung. Als er wieder zu Hause ist, ruft er Young an. »Alles erledigt«, sagt Hutton. Hofft zu hören, dass er sich entspannen kann.

»Gut. Rühr dich nicht vom Fleck, du musst jederzeit erreichbar sein. Kann sein, dass du bald noch einen wichtigen Job bekommst. In den nächsten vierundzwanzig Stunden.« Dann legt Young auf.

Hutton lässt sich in einen Sessel sinken. Innerhalb von vierundzwanzig Stunden ein weiterer Job. Ein wichtiger, hat er gesagt. Klingt nach dem Mord an Calum. Zwei Aufträge an einem Tag. Der Seitenwechsel war offenbar wirklich ein großer Fehler.

32

Das Ganze war Youngs Idee. Jamieson hat keine Lust, Deana Burke zu treffen. Die Frau eines Verräters. Die wusste, was ihr Mann im Schilde führte. Offen gesagt, hat sie kein Recht, um Hilfe zu bitten. Die Frau hat wirklich Nerven. Doch ihr etwas vorzuspielen, hat seinen Nutzen. Young hat sie hinters Licht geführt. Sie steht in Verbindung mit Fisher, und Young und Nate Colgan haben ihr weisgemacht, dass Shug verantwortlich ist für alles, was Kenny zugestoßen ist. Sie benutzen die Frau für ihre Zwecke. Und die füttert Fisher blindlings mit falschen Informationen. Aber das heißt nicht, dass Jamieson Lust hat, sich mit ihr zu treffen. Sie wird in zehn Minuten im Club sein. Er hat sie angerufen, mit ihr gesprochen. Hat ihr gesagt, wie betroffen er ist. Wegen dem, was mit Kenny passiert ist. Was ihr passieren könnte. Hat gesagt, dass er alles in seiner Macht Stehende tut, um ihr zu helfen. Hat sie gebeten, vorbeizukommen. Gesagt, dass es nützlich sein könnte, mal unter vier Augen zu sprechen.

Er trinkt einen Whisky. Nur ein kleines Gläschen. Das

soll ihm helfen, sich zu beherrschen, wenn sie kommt und die trauernde Witwe spielt. Wenn sie sagt, was für eine Tragödie es war. Irgendwann wird sie sagen, dass Kenny ein guter Mann war, und dann muss Jamieson zustimmen. Er schenkt sich ein zweites Glas ein. Das wird er brauchen. Er kann Kenny nicht einen guten Mann nennen, ohne sarkastisch zu klingen. Jedenfalls nicht, wenn er stocknüchtern ist. Nicht in dieser Stimmung. Vielleicht könnte er es, wenn die Sache mit Calum nicht wäre. Noch so ein kleiner Scheißkerl. Vielleicht reichen zwei Gläser nicht. Nicht noch eins – wenn er ein drittes trinkt, dürfte John Young ihn böse anfunkeln. Er muss aufpassen, dass er nicht anfängt zu lallen. Sie muss ihn überzeugend finden. Er muss der knallharte, aber liebevolle Boss einer großen Organisation sein. Muss sie überzeugen, dass sein Wort zählt. Sie überzeugen, damit er sie nicht zwingen muss.

Sie ist zu früh dran. Na klar. Kennys Frau ist einfach eine tierische Nervensäge. Young geht nach unten, um sie zu empfangen und raufzubringen. Ihr sein Beileid zu bekunden. So was kann er gut. Er wird sie durch den Snookersaal und den Flur hinunter zum Büro führen. Sie wird sich auf ihren Auftritt vorbereiten. Genau das ist es, denkt Jamieson. Ein Auftritt. Es kann ihr doch nicht so wichtig sein. Oder doch? Vielleicht hat sie den hinterhältigen kleinen Scheißkerl ja tatsächlich geliebt. Dann wäre sie ziemlich dumm. Aber wahrscheinlich ist es nicht so. Young ist mit Jamieson ihre Vorgeschichte durchgegangen. Die Männer, mit denen sie zusammen war vor Kenny. Alle aus dem Geschäft. Nein, keine Liebe. Bequemlichkeit. Sie wollte jemanden aus dem Geschäft. Jemanden, der gutes Geld verdiente. Der ihr ein komfortables Leben bieten kann. Bloß dass sie sich diesmal den Falschen ausgesucht hat.

Die Bürotür wird geöffnet. Young hält sie auf für Deana Burke. Sie trägt einen engen schwarzen Rock, ein schwarzes Top und darüber eine dünne graue Strickjacke. Mit ihrem dunklen, zurückgebundenen Haar und dem bisschen Make-up gelingt es ihr, wie eine trauernde Hinterbliebene auszusehen. Und zugleich gelingt es ihr, attraktiv auszusehen. Jamieson springt auf und geht auf sie zu. Wie hat Kenny McBride es geschafft, sich diese Frau zu angeln? Das ist ihm unbegreiflich. Sie sieht unsentimental aus, aber hübsch. Young hat gesagt, sie ist vierunddreißig, doch sie wirkt etwas jünger. Nicht mädchenhaft, aber das ist gut. Sie muss total idiotisch sein, denkt Jamieson, während er auf sie zugeht. Ausgeschlossen, dass eine Frau wie sie in einem Geschäft wie diesem mit einem Kerl wie Kenny zusammen ist. Außer sie ist einfach dumm. Sie könnte was viel Besseres haben. Wenn sie klug wäre, wüsste sie das.

Er beugt sich leicht vor und umarmt sie. Nicht fest, denn sie soll nicht denken, dass er sich an sie ranmachen will. Dann tritt er einen Schritt zurück.

»Deana. Schön, Sie zu sehen. Ich wünschte, es wäre unter anderen Umständen. Bitte, setzen Sie sich doch. Es gibt viel zu bereden.«

Sie geht mit ihm zum Sofa. Bemüht sich, schüchtern zu wirken, scheitert aber kläglich. Sie hat zu viel Selbstvertrauen, um zurückhaltend auszusehen.

»Ich war froh, dass Sie angerufen haben«, sagt sie. »Es ist mir wichtig zu erfahren, was Kenny zugestoßen ist. Und zu wissen, dass was unternommen wird.«

Eine ziemlich raue Stimme, doch sie klingt klug. Kenny muss ein Mann mit verborgenen Talenten gewesen sein.

»Genau darüber will ich mit Ihnen sprechen. Ich weiß, die Situation muss für Sie unglaublich schwierig sein.

Wahrscheinlich wissen Sie inzwischen, dass Kenny tot ist«, sagt er und blickt ihr tief in die Augen. »Ohne Leiche kann es einem schwerfallen, sich damit abzufinden. Ohne Beerdigung. Doch wir wissen von Kontaktleuten, dass Shug den Mord in Auftrag gegeben hat. Wir können den Mord nicht bestätigen. Das könnte nur der Mörder, und den haben wir noch nicht. Doch wir können davon ausgehen, dass er stattgefunden hat. Deshalb müssen wir schnell und energisch vorgehen. Und ich glaube, dass Sie uns da helfen können.«

Ihr gefällt, was sie da hört. Ihr gefällt der Ton. Jamieson breitet die Informationen vor ihr aus. Verschweigt ihr nicht, dass Kenny tot ist. Versucht nicht, ihr falsche Hoffnungen zu machen. Und stellt ihr die Rache in Aussicht, die sie sich so sehnlich wünscht.

»Und ich will helfen.« Mehr darf sie nicht sagen. Sie darf sich nicht in die Sache reinstürzen. Leute wie Jamieson benutzen einen, wenn man's zulässt. Damit man weiter geht, als man eigentlich will. Sie wird auch keine Gefühle zeigen, denn das ist nicht ihre Art.

»Noch haben wir den Mörder nicht«, sagt Jamieson, »aber wir glauben zu wissen, wer's war. Ich weiß nicht, ob Sie schon mal von Des Collins gehört haben.«

Sie denkt nach. Versucht sich zu erinnern, ob Kenny den Namen schon mal erwähnt hat. »Nein, ich glaube nicht.«

»Das ist ein Killer. Wir glauben, er hat Kenny getötet.«

Er wartet, bis sich diese Worte gesetzt haben. Der Name Des Collins muss sich in ihrem Bewusstsein einnisten, bevor er jemand anderen erwähnt. Und Jamieson versucht immer noch, ihre Beweggründe zu durchschauen. Vielleicht geht's ja wirklich um so was wie Gerechtigkeit.

Schwer vorstellbar, wie sie da Geld rausschlagen will – es sei denn, sie ist echt clever. Gott, mit Sicherheit nicht. Wenn doch, dann ist sie eine außergewöhnliche Frau. Wenn sie rausgefunden hat, was Jamieson und Young vorhaben würden, und ihnen was vorspielt. Ihnen ihren Willen lässt, weil sie weiß, dass am Ende ein finanzielles Angebot steht. Sich von ihnen mit Informationen füttern lässt, um die weiterzugeben. Nee, das kann sie nicht rausgekriegt haben. Und wenn doch, würde sie nicht so ein Risiko eingehen. Nicht nach dem, was Kenny getan hat. Aber das ist ein teuflischer Gedanke, oder? Dass sie rausgefunden hat, was Jamieson und Young tun würden, bevor die es selbst wussten. Dass sie das Spielchen mitgespielt und geduldig auf den Lohn gewartet hat, den man ihr für ihre Hilfe anbieten wird.

»Kenny hat nicht erwähnt, dass irgendjemand mit ihm Kontakt aufgenommen hat, oder?«, fragt Jamieson. »Jemand, der für Shug gearbeitet haben könnte. Und vorgetäuscht hat, jemand anders zu sein.«

»Nicht dass ich wüsste«, sagt sie kopfschüttelnd. »Warum? Hat das jemand getan?«

»Das wissen wir nicht, aber es könnte sein. Es war sehr schwierig rauszufinden, wo sie Kenny in jener Nacht abgefangen haben. Irgendwo zwischen dem Ort, wo er ... seinen Kollegen abgesetzt hat, und seiner Wohnung. Er hat in jener Nacht einen Job erledigt. Um ehrlich zu sein, nichts besonders Großes. Er hat nur was in die Wege geleitet. Dafür wurde ein Fahrer gebraucht, der sich in der Gegend auskannte. An sich keine große Sache, doch der Mann, den wir im Visier hatten, war wichtig. Wissen Sie, Shug hat ein Bündnis mit Alex MacArthur. Haben Sie schon mal von MacArthur gehört?«

»Ja, klar.« Jeder hat schon von MacArthur gehört.

»Tja, Shug hat unter seinen Fittichen Schutz gesucht. Kennys Auftrag in jener Nacht war ziemlich unbedeutend, abgesehen von der Tatsache, dass es gegen MacArthur ging. Also, Shug und MacArthur.«

Er wirkt völlig zerknirscht. Unmöglich, nicht zu begreifen, was er sagen will. Dass Shug Kenny wegen dieses Auftrags getötet hat. Dass es kein Zufall war. Sie hatten es nicht bloß auf ihn abgesehen, weil er für Jamieson arbeitete, sondern wegen dieses speziellen Auftrags, den er für Jamieson ausführen sollte. Sie nickt, ohne es zu merken. Das klingt einleuchtender. Gibt ihr irgendwie eine größere Gewissheit.

»Und was passiert jetzt?«, fragt sie.

»Collins ist untergetaucht«, sagt Jamieson. »Nach einem Job ist das bei Killern üblich. Wir müssen ihn finden. Wenn uns das gelingt, also, den Rest können Sie sich wahrscheinlich denken. Wir werden ihn für seine Tat zur Rechenschaft ziehen. Aber er ist nur ein Teil. Shug und MacArthur, die können nicht untertauchen. Die müssen sichtbar bleiben, sonst verlieren sie alles. Da kommen Sie ins Spiel. Ich will, dass Sie zur Polizei gehen und Kenny als vermisst melden. Wir wissen, dass schon ein Detective nach ihm sucht – jemand namens Fisher. Versuchen Sie, wenn möglich, mit ihm zu sprechen. Machen Sie ihn auf Collins aufmerksam. Von da findet er schon selbst zu Shug und MacArthur. Durch den Druck, den die Polizei auf die beiden ausüben wird, kriegen wir unsere Gelegenheit.«

Young sitzt einen Meter entfernt auf seinem Stuhl und verbeißt sich ein Lächeln. Jamieson ist gut. Verdammt gut. Er kann über einen längeren Zeitraum den Eindruck erwecken, als würde er auf seine eigene Organisation keinerlei Einfluss nehmen. Doch plötzlich ist es Zeit, dass jemand aktiv wird. Was Schwieriges bewerkstelligt. Dafür ist er stets der richtige Mann. Jederzeit. Das mit Fisher war echt überzeugend. Das mit Kenny auch. Gute Schauspieler sind gefährlich. Jetzt kommt die Sache mit dem Geld.

»Hören Sie, Deana, ich muss noch über was Heikles mit Ihnen reden«, sagt Jamieson. »Was wirklich Heikles.« Er lächelt, legt seine Hand behutsam auf ihre Hand, um sie am Aufstehen zu hindern. Sie hat gedacht, das Gespräch sei beendet. »Der Verlust von Kenny muss für Sie ein Schock gewesen sein. Keine Ahnung, wie Sie so gut klarkommen. Aber Sie dürften Geldprobleme kriegen. Ich weiß, dass Sie nicht mit ihm verheiratet waren, und befürchte, das könnte Ihre Lage erschweren. Ich weiß, das wollen Sie nicht, aber Sie sollten etwas Geld von uns annehmen. Weder ein Darlehen noch ein Almosen. So dürfen Sie das nicht sehen. Kenny hat für uns gearbeitet. Sonst wäre er noch am Leben. Das ist mir was wert. Und mir ist wichtig, dass Sie das Geld annehmen.«

Sie geht. Stolziert aus dem Büro. Sie haben nicht über Zahlen gesprochen, doch sie hat das Angebot angenommen. Wie es sich schickt, hat sie sich anfangs symbolisch gesträubt. Doch sie hat zugestimmt. Das war von vornherein klar. Das Geld kriegt sie erst nach ihrem Gespräch mit Fisher. Es ist der Lohn dafür, dass sie ihm erzählt, was er hören soll. Das müsste ihr eigentlich klar sein. Young begleitet sie raus und kommt zurück.

»Ich finde, das ist gut gelaufen«, sagt er, nachdem er die Tür geschlossen hat. »Sie wird Fisher mit Sicherheit von Collins und MacArthur erzählen.«

»Hm-hmm«, sagt Jamieson nickend. Er wirkt nicht überzeugt.

»Was ist denn los?«

»Sie ist wesentlich cleverer, als sie gezeigt hat. Gibt den Leuten das Gefühl, als wäre sie bloß auf Rache aus. Aber das ist Unsinn. Sie denkt vielleicht nicht, dass wir Kenny umgelegt haben, aber sie weiß, dass sie uns nicht trauen sollte. Oh, die ist ganz schön gerissen. Wir müssen sie genau im Auge behalten.«

»Nicht mehr lange«, sagt Young. »Wir sind fast so weit. Shug dürfte noch heute aus dem Weg geräumt werden. Die Sache mit Calum ist auch bald erledigt. Alles wird gut.«

Jamieson sieht ihn an und zieht eine Braue hoch. Er sagt nichts. Wenn man nichts Höfliches zu sagen hat, sollte man lieber schweigen.

33

Er hat seine Tasche gepackt und sitzt am Küchentisch. Dort sitzt er schon eine Dreiviertelstunde. William hätte vor einer halben Stunde zurück sein sollen. Um Calum nach Edinburgh zu fahren. Calum hat seine Bordkarte ausgedruckt. Sie steckt im Seitenfach seiner Tasche. Jetzt muss ihn sein Bruder nur noch zum Flughafen bringen. Er sitzt da und trommelt auf den Tisch. Zweimal hat er Williams Handy probiert, doch sein Bruder ist nicht rangegangen. Hat in der Werkstatt angerufen, aber auch da hob niemand ab. Da er sein eigenes Handy nicht hat, muss er den Festnetzanschluss benutzen. Kann ihm keine Nachricht schicken. Vielleicht sitzt William grade am Steuer. Ist auf dem Heimweg und kann nicht rangehen. Doch das entschuldigt seine Verspätung nicht. Er weiß doch, wann er zu Hause sein sollte. Hat's selbst gesagt, bevor er ging. Calum will nicht das Schlimmste befürchten, doch ihm bleibt kaum was anderes übrig.

Er ruft ein letztes Mal in der Werkstatt an. Nichts. Ein letztes Mal Williams Handy. Nichts. Dann ändert sich seine Haltung. Er muss vom Schlimmsten ausgehen. Von jetzt an alles als einen Job betrachten. Voll konzentriert sein. Sie wissen Bescheid – Jamieson und Young haben es rausgefunden. Sie haben William was angetan. Vielleicht halten sie ihn nur fest. Oder verprügeln ihn. Aber vielleicht bringen sie ihn auch um. Wut steigt in ihm auf. Sie knöpfen sich William vor, um an Calum zu kommen. Ihn rauszulocken. Calum tritt ans Fenster und blickt auf die Straße. Niemand zu sehen, doch da dürfte jemand sein. Jemand, der beobachtet und wartet. Auf die Nachricht wartet. Dass William bestraft worden ist. Sowie er weiß, dass der ältere Bruder nicht wiederkommt, schnappt er sich Calum. Sie dürften Hutton beauftragen. Einen anderen haben sie nicht. Hutton wird nervös sein. Er weiß, wie gefährlich Calum ist. Weiß, was aus dem letzten Mann wurde, der Calum umlegen wollte.

Noch ein Anruf. Bei einem Taxiunternehmen, das keine Verbindung zu Jamieson hat. Er sagt, wo sie ihn abholen sollen und wo er hinwill. Blickt auf seine Uhr. Er wollte früh am Flughafen sein. Durch die Kontrolle kommen und es sich auf der anderen Seite gemütlich machen. Er könnte mit dem Taxi bis nach Edinburgh fahren. Das würde ein Vermögen kosten, aber dann könnte er entkommen. Sie werden kein Taxi von der Straße drängen. Und wegen der vielen Sicherheitsleute auch nicht versuchen, ihn im Flughafen umzulegen. Das könnte seine einzige Chance sein. Wenn man weiß, dass sie hinter einem her sind, muss man abhauen. Das liegt auf der Hand. Er darf nichts anderes in Betracht ziehen. Einfach abhauen. Wenn man dableibt, kriegen sie einen wahrscheinlich. Man muss zuerst an sich denken. Egoistisch sein. Seine einzige Chance zur Flucht ergreifen. Wenn sie

William haben, dann ist das Pech für ihn. Er kannte das Risiko.

Vor dem Haus hupt ein Wagen. Calum tritt ans Fenster und blickt nach draußen. Ein Taxi, der Fahrer reckt den Hals, um die Haustür zu sehen. Calum nimmt seine Tasche, streift den Tragriemen über den Kopf. Hält kurz inne. Er kann aus der Stadt flüchten. Seinen Bruder in der Scheiße sitzenlassen. Oder zur Werkstatt fahren und nachschauen. Wenn er da nichts findet, muss er sowieso zum Flughafen. Keine Zeit rumzuhängen. Er seufzt. Das sollte keine schwere Entscheidung sein. Sein Bruder sollte für ihn an erster Stelle stehen. Aber das war noch nie so. An erster Stelle stand immer er selbst. Die Lust, ein Killer zu sein. Die Ausgrenzung rechtfertigt jeden Egoismus. Er geht zur Haustür und öffnet sie, damit der Fahrer sieht, dass er da ist. Tritt ins Freie und bleibt stehen. Er tut so, als würde er abschließen, dabei hat er gar keinen Schlüssel. Dann blickt er rechts und links die Straße runter. Kann nichts Auffälliges entdecken. Doch das wird sich gleich ändern. Wenn das Taxi losfährt, wird er sehen, ob ihm jemand folgt, denn er weiß, worauf er achten muss.

Er setzt sich auf die Rückbank des Taxis.

»Zum East End, stimmt's?«, fragt der Fahrer.

Eine kurze Pause. Das ist der Moment, es sich nochmal zu überlegen. William seinem Schicksal zu überlassen und seiner eigenen Wege zu gehen. Aber das kann er nicht. Er mag egoistisch sein, doch er ist immer noch Williams Bruder. Er ist ihm schuldig, zur Werkstatt zu fahren und nachzuschauen. »Stimmt«, sagt Calum. Sie fahren los, und als sie am Ende der Straße sind, blickt Calum über die Schulter. Am anderen Ende ist ein blauer Wagen. Calum sieht ihn grade noch, bevor das Taxi abbiegt. Er kommt langsam aus einer Parklücke. Der Beobachter, der ihn verfolgt. Calum bemüht sich, nicht zu oft über die Schulter zu blicken. Damit der Taxifahrer keinen Schrecken kriegt. Er muss zur Werkstatt fahren, dann über sein weiteres Vorgehen entscheiden. Ihm kommt ein Gedanke. Vielleicht wollen sie ihn zur Werkstatt locken. Halten den Bruder fest, damit das Opfer kommt, um nachzusehen. Für einen Mord ist das ein guter Ort. Nein. Dass Calum auf seinen Bruder wartet, könnten sie nur wissen, wenn William es ihnen erzählt hätte. Und das würde er nicht tun. Niemals.

Sie durchqueren die Stadt. Hin und wieder ein Blick nach hinten, um sich zu vergewissern, dass der Wagen noch da ist. Der Verfolger könnte ein Killer sein. Oder bloß ein Beschatter, der für den Killer Informationen sammelt. Der Killer wird Hutton sein. Bestimmt. Calum denkt nach. Am liebsten würde er zu Barry Fairly fahren und ihn für seinen Verrat bestrafen. Es muss Fairly gewesen sein. Er hat ihn verpfiffen. Man weiß ja, was mit Verrätern passiert. Dann kennen Jamieson und Young also seine neue Identität. Können sie rausfinden, was für einen Flug er auf diesen Namen gebucht hat? Na klar. Also wissen sie, wann er weg will. Sie wissen, dass ihm sein Bruder geholfen hat. Leicht zu erraten, dass William ihn zum Flughafen bringt. Vielleicht wollen sie ihn doch zur Werkstatt locken.

Wieder ein Blick über die Schulter. Der Wagen ist noch da, inzwischen aber weit zurückgefallen. Der Fahrer ist aus dieser Entfernung nicht zu erkennen. Und den Wagen kennt er nicht. Dürfte der Organisation gehören. So hergerichtet, dass man ihn nicht erkennt. Er überlegt wieder. Sie werden ihn wohl doch nicht zur Werkstatt locken, denn sie können sich nicht darauf verlassen, dass er auftaucht. Sie kennen ihn doch. Sollten sie zumindest. Also müssen sie wissen, dass er seinen Bruder zurücklassen und abhauen würde.

Jetzt sind sie fast da. Calum erkennt einige der Gebäude. »Die nächste links«, sagt er dem Fahrer, »die Werkstatt liegt auf halbem Weg auf der linken Seite.« Er muss eine Entscheidung treffen. Dem Fahrer sagen, dass er warten soll, oder ihn fahren lassen. Eigentlich kann er ihn fahren lassen. Wenn William da ist und alles in Ordnung ist, kann sein Bruder ihn fahren. Wenn es eine Falle ist, dann nützt ihm der Fahrer auch nichts. Beim geringsten Anzeichen von Ärger dürfte er weg sein, und zwar ohne Calum. Das Taxi hält vor der Werkstatt. Calum blickt in beide Richtungen. Er sieht Williams Wagen, direkt vor dem Eingang geparkt. Sieht nach einer Falle aus. Er kramt nach Geld für den Fahrer. Steigt aus, blickt nochmal die Straße lang. Kein Wagen, der nicht hergehört. Nicht viel los auf der Straße. Ist immer so. Kaum noch Betriebe übrig. Kaum noch Leben. Er betrachtet das Werkstatttor. Fest zugezogen. Da stimmt was nicht. Ganz eindeutig. Wenn William arbeiten würde, wie sein Wagen es nahelegt, dann müsste das Tor offen stehen, zumindest einen Spalt. Calum schaut dem Taxi nach. Sieht das Auto, das ihnen gefolgt ist, in die Straße einbiegen.

Jetzt gibt es zwei mögliche Vorgehensweisen. Die raffinierte Tour und die Holzhammermethode. Die raffinierte Tour dürfte Zeitverschwendung sein. Sie wissen, dass er abhauen will, und versuchen es zu verhindern. Sie dürften wissen, dass er rausfinden wird, was sie vorhaben. Da bringt die raffinierte Tour nichts. Wenn sie mehr wissen als er, kann er sie nicht austricksen. Also die Holzhammermethode. Aggressiv, angriffslustig, nicht besonders raffiniert. Man macht ihnen klar, dass sie sich auf einen erbitterten Kampf eingelassen haben. Die Scheißkerle sollen wissen, dass sie sich anstrengen müssen, wenn sie ihn fertigmachen wollen. Das beherrschen nur wenige. Die meisten sind nicht angsteinflößend genug. Im Gegensatz zu Calum. Sie wissen, wie gefährlich er sein kann. Sie werden ihn fürchten. Und er wird ihnen allen Grund dafür geben.

Er sieht den blauen Wagen die Straße lang kommen. Er tritt neben Williams Wagen, damit der Fahrer ihn nicht gut sehen kann. Dann rennt er los. Auf die Straße, stellt sich dem anderen Wagen in den Weg. Er wird ihnen nicht die Möglichkeit geben, ihn zu überfahren; der Wagen ist noch so weit weg, dass Calum zurückspringen kann. Doch sie werden wissen, dass er sie entdeckt hat. Und er wird sehen, wer der Fahrer ist. Man muss seinen Feind kennen. Nichts ist wichtiger als das. Er hat gedacht, der Wagen würde beschleunigen, aber so ist es nicht. Er wird langsamer, der Fahrer schaut Calum an. Angst, aber auch Freundschaft im Blick. Calum starrt ihn an. Es ist George. Er steht mitten auf der Straße, in diesem ruhigen Industriegebiet. Sieht, dass ihn sein Freund verfolgt. Ihm eine Falle stellt. Wenn George ihn verfolgt, dann ist Hutton bestimmt in der Werkstatt. Wartet darauf, dass das Opfer wie ein blauäugiger Schwachkopf aufkreuzt. Reinkommt und sich von ihnen umlegen lässt. Er ist wütend auf George. Er erwartet nicht viel von seinen Freunden, nicht in diesem Geschäft. Aber mehr als das hat er sich schon erhofft. Und während der Wagen heranschleicht, rührt Calum sich nicht vom Fleck. Er ist zu sauer. Zu trotzig.

George fährt an den Straßenrand. Er will Calum nicht überfahren. Hat keine Lust, sich mit Calum MacLean anzulegen. Da würde er auf jeden Fall den Kürzeren ziehen. Natürlich könnte er Calum zusammenschlagen. So was kann er gut. Doch weiter würde er nicht gehen. Er würde Calum verprügeln, ihn aber auf keinen Fall umlegen. George ist nicht naiv. Er weiß, dass Calum ihn, wenn nötig, ohne Zögern umlegen würde. Doch es gibt eine rote Linie, die George nicht überschreiten will. Calum kennt keine rote Linie; keine moralische Grenze. Er kann diese Gedanken und Gefühle ausschalten. Deshalb kann er stets überleben. George kann das nicht. Also hält er an und schaltet den Motor aus. Steigt aus und geht ein paar Schritte auf Calum zu. Hebt die Hände. Calum soll wissen, dass George unbewaffnet ist. Aber George kann sich nicht sicher sein, ob Calum eine Waffe hat.

»Was ist das hier«, fragt Calum, »eine Falle? Wartet Hutton da drin auf mich?«

»Nein«, sagt George und schüttelt den Kopf. »Das hier ist gar nichts. Ich schwör's, Calum. Ich sollte das Haus deines Bruders beobachten. Sie haben mir gesagt, du wärst dort, und ich sollte ihnen Bescheid sagen, wenn du das Haus verlässt. Das war alles. Ich weiß nicht, was sonst noch vor sich geht. Ich wünschte, ich wüsste es. Ich weiß nicht mal, warum ich dir folge, aber es ist auf alle Fälle was Ernstes. Was zum Teufel ist los, Cal?«

Klingt aufrichtig. Heißt aber nicht, dass es keine Falle ist, bloß dass George nichts davon weiß. Das wäre ein kluger Zug. George im Dunkeln lassen. Er steht dem Opfer zu nah, ihm darf man die Wahrheit nicht anvertrauen. »Ich haue ab«, sagt Calum. »Sie wissen Bescheid. William hat mir geholfen, und jetzt kann ich ihn nirgends finden.«

»Du haust ab?«, fragt George. Er ist wirklich geschockt, denn er weiß, was das heißt. Was für Folgen das hat.

Calum beachtet ihn nicht. Er geht zum Tor, zieht es einen Spaltbreit auf und weicht dann schnell zurück. Von drinnen ist nichts zu hören. Er geht wieder zum Tor. George steht da und beobachtet ihn, weiß nicht, was er tun soll.

»Ich geh als Erster rein«, sagt er plötzlich. Calum dreht sich um und sieht ihn an. Will was sagen, hält aber inne, weil George aufs Tor zumarschiert. Keine Diskussion, George geht zuerst rein. Er tritt an die Werkstatttür und wirft einen flüchtigen Blick ins Innere. In der Dunkelheit kann er nicht viel erkennen. Er verschwindet in der Werkstatt. Nichts regt sich. George weiß, worauf er achten muss. Es ist nicht das erste Mal, dass er im Dunkeln rumschleicht. Hält nicht nach Konturen Ausschau, nur nach Bewegungen und Farben. Jede Bewegung ist eine Bedrohung. Jede Farbe, die hervorsticht. Silber ist meistens gut, aber nicht in einer Werkstatt. Und er muss die Ohren spitzen. Immer die Ohren spitzen. Er kann nichts Auffälliges sehen oder hören. Der Raum scheint leer zu sein. Er hört Calum hinter sich. Plötzlich geht das Licht an, und alles ist wie verwandelt.

»O Gott, Calum, komm her.«

34

Vor einer Stunde hat Don Park nochmal angerufen. Das war gut. Hat ihn ein bisschen beruhigt. Shug hat sich schon Sorgen gemacht. Weil nichts passiert. Alles muss schnell gehen, sonst ist die Chance vertan. Don hat gesagt, er soll aufhören, sich Gedanken zu machen. Die Sache läuft. In den nächsten achtundvierzig Stunden dürften sie die nötigen Informationen kriegen, um John Young eine Falle zu stellen. Dauert 'ne Weile, so was zu organisieren. Shug kam sich plötzlich ziemlich blöd vor. Er muss sich beruhigen.

Gestern früh hat er Greig einbestellt und ihm eine Standpauke gehalten. Weil es zu lange dauert, bis er die Details liefert. Hat ihm vorgeworfen, dass er sich keine Mühe gibt. Hat gesagt, seine Illoyalität komme ihn teuer zu stehen. Das hat er ernst gemeint. Don hat ihn beruhigt. Denn er ist ein Profi. Er und MacArthur haben zu viel investiert, um jetzt auszusteigen. Wenn man Informationen sammelt, geht alles erst mal langsam. Doch es geht bedeutenden Leuten in Jamiesons Organisation bereits an den Kragen. Mit Greig ist das was anderes. Der legt sich nicht ins Zeug. Er drückt sich. Oder will die Seiten wechseln. Egal wie, das wird ihn teuer zu stehen kommen.

Es klingelt wieder. Diesmal Shugs Handy. Er blickt aufs Display. Tony O'Connor. Leitet eine der Werkstätten im Süden der Stadt. Guter Mann. Die Werkstatt läuft gut. Geht bestimmt bloß um was Belangloses. Tony macht seine Arbeit gut, doch all das interessiert Shug im Moment nicht. Er geht trotzdem ran. Wenn er sich jetzt nicht darum kümmert, ruft Tony immer wieder an.

»Ja, Tony«, sagt er. Er klingt leicht gereizt. Normalerweise verbirgt er das besser.

»Hi, Shug. Also, ich hab grade was gehört, mache mir Sorgen. Ein paar von den Jungs hier sind auch besorgt. Ich hab Fizzy angerufen, aber da hat sich nur die Mailbox gemeldet. Und bei ihm zu Hause ging auch niemand ran. Ich stör dich nur ungern, aber …«

»Aber?« Seine Gereiztheit wächst. Wenn's bloß darum geht, dass Fizzy schwer zu erreichen ist, dann verliert er wirklich gleich die Beherrschung.

Tony fällt Shugs Verärgerung auf. Ungewohnt und unüberhörbar. Er wird vorsichtiger. »Jemand ist in die Werkstatt gekommen und hat von Richard Hardy erzählt. Hat gesagt, er würde vermisst. Dass die Polizei einen Mord für möglich hält. Er ist schon seit Tagen verschwunden. Also, ich weiß nicht, könnte totaler Schwachsinn sein. Aber die Mutter des Typen, der's mir erzählt hat, ist die Nachbarin einer alten Schachtel, die gegenüber von Hardys Büro arbeitet. Sie sagt, dass die Polizei alles durchsucht hat. Er ist seit Tagen nicht mehr gesehen worden. Ich weiß, dass er unsere Buchführung macht. Na ja, die Sache ist die, am Ende des Monats brauche ich mein Geld. Ich hab Rechnungen zu bezahlen, Shug.«

Schweigen. Alles Mögliche geht ihm durch den Kopf. Wenn Hardy verschwunden ist, dann werden die Jungs nicht rechtzeitig bezahlt. Hardy gibt das Geld frei. Kontrolliert, wer angeheuert oder gefeuert wurde. Wer was getan hat. Steht alles in den Unterlagen der einzelnen Werkstätten, aber er geht sie durch. Vertuscht die Unstimmigkeiten. Kein Hardy, kein Lohn.

»Ja, hör zu, das ist keine große Sache«, sagt Shug und reißt sich nach kurzem Zögern zusammen. Er muss hier die richtige Botschaft senden. Kann nicht zulassen, dass in der Truppe Panik ausbricht. »Ich weiß, wo Hardy ist. Ist keine große Sache. Mach dir keine Sorgen. Aber behalt's für dich, Tony. Die Leute sollen sich nicht grundlos in die Hosen machen, okay?«

»Ja, klar, solange du weißt, was los ist, Shug. Ich war bloß ein bisschen besorgt, das ist alles. Wir alle haben Hypotheken und so, weißt du?« Als wäre Shug von der Realität abgeschnitten.

»Keine Sorge.«

Das Gespräch ist beendet. Er hat zwei Dinge erfahren. Erstens: Tony hat Geldprobleme. Das ist ihm ziemlich egal. Es gab mal Zeiten, wo ihn das interessiert hätte. Tony ist sein Freund. Ein bewährter Mann. Ein guter Arbeiter. Früher wäre Shug zur Werkstatt gefahren und hätte mit Tony gesprochen. Hätte die Wahrheit rausgefunden und ihm finanziell ausgeholfen. Aber nicht jetzt. Jetzt gehört Tony der Schmalspurvergangenheit an. Jetzt spielt er keine Rolle mehr.

Das Zweite, was er bei dem Gespräch erfahren hat, ist wichtig für ihn. Äußerst wichtig. Hardy ist verschwunden. Schon seit Tagen. Wo zum Teufel steckt er? Die Polizei geht von Mord aus. Das war mit Sicherheit Jamieson. Wer sonst sollte es auf Shugs Geldmann abgesehen haben? Eine andere logische Antwort gibt es nicht. Jamieson hat sich seinen Geldmann vorgeknöpft. Er hat bis zum Ende des Monats gewartet. Hat ihn umgelegt, und jetzt steht Shug da und kann seine Leute nicht bezahlen. Scheiße! Die Polizei. Die Polizei dürfte Hardys Büro auf den Kopf stellen. Der alte Mistkerl hatte alle Unterlagen da: alle Tricks, die er angewandt hat, um Shug zu helfen. Wenn die Polizisten nur halb so clever sind, wie sie glauben, werden sie seine ganzen Machenschaften aufdecken. Er steht auf und geht im Kreis. Er braucht Hilfe. Allein kriegt er das nicht hin. Also ruft er Don Park an. Lässt es eine Ewigkeit klingeln. Scheiße, nicht zu erreichen. Don hat gesagt, er wäre den Rest des Tages beschäftigt. Alles Mögliche arrangieren.

Shug steht im Zimmer und holt tief Luft. Okay. Zuallererst: Informationen beschaffen. Die Sachen, die wichtig sind. Rausfinden, was die Polizei weiß. Wie weit sind sie mit ihren Ermittlungen? Rausfinden, ob sie was Belastendes haben. Plötzlich wünscht er, er hätte Greig nicht angeschrien. Er muss ihn kontaktieren. Er kennt keinen anderen Polizisten. Fizzy hat immer gesagt, sie sollten sich noch jemanden suchen. Jemanden, der verlässlicher ist. Dem man trauen kann. Tja, dann hätte Fizzy es tun sollen, oder? Obwohl er der zweite Mann war, hat er rein gar nichts unternommen. Und jetzt haben sie bloß Greig. Shug ruft ihn an. Es meldet sich nur die Mailbox. Mistkerl! Geht einfach nicht ran. Was für ein mieser kleiner Wicht. Er hat die Aufgabe, für Shug zu arbeiten, und jetzt kriegt er's nicht hin. Das wird er ihm büßen. Da kann er Gift drauf nehmen.

An wen soll er sich jetzt wenden? Er versucht nochmal, Don zu erreichen. Immer noch nichts. War zu erwarten.

Er hat Wichtiges zu erledigen. Außerdem könnte es falsch sein, ihn anzurufen. Könnte so aussehen, als wäre Shug nicht imstande, so was allein zu regeln. Das könnte man ihm als Unfähigkeit auslegen. Ein Mann, der den einzigen bedeutenden Autoschieberring der Stadt aufgebaut hat. Der viele legale Firmen hat. Natürlich kann er das allein regeln. Er muss bloß überlegen. Komm schon – denk nach! Das kann doch nicht so schwer sein. Er lässt seiner Wut freien Lauf. Tritt gegen das Sofa, hofft, sich dann besser zu fühlen. Bleibt stehen und überlegt. Wenn er Greig nicht beauftragen kann, wen dann? Vielleicht ist die Polizei der falsche Ansatz. Vielleicht besser Jamieson. Wen hat er, der irgendwas über Jamieson weiß? Ha, das ist doch zum Lachen. Niemanden. Keine Menschenseele. Don Park, aber der ist heute von der Bildfläche verschwunden. Hutton vielleicht? Nein. Der weiß nichts und ist mit Fizzy beschäftigt. Wer weiß Bescheid über Hardy? Fizzy.

Er wählt die Nummer von Fizzys Handy. Es klingelt und klingelt, dann springt die Mailbox an. Er ruft bei ihm zu Hause an. Auch dort klingelt es immer wieder. Tony hat gesagt, er hätte ihn nicht erreicht. Fizzy geht also nicht ans Telefon. Vielleicht ist er schon tot. Vielleicht hat Hutton ihn schon erledigt. Dieses Risiko besteht, wenn man gegen einen Feind losschlägt – man erwischt ihn zu schnell. Wenn er einem noch nützlich sein könnte. Vielleicht ist Fizzy aber auch untergetaucht. Er könnte Shugs Anrufe ignorieren, weil er sich absetzt. Aber zu wem? Er könnte zu Jamieson gehen. Umso wichtiger, dass er beseitigt wird. Vielleicht flüchtet Greig auch zu Jamieson. Shug muss lächeln, denn langsam passt alles zusammen. Greig und Fizzy gehen beide in Deckung. Schwächlinge, die bei einem der großen Bosse Schutz suchen. Das wird sie teuer zu stehen kommen. Er muss rausfinden, ob Hutton den Auftrag schon erledigt hat. Muss ihm sagen, was als Nächstes dran ist.

Er ruft Hutton an. Der müsste rangehen, wenn sein Boss sich meldet. Auch wenn's gegen das Protokoll verstößt, müsste er rangehen. Sofort die Mailbox. Das gibt's doch nicht. Hutton auch? Das ist einfach zu viel. Bei weitem. Das kann kein Zufall sein. Ausgeschlossen. Hutton hängt mit drin. Er auch. Sie laufen alle zu Jamieson über. Ein Killer – das macht alles viel gefährlicher, als Shug erwartet hat. Er ruft Don nochmal an. Egal, wie das aussieht, diese Sache ist zu bedeutend. Don Park ist einer von MacArthurs wichtigsten Leuten. Er kann das in Ordnung bringen. Er hat die Macht und die Verbindungen. Es klingelt, aber niemand geht ran. Und plötzlich begreift er, wie groß das Problem tatsächlich sein könnte. Don Park könnte beteiligt sein. Alex MacArthur. Sie sind nicht zu Jamieson geflüchtet, sondern zu MacArthur. Shug ist isoliert. Mutterseelenallein gegen Jamieson. Alles wegen MacArthur. Er schmeißt das Telefon an die Wand. Tritt wieder gegen den Stuhl, den Computertisch und das Sofa. Würde am liebsten um sich schlagen, will sehen, dass jemand anders genauso leidet wie er in diesem Moment.

35

Sie waren tagelang beschäftigt, aber es ist nicht viel dabei rausgekommen. In Sachen Geld schon. Gegen etliche von Richard Hardys Klienten dürfte es Anzeigen hageln. Aber die meisten davon interessieren Fisher nicht. Ein Haufen von Luschen und Arschlöchern. Der Einzige, der zählt, ist Shug Francis. Auch gegen ihn wird es Anzeigen geben, aber nichts von Bedeutung. Ihn wegen Finanzverbrechen vor Gericht zu bringen, reicht nicht. Das ist nicht das richtige Signal. Hätte raffiniert sein können, als Shug noch unbedeutender war. Jetzt geht's Fisher um Mordanklagen. Die hat er aber nicht. Er ist sich sicher, dass Shug Hardy umgelegt hat. Und auch Kenny McBride. Doch er braucht mehr. Er muss es beweisen können. Zeigen, dass er ein Motiv und die Gelegenheit hatte. Dass es keine andere Erklärung gibt. Da sind jede Menge Motive. Jede Menge Gelegenheiten. Es gibt andere Möglichkeiten, aber die wirken nicht grade überzeugend. Peter Jamieson zum Beispiel. Doch da ist nichts, was ihn belastet. Herrgott, er braucht nur einen stichhaltigen Beweis.

Im Büro ist es still. Die Spätschicht ist da. Beim Betreten des Reviers wurden alle gewarnt, dass Fisher schlecht drauf ist. Sie wussten, dass seine gute Laune nicht lange anhalten würde. Der Mann dreht in den letzten Monaten durch. Er hat keinen einzigen Fall gelöst. Die Leute fangen an, über ihn zu reden. Er war ja schon immer schwierig. Ständig gereizt, ständig überheblich gegenüber allen, denen er sich überlegen fühlt. Das gilt für die meisten von ihnen, aus dem einen oder anderen Grund. Aber er hat Ergebnisse erzielt. Sich die Finger wund gearbeitet. Jetzt legt er sich immer noch ins Zeug, es führt bloß zu nichts. Dieser ganze Shug-Francis-Kram geht ihm auf den Geist. Und die Sache mit Scott und McClure. Auch Scheiße! Sieht so aus, als hätte er den Fall abgeschrieben. Ein Drogendealer und sein Kumpel, in Scotts Wohnung erschossen. Wurde als Mord mit anschließendem Selbstmord eingestuft, aber da steckte mehr dahinter. Fisher hatte einen Verdacht, ließ jedoch den nötigen Biss vermissen. So was kommt bei einigen Polizisten vor – Burnout. Man verlangt sich immer mehr ab, versucht ständig, sein letztes Ergebnis zu übertreffen. Man ist total am Ende. Das sagen sie jetzt über Fisher. Doch sie arbeiten leise und geben ihm keinen Grund, sich noch mehr zu ärgern. Er ist schon den ganzen Tag da und arbeitet an dem Fall. Das heißt, er ist ziemlich angespannt.

Die Flügeltür auf der anderen Seite des Raums wird aufgestoßen. Higgins. Einer von Fishers kleinen Lieblingen. Bei ihm dürfte er nicht vor Wut platzen. Nur wenn er dazu gezwungen wäre. Higgins geht auf Fisher zu. Würdigt die anderen keines Blickes. Diese Jungs wissen, wie man aufsteigt. Man stellt sich gut mit dem DI, und der schiebt einen die Leiter hoch. So war's vor einem Jahr. Jetzt vielleicht nicht mehr. Nicht, wenn der DI inzwischen als jemand gilt, der keinen Fall mehr lösen kann. Dann will man nicht mit ihm in Verbindung gebracht werden. Sonst bremst er den eigenen Aufstieg. Auf dem Revier gibt's ein paar Leute, die Fisher gern stürzen sehen würden. Fisher blickt von seinem Schreibtisch auf. Weniger interessiert an Higgins als an der Mappe in seiner Hand. Fisher hat nichts angefordert. Muss was Interessantes sein. Müsste Higgins nicht längst zu Hause sein? Er hatte doch Frühschicht. Noch so jemand, der, ohne es zu müssen, Überstunden macht. Guter Junge.

Higgins bleibt an Fishers Schreibtisch stehen. Er legt die dünne Mappe mit schwungvoller Geste hin und beugt sich vor.

»Telefonlisten. Verbindungsnachweise für Shug in den letzten Wochen. Hab kontrolliert, wen er kurz vor Hardys und McBrides Verschwinden angerufen hat. Abends ein kurzer Anruf von seinem Handy.«

Er klingt aufgeregt. Fisher schaut auf das Blatt. Ein fünfminütiger Anruf bei Derek Collins. Derek Collins – er kennt den Namen. Noch so ein beschissener Mörder, der im Gefängnis verrotten sollte. Collins hat schon zweimal gesessen. Nicht wegen Mordes. Und nicht lange. Aber er ist ein Killer. Das weiß Fisher. Er blättert weiter. Collins: der entsprechende Anruf. Dann nichts mehr. Die beiden halten Abstand. Das ist es. Darauf hat Fisher gewartet. Was so Simples. So Grundlegendes. Shug hat seine Lektion nicht gelernt. Hat nicht gelernt, wie man seine Spuren verwischt.

Eine Stunde später, Fisher hält alle auf Trab. Die meisten von ihnen tragen nichts Nützliches bei, tun aber beschäftigt. Eigentlich gibt's nicht sonderlich viel zu tun, doch Fishers Energie strahlt auf die anderen aus. Ein paar Leute lässt er nach Videoaufzeichnungen suchen. Um rauszufinden, wo Des Collins in jener Nacht war. Ob er vielleicht unterwegs war. Es wäre phantastisch, wenn sie ihn vor Hardys Büro oder irgendwo in der Nähe entdecken könnten. Hauptsache, sie entdecken ihn in der fraglichen Zeit nicht woanders. Das dürfte erst mal reichen. Also ist Collins wahrscheinlich der Killer. Und Shug hat ihm den Auftrag gegeben. Das passt. Ein anderer Polizist soll versuchen, Collins ausfindig zu machen. Er soll ihn nicht verhaften. Noch nicht. Man bringt ihn nicht aufs Revier, bevor man alles Nötige zusammen hat, um ihn dranzukriegen. Doch man muss wissen, wo er steckt. Um sicherzugehen, dass er nicht abhaut. Der dumme Mistkerl könnte sich sogar weiter belasten, während er beobachtet wird. Wo Shug ist, braucht niemand rauszufinden. Er dürfte zu Hause sein. Genau wie seine rechte Hand. Der kommt auch auf die Anklagebank. Oh, Fisher wird jeden von ihnen schnappen.

»Arbeitet Collins nicht für Alex MacArthur?«, fragt einer der DCs.

Wie heißt der Mann noch gleich? Scheiße, Fisher fällt sein Name nicht ein. Ein massiger Typ mit grauem Haar. Egal. Sowieso kein sonderlich guter Polizist. »Ja, das stimmt«, sagt Fisher. »Hat schon für andere gearbeitet, scheint aber bei MacArthur untergekommen zu sein. Ein paar Leute haben ihn mit Donald Park in Verbindung gebracht.«

»Okay. Ich dachte, er gehört zu MacArthur«, sagt der Polizist.

Er wirkt nervös. Ein paar von ihnen dürften nervös sein. Feiglinge. Gibt's hier jede Menge. Haben Angst, sich mit

MacArthur anzulegen. Wenn's bloß Shug ist, in Ordnung. Den halten sie für unbedeutend. Doch MacArthur ist ein großer Fisch. Ein Mann, der in der ganzen Stadt Einfluss hat. Der einem Polizisten das Leben schwermachen kann. Aus diesem Grund dürften sich einige nur ungern mit ihm anlegen. Aber es ist doch so: Wenn man immer den Schwanz einzieht, sich diesem Abschaum nicht entgegenstellt, dann breitet er sich immer mehr aus. Bis man irgendwann wirklich nicht mehr dagegen ankommt. Bei diesen Ermittlungen dürften sie MacArthur wohl kaum erwischen. Schön wär's. Aber sie kriegen Collins und Shug, zwei Männer, die bekanntlich zu ihm gehören. Und damit bröckelt seine Glaubwürdigkeit.

Alle tun beschäftigt. Ein Kinderspiel für Higgins, unbemerkt rauszuschlüpfen. Er geht nach unten. Wenn Fisher was von ihm will, kann er rufen. Unwahrscheinlich, dass er sich die Mühe macht. Oben sind jede Menge Leute, die alles erledigen können. Vermutlich findet an diesem Abend keine Verhaftung statt. Das ist nicht Fishers Stil. Er ist äußerst akribisch. Er dürfte dafür sorgen, dass vor den Festnahmen alles unter Dach und Fach ist. Normalerweise zumindest. Doch diesmal könnte er anders vorgehen. Er braucht eine Festnahme. Das weiß Higgins so gut wie alle anderen. Ist schon Monate her, dass Fisher der Unterwelt zum letzten Mal dazwischengefunkt hat. Früher ist er ihnen gehörig auf die Nerven gegangen. Doch inzwischen ist er bedeutungslos. Eine Verhaftung. Eine Anklage. Eine Verurteilung. Wenn Shug hinter Gitter muss, ist das ein Signal. Wenn Collins hinter Gitter muss, hat es Folgen. Shug ist bekannter. Aber Collins, als MacArthurs Killer, dürfte in dessen Organisation mehr Leuten Sorgen bereiten. Ihnen Angst machen. Und genau das will Fisher.

Higgins sitzt in einer Ecke der Umkleide. Seine Schicht ist schon seit Stunden vorbei. Wenn er will, kann er einfach rumhängen. Zum Teufel, er sollte längst zu Hause sein. Er ist vorsichtig. Vergewissert sich, dass niemand in der Nähe ist. Unwahrscheinlich, dass jemand reinkommt. Die ganze Spätschicht hat sich schon umgezogen; viele sind schon auf ihrer Runde. Er holt sein Handy raus. Wählt eine Nummer, die er im Gedächtnis hat.

»Ich dachte, Sie würden gern wissen, dass es Beweise gibt, die Shug Francis mit Des Collins in Verbindung bringen. In den nächsten achtundvierzig Stunden dürfte es Verhaftungen geben. Sobald ich mehr weiß, sag ich Bescheid.«

»Gut, danke«, sagt Young am anderen Ende und legt auf.

Das Handy fragt nach, ob Higgins die Nummer speichern und einen neuen Kontakt hinzufügen will. Er drückt auf Nein. Löscht den Anruf aus dem Protokoll. Hoffentlich lässt Young den Anruf aus den offiziellen Verbindungsnachweisen löschen. Higgins atmet durch. Zieht sich um. Fährt nach Hause, den nötigen Schlaf nachholen.

36

Die Maschine nach London ist längst weg. Schon vor Stunden. Calum hat nicht dringesessen. Er ist im Krankenhaus. Wartet, George neben sich, auf einem Flur. Die letzten paar Stunden sind an ihm vorbeigerauscht. Er weiß noch, dass George ihn zur anderen Seite der Werkstatt rief. Dort lag William auf dem Boden. Völlig reglos. Auf der Seite. Keine Atmung erkennbar. Seine Augen geschlossen. Blut lief die Wange runter. Nicht besonders viel. Aus einer Wunde am Kopf. Tröpfelte aus Nase und Mund. Im linken Nasenloch ein Bläschen. Das war alles, was Calum auffiel. Was er noch weiß. Ein Bläschen, das immer größer wurde und platzte, während William langsam ausatmete. Da wusste er, dass sein Bruder noch lebte. Ein Moment der Erleichterung. In dem er fast vergaß, was sie William angetan hatten. Aber nicht lange.

George hat vorgeschlagen, William in seinem Wagen ins Krankenhaus zu bringen. Calum sagte nein. Sie müssten ihn liegen lassen. Dürften ihn nicht bewegen, ehe die Sanitäter kämen. Das ist, was er sagte, aber nicht, was er dachte. Er dachte, dass er George nicht vertraut. Sein sterbender Bruder sollte nicht von jemandem weggebracht werden, dem man nicht trauen kann. George forderte übers Festnetz die Sanitäter an. Von seinem Handy wollte er keinen Notruf absetzen. Calum kniete neben William. Sagte, dass alles in Ordnung komme. Dass man ihn im Handumdrehen zusammenflicken werde. Keine Antwort. Als George im Büro war, um anzurufen, sagte Calum noch was anderes. Dass er ihn rächen werde. Da wusste er nicht, ob er das wirklich ernst meinte – hatte bloß das Gefühl, so was sagen zu müssen. Jemand schlägt deinen Bruder bewusstlos; da palaverst du schon mal von Rache. Irgendwas, worauf William reagieren würde. Nichts.

Der Krankenwagen brauchte nur fünf Minuten. Zwei Sanitäter, die reingerannt kamen und sich über William beugten. Calum wusste schon, dass es schlimm war. Das hätten sie nicht zu sagen brauchen. Sie taten es trotzdem. Waren nicht besonders zuversichtlich. Trugen William zum Krankenwagen. Calum stieg mit ein. George ging zu seinem Wagen. Folgte ihnen zum Krankenhaus. Seitdem sitzen sie im Flur und warten auf Neuigkeiten. Sitzen schweigend da. Ein Arzt kommt. George steht auf, damit Calum ungestört mit ihm reden kann. Er geht den Flur lang und stellt sich in eine Ecke. Was für ein Desaster! So hätte das nicht laufen sollen. Jemand hat Mist gebaut, und irgendwer muss dafür büßen. Nicht immer der, der Mist gebaut hat. Scheiße, sie könnten ihm die Schuld geben. Dem Mann, der in der Nähe war. Sie müssen zeigen, dass sie jemanden bestrafen, am besten jemanden, der ihnen unwichtig ist. George blickt den Flur lang. Betrachtet Calum. Ein hartes Gesicht. Das immer härter wird. Schlechte Nachrichten.

»Wenn Sie Angehörige haben, die ihn gern sehen würden, sollten Sie ihnen sofort Bescheid geben«, sagt der Arzt. Sie glauben nicht, dass William die Nacht übersteht. Holen Sie die Familie zusammen – das ist die Botschaft.

»Mach ich«, sagt Calum und nickt. Der Arzt sieht ihn an und hält inne. Er würde gern fragen, wie sich William die Verletzungen zugezogen hat, bringt es aber nicht fertig. Das ist sowieso die Aufgabe der Polizei, und die wird bald da sein. Sie wurde bereits verständigt. Der Mann wird an einem Schädel-Hirn-Trauma sterben. Sieht so aus, als sei er verprügelt worden. Vielleicht auch getreten. William MacLean hat einfach Pech gehabt. Der Arzt hat schon schlimmer zugerichtete Leute gesehen. Die haben überlebt. Doch manchmal reicht schon ein einziger kräftiger Schlag. Eine einzige Verletzung, und schon ist der Schaden zu groß. Ein Tritt an den Kopf kann genügen, und William hat mehrere abgekriegt. Der Arzt geht wieder. Der jüngere Bruder scheint lieber allein zu sein.

Calum blickt den Flur lang und betrachtet George. George kommt zurück. Setzt sich neben ihn.

»Nicht gut, oder?«, fragt er.

»Er wird die Nacht nicht überstehen«, sagt Calum. In seiner Stimme ein harter Ton. Keine Trauer, keine Gefühle. Eine Pause tritt ein. »Ich rufe meine Mutter an, sag ihr, sie soll ein Taxi nehmen. Aber erst musst du mir erzählen, was du weißt.«

»Was ich weiß?«

»Wer hat William zusammengeschlagen? Wer war das? Hast du davon gewusst?«

George schweigt. Fängt an zu stammeln. Die Fragen machen ihm Angst. Calum verlangt, dass er sich für eine Seite entscheidet. Das will er auf gar keinen Fall.

»Ich weiß nicht, wer's war«, sagt er aufrichtig. »Nur, dass Shaun Hutton seit kurzem in die Sache verwickelt ist. Aber ich weiß nicht ... Warum sollten sie ihn so was tun lassen? Da hätten sie doch eigentlich mich schicken müssen.« Seltsamer Kommentar. Dass sie besser ihn geschickt hätten, um William zu verprügeln. Aber er meint es ernst. Denn dann würde es William jetzt gutgehen. Er hätte ein paar Wunden und blaue Flecke. Und würde über George fluchen. Mehr nicht.

Calum muss noch ein paar andere Dinge wissen, bevor er seine Mutter anruft. »Hast du auf dem Weg zum Krankenhaus mit Young telefoniert?«, fragt er George.

»Mit Young? Nein. Ich bin bloß dem Krankenwagen gefolgt.«

Calum sieht ihn an. Forschend. Bedrohlich. »Ich muss wissen, was Young und Jamieson wissen.«

»Ich hab Young angerufen, als du die Wohnung verlassen hast, hab ihm gesagt, dass du losfährst. Sollte ihm Bescheid geben, sobald ich weiß, wo du bist. Seitdem hab ich nicht mehr daran gedacht, ihn anzurufen. Ich meine, mein Gott, als ich William gesehen hab, wollte ich ihn bloß ins Krankenhaus bringen.«

Er klingt aufrichtig. George ist kein guter Lügner; Calum würde merken, wenn etwas nicht stimmt. Also weiß Jamieson nicht, dass Calum im Krankenhaus ist. Er weiß auch nicht, wo George ist. Das könnte von Vorteil sein.

In seinem Kopf nimmt ein Plan Gestalt an. Etwas, das er tun kann. Das er tun muss. Das wird kein Kinderspiel. Schwere Entscheidungen. Doch es bleibt ihm nichts anderes übrig, also sind sie selbst schuld. Er blickt George an.

Er könnte ihn benutzen. Nein, das geht nicht. Er darf ihm das Leben nicht noch schwerer machen. Verdammt, wenn er so was wie ein Freund sein will, dann muss er ihm da raushelfen. George sitzt in der Klemme, ob er's weiß oder nicht. Wenn Jamieson rausfindet, dass er ins Krankenhaus gefahren ist, ohne es ihnen zu sagen, dann wird er sich fragen, auf wessen Seite George steht. Und wenn er zu dem Schluss kommt, dass George mit Calum unter einer Decke steckt, dann ist Georges Leben in Gefahr. Er wirkt gedankenverloren. Scheint sich nur Sorgen um Calum und William zu machen. Also muss Calum überlegen, was zu tun ist. Muss jeden Schritt planen. Jedes Gespräch. Den Informationsfluss kontrollieren. Im Moment ist nichts so wichtig wie das. Jamieson weiß nicht, wo Calum ist. Wo George ist. Wenn er ihn darüber im Unklaren lässt, hat er eine Chance.

George mustert Calum. Betrachtet sein Gesicht. Er weiß, was hier läuft. Calum weiß, dass er der Nächste ist. Sie haben seinen Bruder umgebracht, weil der ihm geholfen hat. Sie werden auch ihn umbringen. Also überlegt er, was er tun soll. George hat Herzrasen. Er sollte nicht hier sein. Damit riskiert er sein Leben. Die werden denken, dass er Calum geholfen hat. Doch was hätte er sonst tun sollen? Wenn sie ihm bloß gesagt hätten, was los ist. Aber nein, sie mussten unbedingt ihre kleinen Geheimnisse haben. Ihm alle möglichen Aufgaben geben, ohne ihn vorzuwarnen. Kein Wort darüber, dass sie's auf William abgesehen hatten. Und weshalb auf Calum. Scheiße! Jamieson mag sein Boss sein, aber er hat einen Tritt in den Arsch verdient. Man kann den Leuten keine wichtigen Jobs geben und sie dann nicht auf dem Laufenden halten. George soll ständig mehr Aufgaben übernehmen, aber man behandelt ihn noch immer wie Scheiße. Die haben eine Strafe verdient.

»Hast du Kleingeld dabei?«, fragt Calum. »Ich rufe meine Mutter an, vom Münztelefon.«

George gibt ihm ein paar Münzen und beobachtet, wie er den Flur langgeht. Er sieht das Telefon. Keine Gefahr, dass Calum abhaut. Im Krankenhaus ist er in Sicherheit. Hier werden sie ihn nicht umlegen. Dazu müssten sie sowieso erst mal wissen, wo er ist. Calum hält den Hörer ans Ohr. Spricht mit jemandem. Ein trauriges Lächeln. Seine Mutter meldet sich freudig. Dann redet Calum. Erklärt. Wie sagt man seiner Mutter, dass ihr Sohn im Sterben liegt? Hatte sie einen Schimmer, was für ein Leben ihr jüngster Sohn führt? Wie wird sie reagieren, wenn sie erfährt, dass William wegen Calum im Sterben liegt? George beobachtet ihn. Fragt sich, ob Calum dasselbe denkt. Was machen solche Gedanken aus einem Menschen? Wie kaltblütig Calum auch ist, er bleibt doch ein Mensch. Das Ganze muss ihm doch nahegehen. Ihn verändern. Mit Sicherheit macht es ihn noch gefährlicher.

37

Er schläft noch, als das Telefon klingelt. Es ist erst sechs Uhr früh. Elaine soll den Kindern das Frühstück zubereiten, sie für die Schule fertigmachen und losschicken. Er wollte bis zehn schlafen. Hat keine Lust, irgendwas zu tun. Soll die Welt doch aus den Fugen gehen. Er bleibt unter der Decke. Er hat lange genug auf einen Anruf gewartet. Nichts. Niemand will mit Shug Francis reden. Klar, als noch was dabei raussprang, wollten alle mit ihm reden. Wer unter Druck steht, merkt, wer seine wahren Freunde sind. Keine Reaktion von Don Park, trotz der vielen Versuche. Nichts von Shaun Hutton. Oder von Fizzy. Der ist wahrscheinlich nicht tot, er geht bloß nicht ans Telefon. Hutton dürfte den Auftrag nicht erledigt haben, nicht wenn er für MacArthur arbeitet. Er hat keine Freunde mehr. Nicht mal die, die er auf dem Weg nach oben mitgezogen hat.

Er überlegt, nochmal Don Park anzurufen. Der muss doch wissen, was läuft. Wenn jemand das Ganze bestätigen oder entkräften kann, dann ist es Don. Aber wenn sie ihn gar nicht zu isolieren versuchen, dann steht er dumm da. Wenn Don was sagen will, meldet er sich. Doch Shug geht nicht deshalb nicht ans Telefon. Sondern weil er weiß, was passieren wird. In Gedanken hat er alles schon durchgespielt. Alle sind in die Sache verstrickt. Sie haben sich gegen ihn verschworen. Wenn er Don anruft, wird der nicht rangehen. Don wird ihn ignorieren, weil er gegen ihn arbeitet. Er will nicht mit dem Mann reden, den er in den Abgrund stürzt. Dazu hat er nicht die Eier. Du findest jemanden beeindruckend, hältst ihn für professionell. Doch plötzlich kehrt er dir den Rücken und hintergeht dich. So was passiert, wenn du Vertrauen hast. Wenn du jemandem die Gelegenheit gibst, dich reinzulegen, dann tut er's auch. Jeder. Uralte Freunde. Neue Freunde. Im Moment würde er nicht mal seiner Frau trauen.

Er streckt die Hand aus und nimmt das Telefon. Macht sich nicht die Mühe, aufs Display zu blicken.

»Hallo.«

»Shug, bist du das?«

Diese raue, krächzende Stimme. Alt und ziemlich matt. Klingt unnötig aggressiv. Alex MacArthur. Kann kein anderer sein. »Ja.« Mehr sagt Shug nicht. Mehr traut er sich nicht zu sagen. Er darf dem alten Mann nichts unterstellen. Darf ihm keine Gelegenheit geben, die Beherrschung zu verlieren. Seine Wutausbrüche sind legendär. Doch die liegen schon eine Weile zurück. Angeblich ist er altersmilde geworden. Unsinn! Der ist so gefährlich wie eh und je. Kann's bloß besser verbergen.

»Hier ist Alex MacArthur. Hast du kurz Zeit?« Er kommt sofort zur Sache.

»Ja. Sollen wir nicht besser von Angesicht zu Angesicht reden?«, fragt Shug. Diese Frage ist wichtig. Von Angesicht zu Angesicht würde bedeuten, dass er vor einer negativen Reaktion keine Angst hat.

»Nein, wir sollten das jetzt besprechen«, sagt MacArthur.

Shug weiß Bescheid. Er hört kaum noch zu. Sieht, wie Elaine aufsteht und das Zimmer verlässt, weil sie weiß, dass es ums Geschäft geht. Dass sie nicht mithören soll.

»Wir haben ein Problem«, sagt MacArthur. »Ich hab alles Mögliche über dich gehört. Dass du jemand umlegst, ohne es mit mir abzuklären. Weiß der Himmel, was du dir dabei gedacht hast. Warum zum Teufel wolltest du die Aufmerksamkeit auf uns lenken? Du hast lauter Schwachsinn am Laufen. Die Polizei ist hinter dir her. Wir hatten eine Abmachung, und du hast drauf geschissen, Shug. Ich kann da nicht mehr mitmachen.«

Shug lacht. Ein bitteres Lachen. »Tatsächlich? Du kannst nicht mehr mitmachen, weil du glaubst, ich hätte gegen unsere Abmachung verstoßen? Meinst du, ich weiß nicht, was hier läuft.«

»Du hast offenbar keine Ahnung«, sagt MacArthur und hustet. »Du führst dich auf wie ein Hollywood-Gangster. Legst Leute um. Gerätst ins Visier der Polizei. Ich hätte dich für klüger gehalten, mein Junge. Nur deshalb hab ich mitgemacht. Ich dachte, du wüsstest es besser. Jemand wie du, mit legalen Geschäften – ich hab dich für clever gehalten. Tja, du hast keinen Verstand. Nicht den geringsten.«

Shug setzt sich auf und hält den Hörer ans Ohr. Er hat seit zehn Sekunden kein Wort gesagt. Starrt den Schrank an. Starrt ins Leere.

»Hallo?«, sagt MacArthur. Er ist noch nicht fertig.

»Du hast deinen Standpunkt klargemacht«, sagt Shug.

»Vielleicht setzt du sogar deinen Willen durch. Du könntest es schaffen, mich zu bescheißen, aber irgendwann wirst du's büßen. Denk an meine Worte. Am Ende kriegst du, was du verdient hast. Das gilt für alle.« Klingt selbst für Shug wie eine leere Drohung.

»Ja, gut, jetzt hör mir mal zu. Du hast den großen Mann markiert. Damit alle glauben, sie müssten sich vor dir fürchten. Aber es gibt Leute, vor denen du dich fürchten solltest. Wenn du mir drohen willst, geb ich dir einen Grund, Angst zu haben. Und ich will dir noch was sagen: Vor Peter Jamieson solltest du dich fürchten. Er dürfte erst zufrieden sein, wenn er dich zerquetscht hat, mein Junge. Das ist ein gefährlicher Scheißkerl. Aber es gibt Beweise gegen ihn, weißt du? Er ist nicht so clever, wie er glaubt. Du könntest ihn immer noch zur Strecke bringen.«

Das übersteigt doch alles. Der alte Mistkerl versucht ihn zu erledigen, aber er soll ihm einen Gefallen tun. Glaubt, dass Shug was für ihn tun wird. Ich brech dir das Kreuz, und du kraulst mir den Rücken. Er will Shug überreden, ihm gegen Jamieson Beweise zu liefern. Er weiß, dass Shug jede Menge Probleme hat. Dass er im Polizeigewahrsam landen wird. Gleichzeitig hofft er, dass Shug Jamieson verpfeift. Shug legt auf. Den Schachzügen des Alten zu lauschen, macht ihn krank. Der glaubt wohl, er kann ihn zu allem überreden. Doch Shug hat nichts mehr zu verlieren. MacArthur hat kein Druckmittel mehr. Shug sitzt da. Zwanzig Sekunden verstreichen. Das Telefon klingelt wieder. Jemand wie MacArthur gibt nicht so schnell auf. Er ist es gewohnt, Menschen zu benutzen. Seinen Willen durchzusetzen. Shug hebt ab und legt sofort wieder auf.

War nicht mal alles ganz locker? Ist noch nicht lange

her. Die legalen Geschäfte liefen gut. Der Autoschieberring war profitabel und unangreifbar. War viel Arbeit. Und riskant. Aber sie hatten ein funktionierendes System. Gegenüber den großen Organisationen waren sie großzügig. Hielten alle bei der Stange. So was konnte Shug gut. Keine von ihnen hatte es auf seine Geschäfte abgesehen. Ein paar kleinere schon, doch Shug hatte genug Geld, um sich Schutz zu kaufen. Die meisten Leute, die ins Autogeschäft wollten, hatten große Organisationen hinter sich. Leute, die in der Hierarchie weiter unten standen und dachten, sie würden mit ein paar Autobastlern schon fertig werden. Die meisten hielt er sich vom Hals, indem er mit den großen Organisationen redete, unter deren Schutz die agierten. Dann wurden sie zusammengestaucht. Shug zahlte Schmiergeld. Und das Problem war gelöst. Alles lief wieder normal. Von der Polizei hatte er nichts zu befürchten. Der Autoschieberring hatte bei den Bullen nie Vorrang. Ermittlungen gegen Autoschieber kosteten ein Vermögen. Und das Resultat wäre, dass sie Shugs Leute aus dem Verkehr zogen und so ein Vakuum schafften. Würde nicht mal vierzehn Tage dauern, bis jemand seine Nachfolge antrat. Wahrscheinlich jemand, der für Shug gearbeitet hatte und wusste, wie's geht. Und die Bullen konnten sich nicht sicher sein, dass die neuen Leute größtenteils gewaltlos waren. Lieber das Übel, das man schon kennt.

Doch Shug kriegte den Hals nicht voll. Ein solides Geschäft. Ein Haufen Geld aus dem Autoschieberring, gut versteckt in den Büchern. Echt schwierig, ein funktionierendes System zu entwickeln, und er hatte eins. Ein legales Geschäft, das groß genug war, um die Finanzen aus den kriminellen Unternehmungen aufzufangen. Alle verdienten gut. Ein kleiner Trupp treuer Mitarbeiter. Gute

Leute. Jedenfalls sah es so aus. Aber andere machten noch mehr Geld. Ohne was Kompliziertes zu tun. Sie schienen nichts zu machen, was Shug nicht auch konnte. Jemand schlägt vor, wenn er seine Autos im ganzen Land verkauft, könnte er was darin schmuggeln. Ein kleiner Zusatzverdienst. Kein großes Risiko, aber ein großer Gewinn. Shug zögerte. Stoff schmuggeln hieß, jemandem ins Handwerk pfuschen. Klar, von der Polizei drohte keine große Gefahr. Aber von Leuten, die glauben, dass man gegen sie arbeitet. Wer sich für so was entscheidet, darf also nicht halbherzig sein. Da geht's um richtig viel Geld. Wenn man seine Sache gut macht, kann man ein Vermögen verdienen. Einen Reibach machen.

Das ist das Problem, wenn was leicht ist. Man denkt, dass es so bleibt. Wenn man einen Autoschieberring aufbauen kann, ist ein Drogennetz auch kein Problem. Man muss alles unter Kontrolle haben. Also plant man. Man organisiert. Man stellt Leute ein. Man findet die Schwächen der anderen raus. Findet das Opfer und die Methoden, die man anwenden kann, um es zu Fall zu bringen. Übernimmt seinen Marktanteil. Widmet sich dann dem Nächsten. Der Nächste ist ein bisschen bedeutender. Und immer so weiter, bis man ganz oben ist. Natürlich hat Shug gewusst, dass es gefährlicher wäre. Im Autogeschäft gibt's keine Killer. Nicht, dass er wüsste. Doch es ist anders, als er erwartet hat. So zerstörerisch. Schon vom ersten Tag an. Und alles, was er versucht hat, ist total in die Hose gegangen. Wurde ihm als Schwäche und Dummheit ausgelegt. Er hat nichts mehr. All seine Freunde. Das perfekte System. Das leicht verdiente Geld. Alles wertlos.

38

Seit ihrer Ankunft hat seine Mutter kaum was gesagt. Und das ist schon Stunden her. Sie kann's nicht fassen. Wie konnte William so was zustoßen? George ist geblieben. Die ganze Nacht. Er sitzt schweigend da, bereit zu helfen, wenn er kann. Er hat nicht versucht, Young anzurufen. Überlässt Calum immer noch das Kommando. Sitzt immer noch im Flur. Sie haben William operiert, versucht, den Druck aufs Gehirn zu lindern. Ist fehlgeschlagen. Jetzt können sie nichts mehr tun. Calum und seine Mutter dürfen bei William sitzen. Die letzte Stunde.

George bleibt draußen im Flur. Es steht ihm nicht zu, im Zimmer zu sein. Er überlegt, ob er gehen soll. Darauf hat er ein Recht. Kein Freund könnte ihm übelnehmen, wenn er versucht, sich zu schützen. Doch er tut's nicht. Er bleibt. Er denkt immer noch, dass es wenigstens teilweise seine Schuld ist. Nach der Sache mit Emma wollte Calum wohl aussteigen. Okay, das mit Frank MacLeod und Glen Davidson hat wahrscheinlich auch eine große Rolle gespielt. Aber so ist der Job nun mal. Das war für

Calum nie ein Problem. Wenn er abhauen wollte, dann wegen des persönlichen Krams. Und dafür ist George verantwortlich.

Calum und seine Mutter sitzen schweigend da. Betrachten William, der, angeschlossen an eine Maschine, in dem Krankenhausbett liegt. Es ist ein seltsames Gefühl für die Mutter. Wenn man sich die Schläuche wegdenkt, sieht William, abgesehen von der gebrochenen Nase und der aufgeplatzten Lippe, unversehrt aus. Calum hat die Stelle gesehen, an der sie ihm vor der Operation den Kopf rasiert haben. Da ist die Verletzung. Da hat er einen Tritt abgekriegt. Calum hat schon genug Tote gesehen. Manche sahen aus, als hätte niemand sie angerührt. Es fühlt sich bloß seltsam an, dass es diesmal William ist. Er hat so viele gesehen, bei denen es ihm egal war. Schon bei Frank war es anders – jemanden, den man mag, tot daliegen zu sehen. Ihn zu beerdigen. Aber das hier ist noch schlimmer. Frank gehörte zum Geschäft. William hat das nicht verdient. Es ist Calums Schuld. Wenn Calum einen anderen Job hätte, würde es William gutgehen.

Die Polizei war da. Hat mit Calum und George im Flur gesprochen. Meistens hat Calum geredet. George war bloß der Freund, der mit ihm zur Werkstatt gefahren ist. Calum sagte, er könne es nicht begreifen. Er wüsste niemanden, der seinem Bruder was antun wollte. Die Polizisten nickten die ganze Zeit. Ein ziemlich gelangweilter Detective hat ein paar Fragen gestellt. Aus Sicht der Polizei kann es im Moment alle möglichen Gründe geben. Geld. Streit wegen einer Frau. Sie haben nicht mal eine Vermutung. Irgendwann wird sich der Name unter den Kollegen rumsprechen. Irgendjemand wird sagen, dass Calum MacLean zu Jamieson gehört. Dann wird helle

Aufregung herrschen. Polizisten werden ausschwärmen. Calum will das unter Kontrolle haben. Sie sollen seinem Bruder nicht nahe kommen. Nicht bevor er tot ist. Wenn William gestorben ist und Calum seine Bruderpflicht erfüllt hat, wird sich alles ändern.

Die Maschine macht ein Geräusch. William wirkt unverändert, doch sie wissen, das stimmt nicht. Eine Schwester kommt rein. Spricht ihnen ihr Mitgefühl aus. Calum kümmert sich um seine Mutter. Sie ist in Tränen aufgelöst, und er tut alles, um ihr zu helfen. Das ist nicht viel, denn er weiß, dass es für sie noch viel schlimmer wird, ehe es besser wird. Er muss sich mit ihr hinsetzen und reden. Ein Gespräch mit ihr führen, das sie zugrunde richten könnte. Er denkt seit Stunden darüber nach. Hat nach einer Möglichkeit gesucht, sie zu schonen. Aber die gibt es nicht. Er muss es auf die harte Tour machen. Kalt sein. Ihr weh tun. Ihm bleibt nichts anderes übrig. Er legt den Arm um sie. Sie sind noch immer bei William im Zimmer. Die Schwester ist wieder gegangen. Sie sollen einen Moment der Ruhe haben. Sich verabschieden.

Sie sind draußen im Flur. Warten auf den richtigen Augenblick. Calum schaut auf die Uhr. Zehn nach acht. William ist seit dreißig Minuten tot. Ihre Mutter will sich nicht rühren. Will bloß dasitzen. Wahrscheinlich der Schock. George ist im Flur, will wissen, wie es weitergeht. Calum ist bereit, zu reden.

»George, wartest du bitte am Eingang auf mich? Ich will mit dir sprechen, bevor wir gehen.«

George nickt. Ein bisschen unsicher, doch bereit zu tun, was ihm gesagt wird. Er geht den Flur lang und um die Ecke zu den Aufzügen. Denkt, dass so was unvermeidlich war. Man wird gedrängt, wichtige Aufgaben zu übernehmen und steckt plötzlich tief in der Scheiße. Zwangsläufig. Bald wird hier überall Polizei sein. Erstaunlich, dass sie noch nicht da sind. Die haben vielleicht noch was Wichtigeres zu tun. Die werden von Mord ausgehen. Dann muss er sein altes Leben aufgeben, weil sie wissen, dass er als Erster am Tatort war. Er schüttelt den Kopf, während ihn der Aufzug nach unten bringt.

Sobald George weg ist, wendet sich Calum seiner Mutter zu. Er steht auf und kauert vor ihr. Nimmt ihre Hände und sieht ihr in die Augen.

»Hör mir zu, Ma. Du musst mir zuhören und dir merken, was ich sage. Ich will nicht, dass du was sagst, weil ich weiß, dass du vieles von dem, was ich dir erzähle, nicht glauben wirst. Nicht glauben willst. Doch es stimmt alles. Ich bin an Williams Tod schuld. Man wollte ihn bestrafen, weil er mir geholfen hat. Ich hab für üble Leute gearbeitet. Echt üble Leute. Ich war wichtig für sie. Sie haben rausgefunden, dass ich abhauen wollte. Nicht mehr für sie arbeiten und aus Glasgow verschwinden wollte. Das hat ihnen nicht gefallen. Man darf ihnen nicht davonlaufen, aber ich hab's versucht. Allein konnte ich es nicht schaffen. Ich brauchte Hilfe. William musste mir helfen, und das hat er getan. Weil er mein großer Bruder ist und mich liebt. Und deshalb haben sie ihn umgebracht. Egal, was sie über William sagen, vergiss nie, dass er's für mich getan hat. Dass er meinetwegen tot ist. Weil er ein guter Bruder war. Okay?«

Er sieht ihre Verwirrung. Ihren Schmerz. Aber es kommt noch schlimmer. Er muss ihr sagen, was als Nächstes geschehen wird, und das dürfte noch schwerer zu ertragen sein. Doch am wichtigsten ist, dass sie nichts von dem glaubt, was sie über William hört. Die Polizei wird herausfinden, was er getan hat. Dass er mit gestohlenen Fahrzeugen und Ersatzteilen zu tun hatte. Sie werden ihn mit dem organisierten Verbrechen in Verbindung bringen, so tun, als wäre er viel stärker darin verstrickt gewesen, als er es tatsächlich war. Diesen Unsinn darf sie nicht glauben.

»Hör zu, Ma, ich muss gehen. Nicht nur für den Moment, sondern für immer. Ich muss die Stadt verlassen. Aus dem Land verschwinden. Wenn sie mich finden, werden sie versuchen, mich auch umzubringen.« Sie öffnet den Mund, will was sagen. Will, dass ihr letzter Sohn in der Stadt bleibt. »Ich muss los, Ma«, sagt er. Er muss ihr zuvorkommen, bevor sie was sagt, womit er nicht klarkommt. »Mir bleibt nichts anderes übrig. Wenn ich bleibe, töten sie auch mich. Sprich mit der Polizei. Erzähl ihnen alles. Ich liebe dich.« Das erste Mal seit seiner Kindheit, dass er das sagt. Er beugt sich vor und gibt ihr einen Kuss auf die Stirn.

Dann steht er auf, schultert die Tasche mit seinen Sachen, dreht sich um und geht. Den weißen Flur lang zur nächsten Ecke. Dort dreht er sich nochmal um. Sie sitzt noch genauso da. Starrt vor sich hin. Hat sich nicht vom Fleck gerührt. Ihre Schultern beben. Sie ist nicht besonders stark. Calums Vater ist vor ein paar Jahren gestorben – jetzt hat sie niemanden mehr. Ihre Freunde werden sich kümmern, aber das wird nicht helfen. Ein Sohn ermordet, der andere auf der Flucht. Sie wird kaum das Haus verlassen. Aus Sorge, dass die Leute über sie reden. Ihre beiden Jungen schlechtmachen. Die Scham. Die könnte sie zugrunde richten. Doch es gibt keine andere Möglichkeit. Er könnte in der Stadt bleiben und das nächste Opfer werden. Besser, ihr bleibt der Hoffnungsschimmer, dass Calum noch lebt. Sie wird ihn vielleicht nie wiedersehen, doch er wird sich irgendwann bei ihr melden. An diese Hoffnung kann sie sich klammern. Mehr bleibt ihr nicht.

Calum weint nicht. Zeigt keine Gefühle. Er weiß nicht mehr, wann er zum letzten Mal geweint hat. Stattdessen wird er ganz ruhig. Eine Art kontrollierte Wut. Auch jetzt ist er ruhig. Sein Denken so klar, wie es nur unter starkem Druck passiert. Wenn man einen Job erledigt und weiß, dass alles bis ins Kleinste stimmen muss. Anfangs konnte er das nicht. So was lernt man erst mit der Zeit. Mit großer Mühe. Einer der Gründe, warum er so gut ist. Die Aufzugtür öffnet sich, und er blickt nach rechts und links, betritt den Empfangsbereich. Jede Menge Leute, aber niemand, der ihm verdächtig vorkommt. Er sieht George am Eingang, er wirkt nervös. So wie er am Daumennagel kauend auf und ab geht, könnte man meinen, er sei ein werdender Vater.

Calum geht zu ihm. Sie wollen raus auf den Parkplatz. Dort ist es ruhiger, niemand, der sie reden hört.

»Hör zu, George«, sagt Calum. »Es wird sich einiges ändern. Du musst aussteigen. Die Lage, in die sie dich gebracht haben, in die ich dich gebracht habe ... du musst aussteigen.«

»Das geht nicht so einfach«, sagt George und schüttelt den Kopf. Es ist kalt. Ein leichter Wind geht.

»Doch«, sagt Calum, »aber du hast nur eine Gelegenheit. Die musst du ergreifen: Steig aus, lass alles hinter dir. Und ich meine wirklich alles. Ich werde Dinge tun, George. Wenn das passiert, willst du nicht mehr hier sein. Sie werden denken, dass du mir geholfen hast. Werden dir die Schuld geben. Wenn du bleibst, ist das dein Ende.«

George geht im Kreis, die Hände auf dem Kopf. Wenn man alles geplant hat, kann man vielleicht abhauen, aber doch nicht so. Das geht nicht.

»Du hast eine Chance«, sagt Calum. »Du lässt niemanden zurück. Fahr von hier direkt zum Bahnhof. Steig in einen Zug nach Süden. Die Polizei wird dich suchen. Genau wie Jamieson. Beide dürfen dich nicht finden. Das, was ich vorhabe, könnte das Geschäft in der Stadt verändern. Wenn du in vierundzwanzig Stunden noch hier bist, könntest du davon weggefegt werden.«

George sieht ihn an. »Mein Gott, Calum, mach keine Dummheiten.«

Calum lächelt. »Der Zug ist lange abgefahren. Ich tue bloß, was ich tun muss. Du musst weg. Fahr Richtung Süden. Nach London. Verdammt, vielleicht sehen wir uns da sogar. Bloß ... bleib nicht hier. Du musst verschwinden.« Er streckt ihm die Hand entgegen. George schüttelt sie. Calum dreht sich um, überquert den Parkplatz und holt Williams Handy aus der Tasche.

39

Fisher hat keine Zeit für sie. Doch er muss sie sich nehmen. Deana Burke ist imstande, Ärger zu machen. Ihm diese vielversprechende Woche zu verderben. Sie hat vor einer halben Stunde angerufen und gesagt, dass sie mit ihm reden will. Er hat versucht, sie abzuwimmeln, doch Deana Burke will reden; sie ist niemand, der gern wartet. So sind viele von ihnen. Frauen, die am Rand des Geschäfts leben. Die glauben, so hart zu sein wie ihre Männer. Denken, sie haben das Recht, sich aufzuführen, wie sie wollen. Ein verdammter Albtraum. Die Auseinandersetzung mit der Familie kann das Schlimmste an einer Verhaftung sein. Nicht, dass Burke zu Kennys Familie gehört. Sie war seine Freundin, mehr nicht. Aber sie könnte Informationen haben. Im Moment fällt ihm alles zu. Sie könnte was wissen, er muss ihr zuhören.

Letzte Nacht hat er etwa vier Stunden geschlafen. Ist dafür extra nach Hause gefahren. Manche Leute machen ein Nickerchen auf dem Revier, duschen dort. Aber nicht Fisher. Es ist nötig, mal von hier zu verschwinden. Ein Polizist kann das Revier zu seinem zweiten Zuhause machen. Dem muss er widerstehen. Er ist nach Hause gefahren, hat geschlafen, sich geduscht und was gegessen. Dann ist er wiedergekommen. Er war kein bisschen müde. Fühlte sich wie neugeboren. Die ganze Last, die sich in den letzten Monaten auf seine Schultern gelegt hat, ist von ihm abgefallen. Die Ziellinie ist in Sicht. Doch erst mal ein Umweg. Er geht die Treppe runter und auf den Parkplatz. Deana will ein Treffen – Fisher hat vorgeschlagen, bei ihr zu Hause. Sie hat nein gesagt. Sie wollte sogar aufs Revier kommen. Das hat Fisher abgelehnt. Zu viele undichte Stellen. Wenn Greig sie sieht, bedeutet das Ärger. Dieser kleine Scheißkerl würde es Shug erzählen. Greig ist noch so ein Problem, das er bald lösen wird – der ist bisher ungeschoren davongekommen. Damit ist jetzt Schluss.

Sie treffen sich in einem schicken Café, das sie anstelle des Reviers vorgeschlagen hat. Fisher war noch nie hier. Der Laden gefällt ihm nicht. Ruhig, aber ein ständiges Kommen und Gehen. Was soll's. Wird schon hinhauen. Ziemlich unwahrscheinlich, dass jemand von hier es Shug erzählt. Die Festnahme dürfte bald über die Bühne gehen. Ach, wird das schön. Er kann's kaum erwarten. Morgen, wenn's nach ihm geht. Ein paar Leute würden lieber noch warten, bis sie mehr Beweise haben. Nix da. Dann hätte Jamieson Zeit, Fisher die Sache aus der Hand zu nehmen. Shug und MacArthur könnten Beweise beseitigen. Den potentiellen Schaden verringern, den die Polizei anrichten kann. Vielleicht sogar abhauen. Nicht MacArthur – der alte Scheißkerl würde sich nicht aus dem Staub machen. Wahrscheinlich hätten sie nicht genug in der Hand, um ihn zu verhaften. Shug könnte abhauen. Des Collins würde bestimmt verschwinden.

Er sieht Deana allein an einem Tisch sitzen. Normal gekleidet. Die Haare offen. Sieht aus, als hätte sie beschlossen, dass eine Woche Trauer reicht. Sie wirkt ruhig und gefasst, denkt er, während er sich ihr gegenübersetzt. Er ist misstrauisch. Sie trägt keine Trauer mehr. Eine kluge Frau wie sie, bereit, sich wieder ihrem Leben zu widmen. Und plötzlich meldet sie sich. Was hat das zu bedeuten?

»Deana, wie geht's Ihnen?«, fragt er. Seine Worte klingen besorgt, im Gegensatz zu seinem Ton.

»Ganz gut. Ich muss mich um alles Mögliche kümmern. Was machen Ihre Ermittlungen?«

»Ich komme gut voran«, sagt er. »Dauert nicht mehr lange, das kann ich Ihnen versichern. Wir haben in kurzer Zeit große Fortschritte gemacht. Ich dürfte schon bald wichtige Neuigkeiten für Sie haben.«

Deana nickt. Hat gemischte Gefühle. Allen, die an Kennys Ermordung beteiligt waren, soll es mit gleicher Münze heimgezahlt werden. Auge um Auge. Verhaftungen reichen da nicht. Aber man nimmt, was man kriegen kann. Und lässt Leute wie Peter Jamieson den Weg einschlagen, der ihnen gefällt.

Sie hört Fisher zu. Er sagt ein paar vage Sachen über die Ermittlungen. Keine Einzelheiten. Nichts, das verraten könnte, wen er verhaften will. Oder wann er losschlagen will. Sie weiß, dass er ihr nicht traut. Warum sollte er auch? Sie stehen auf verschiedenen Seiten.

»Ich hab Informationen bekommen«, sagt sie.

Plötzlich ist Fisher ganz Ohr. Er hebt den Kopf und betrachtet sie. »Informationen? Was für Informationen?«

»Mir wurde für den Mord an Kenny ein Name genannt. Ich glaube, das stimmt. Klingt zumindest einleuchtend. Kennen Sie einen Mann namens Des Collins?«

»Ja«, sagt er leise. Sonst nichts.

»Mir wurde gesagt, dass Collins es war. Dass er für Alex MacArthur arbeitet. MacArthur hat mit Shug Francis eine Abmachung. Sie hatten es auf Kenny abgesehen, um Jamieson eine Botschaft zu schicken. Und ich glaube, dass es bei dem Auftrag, den Kenny an diesem Abend hatte, nicht um Shug, sondern um MacArthur ging.«

Ein Zusammenprall unterschiedlichster Gefühle, und sein erster Gedanke ist zynisch. Klingt, als wollte sie ihm eine auswendig gelernte Geschichte auftischen. Zu perfekt. Dass sie Collins und MacArthur nennt. Kommt ihm vor wie eine Falschinformation. Die in die richtige Richtung deutet und dennoch misstrauisch macht. Und dann dieser letzte Satz. Der verändert alles. Dieser eine Satz bringt Vertrauen. Er hat gedacht, das Ganze sei ein abgekartetes Spiel. Dass sie ihm in Jamiesons Auftrag bloß erzählt, was er hören soll. Ziemlich durchsichtig. Aber dann das – so eine Information würde Jamieson nicht preisgeben. Nicht einem Polizisten gegenüber. Niemandem. Dass Jamieson es auf Alex MacArthur abgesehen hat, ist eine wichtige Neuigkeit. Eine vertrauliche Sache.

»Was wissen Sie über den Auftrag, den Kenny in dieser Nacht hatte?«, fragt er. Das hat er sie schon mal gefragt, und sie hat gesagt, sie wüsste nichts. Mal sehen, was sie seitdem erfahren hat.

»Mir wurde gesagt, es wäre dabei um MacArthur gegangen. Nichts Bedeutendes. Bloß jemandem eine Falle stellen oder eine Botschaft schicken, so was. Kenny hat den Mann, der die Sache mit ihm erledigt hat, danach abgesetzt. Und irgendwo auf der Heimfahrt haben sie ihn abgefangen.«

Es hat eigentlich keinen Sinn zu fragen. Trotzdem wird

er's tun. Er muss. Ist schließlich sein Job. Er wird dafür bezahlt, Fragen zu stellen. Und sie ist zu klug, um wegen dieser Frage beleidigt zu sein. Zu klug, um eine Szene zu machen.

»Und woher haben Sie all diese Informationen?«

Sie sieht ihn lächelnd an. »Von einem Freund. Jemandem aus dem Geschäft. Jemandem, der Bescheid weiß. Mehr kann ich nicht sagen.«

Er nickt. »Wenn ich nicht weiß, ob das Ganze glaubwürdig ist, kann ich nichts damit anfangen. Das ist Ihnen doch klar. Ich muss wissen, woher es stammt.«

Sie lächelt. Sie wusste, dass er das sagen würde. Und sie weiß auch, dass er keine Antwort erwartet. Er spult bloß sein übliches Programm ab.

Sie steht auf und geht, lässt ihn allein. Er blickt ihr nach. Viel selbstbewusster als bei ihren vorherigen Begegnungen. Irgendwas hat sich verändert. Ist erst eine Woche her, doch sie scheint ein anderer Mensch zu sein. Selbstsicher, entspannt. Irgendwer muss dafür verantwortlich sein. Mein Gott, die brauchen nicht lange, um sich wieder dem Leben zuzuwenden. Er sollte nicht über sie urteilen. Bei so einem Leben muss man imstande sein, schnell mit der Vergangenheit abzuschließen. Wenn man mit jemandem aus der Unterwelt zusammenlebt, kann im Handumdrehen alles zusammenbrechen. Sie hat was Bewundernswertes. Die Kraft, die man braucht, um weiterzumachen. Fisher war verheiratet. Ist geschieden. Das Leben ging weiter, doch eine Narbe ist geblieben. Man braucht wirklich Kraft, um alles abzuschütteln und seinen Weg weiterzugehen. Nach der nächsten Gelegenheit Ausschau halten. Bereit sein, die Vergangenheit hinter sich zu lassen. Muss schön sein, so zu leben. Es zu können. Fisher wird die Vergangenheit nicht los, so geht es den meisten Leuten.

Wenn Deana Burke von Des Collins spricht, dann werden es bald auch andere tun. Dann dürfte es bald Stadtgespräch sein. Die Leute werden sich fragen, warum die Polizei nichts unternimmt. Sie müssen Collins verhaften. Wegen der Publicity brauchen sie Collins, obwohl er eigentlich keine Rolle spielt. Nicht für Fisher. Wenn Collins für fünfzehn Jahre ins Gefängnis kommt, wird er schon bald durch einen anderen ersetzt. Vielleicht kriegen ein paar Leute in MacArthurs Umfeld Angst, doch die dürfte sich rasch legen. Der einzig Wichtige ist Shug. Er kann Shug erwischen. Wird ihn erwischen. Er muss es bloß richtig anstellen. Darf's nicht übertreiben. Darf ihm nichts anlasten, wovon er nicht überzeugt ist. Er muss auf Nummer Sicher gehen. Muss ihn hinter Gitter bringen. Und wenn Shug da schmort, hat Fisher alle Zeit der Welt, die anderen Punkte zu untermauern. In den letzten Monaten sind viele Leute auf der Strecke geblieben. Leute, die mit Shug oder Peter Jamieson arbeiten. Lewis Winter wurde wegen Drogenhandels ermordet. Genau wie Glen Davidson. Tommy Scott. Andy McClure. Vielleicht auch Frank MacLeod. Muss doch möglich sein, für ein, zwei dieser Fälle Beweise zu finden.

40

Es war eine lange Nacht. Er hat das Gefühl, es würde auch ein langer Tag werden. Young hat sich bei fast all seinen Kontaktleuten um Informationen bemüht, aber es ist nichts dabei rausgekommen. Keiner weiß was. Schwierig, die richtigen Fragen zu stellen. Er darf nicht zu viel verraten. Die Leute dürfen nicht wissen, dass Calum auf der Flucht ist und sie hinter ihm her sind. Sobald sich das rumspricht, werden die Leute an Jamieson zweifeln. Werden sich fragen, ob er seine eigenen Leute noch im Griff hat. Was er mit Shug macht, spielt keine Rolle. Die Leute werden es mit einem Schulterzucken abtun. Na und, du hast Shug ausgeschaltet, aber dir laufen die eigenen Leute weg. Wem passiert denn so was? Also stellt Young schwammige Fragen. In erster Linie, um George Daly zu finden. Wenn er den findet, findet er auch Calum. Er hat George in der Nacht mehrmals zu erreichen versucht, doch sein Handy ist ausgeschaltet.

Inzwischen ist er fast überzeugt, dass George Calum hilft. Entweder das, oder Calum hat ihn umgelegt. Dass er ihm hilft, ist wahrscheinlicher. Er hätte es umgekehrt machen sollen. Das weiß er jetzt. Er hätte George in die Werkstatt schicken und Calum von Hutton beobachten lassen sollen. Zu spät. Young war auf den Bruder einfach stinksauer. Und er hat George nicht richtig vertraut. Hat gedacht, George würde nicht fest genug zuschlagen. Denkt er immer noch, aber das spielt keine Rolle mehr. Der Bruder hatte nie Vorrang. Hätte jedenfalls nie Vorrang haben dürfen. Er hätte sich auf Calum konzentrieren müssen. Das ist Jamiesons Ansicht, Young weiß das. Er hat vor einer Stunde mit ihm telefoniert. Hat ihm gesagt, dass er immer noch nach Informationen sucht. Jamieson war kurz angebunden. Er hat nichts Aggressives gesagt; nichts, das zeigen würde, wie verärgert er ist. Doch Young hat es am Ton erkannt. Die fast unmerkliche Veränderung. Die verhaltene Wut.

Er hat mit Greig gesprochen. Konnte Higgins nicht ausfindig machen. Dürfte schlafen oder bei der Arbeit sein. Dann eben Greig. Young hat ihn nach George Daly gefragt. Ob er letzte Nacht verhaftet wurde. »Davon weiß ich nichts. Das Revier bereitet sich auf eine Razzia bei Shug Francis vor. Fisher ist fast so weit. Er ist hinter Shug und Des Collins her. Von anderen war nicht die Rede.«

George ist also nicht verhaftet worden. Sein Name ist auch auf keiner Krankenhausliste aufgetaucht. Young geht wieder in den Club. Jamieson sitzt hinter seinem Schreibtisch und blickt hoch, als er den Raum betritt.

»Nichts«, sagt Young. Er lässt sich auf das seitlich stehende Sofa sinken. Jamieson wird nichts sagen. Das braucht er auch nicht. Young hat die Sache vermasselt. Das weiß er, und niemand wird so hart mit ihm ins Gericht gehen wie er selbst.

Er macht nicht viele Fehler. Auf dieser Ebene ist jeder Fehler schwerwiegend. Kann sich irgendwann rächen. Es geht darum, wie gut man hinter sich aufräumt. Und natürlich darf es sich nicht wiederholen. Auf diesem Gebiet ist Youngs Bilanz mustergültig. Er räumt immer gut auf, macht keinen Fehler zweimal. Bis auf diesmal. Diesmal hat er nicht gut aufgeräumt. Er hat das Opfer aus den Augen verloren und auch den Mann, der ihm folgt. Doppeltes Versagen. Er könnte alles wieder hinbiegen. Das erwartet Jamieson auch. Sie bringen das hier in Ordnung, kriegen Shug dran, und am Ende geht ihre Rechnung auf. So dürfte es kommen. Trotzdem wird es Konsequenzen haben. Die Leute werden wissen, dass Calum ihnen fast durch die Lappen gegangen wäre. Dass George Calum geholfen hat. Und vor allem, dass Jamieson und Young zwei Mitarbeiter hatten, die die gesamte Organisation gefährdet haben. Das wird man ihnen als Schwäche auslegen. Im Gegenzug müssen sie Stärke zeigen. Stärke und Schnelligkeit.

»Wir müssen schneller gegen MacArthur vorgehen«, sagt Jamieson. »Sobald die Sache mit Shug erledigt ist, schlagen wir los.« MacArthur scheint noch immer zu glauben, dass ihre Abmachung, Shug zu isolieren und zugrunde zu richten, gilt. Dass Jamieson sich an seinen Teil der Vereinbarung hält. Nee. Dass Jamieson Shug mit MacArthur verbinden kann, liefert ihm die falsche Rechtfertigung, die er braucht, um als Nächstes gegen MacArthur vorzugehen.

Young nickt. Dankbar für die Gelegenheit, nicht über Calum reden zu müssen. »Ich hab erfahren, dass sie Shug in den nächsten ein, zwei Tagen verhaften. Wenn die Sache mit Fizzy zu unseren Gunsten laufen soll, musst du Shug bald anrufen. Versuch, ihn an Bord zu holen. Dazu dürften uns noch knapp vierundzwanzig Stunden bleiben. Trotzdem, schlimmstenfalls wird er weggesperrt, und wir können mit Fizzys Hilfe den Autoschieberring übernehmen.«

Jamieson nickt. Der Autoschieberring interessiert ihn nicht besonders. Es geht darum, Shug loszuwerden. Shug als Vorwand für einen Angriff auf MacArthur zu benutzen – darauf kommt's an. Dann steht MacArthur schlecht da. Er hatte mit Shug zusammengearbeitet und muss dafür bestraft werden. So kann Jamieson Stärke zeigen. Und sein Gespür sagt ihm, dass er das jetzt braucht.

Youngs Handy klingelt. Er blickt aufs Display und runzelt die Stirn. »Das ist Greig«, sagt er. Er hat erst vor kurzem mit ihm gesprochen. Ist nicht begeistert von dem unerwarteten Anruf. Trotzdem geht er ran. Vor Jamieson hat er nichts zu verbergen. »Hallo.«

»Hi, John, kannst du reden?« Er klingt ganz beiläufig. Als wäre er Youngs bester Kumpel.

»Geht schon. Was ist los?«

»Ich weiß, dass du George Daly suchst. Ich hab was gehört, als ich vor einem Weilchen aufs Revier gekommen bin.«

»Red weiter.«

»Letzte Nacht kam die Meldung rein, dass jemand namens William MacLean in seiner Werkstatt verprügelt wurde. Er wurde ins Krankenhaus eingeliefert. Ist heute früh gestorben.«

Jamieson kriegt nur die Hälfte des Gesprächs mit, doch er sieht, wie Young das Gesicht verzieht. Es ist keine gute Nachricht. Muss was mit Calum zu tun haben. Kann gar nicht anders sein. Jamieson sitzt schweigend da und trommelt mit dem Zeigefinger auf die Schreibtischplatte. Er betrachtet Young und hört zu. Fragt sich, was passiert sein könnte, das alles noch schlimmer macht. Weil Young das Gesicht verzogen hat. Sieht ihm gar nicht ähnlich. Sonst immer zugeknöpft, bei allem, was er tut, total selbstsicher. Weil er normalerweise alles unter Kontrolle hat. Langsam überkommt Peter Jamieson ein ungutes Gefühl. Ein Leben lang war John Young an seiner Seite und hat ihn nie enttäuscht. War immer äußerst geschickt. Bewies stets Organisationstalent. Vielleicht wächst ihm alles über den Kopf.

»Bist du sicher?«, fragt Young.

»Ja, klar«, sagt Greig. »Hör zu. Im Krankenhaus waren zwei Leute bei MacLean. Der Detective, der da war, hat mit ihnen gesprochen. Der eine war MacLeans Bruder Calum. Und der andere war George Daly. Sie hatten nichts Interessantes zu sagen. Bloß dass sie ihn gefunden und den Krankenwagen gerufen hätten. Meinten, sie hätten keine Ahnung, warum er verprügelt wurde.«

»Okay, gut«, sagt Young. Sein Ton legt nahe, dass es ganz und gar nicht gut ist, aber so was sagt man eben. Er will den Anruf beenden und überlegen, was das für sie bedeutet.

»Hör mal, da ist noch was«, sagt Greig. »Als sich rumsprach, dass William MacLean im Sterben lag, hat das kaum jemanden gekümmert. Sie hatten noch nie von ihm gehört. Bloß eine weitere Ermittlung. Doch dann erfuhr Fisher davon. Er hat sich der Sache angenommen. Sagt, es hängt mit seinem Fall zusammen. Will seinen Bruder Calum ausfindig machen. Scheint zu glauben, dass er was mit euch zu tun hat.«

Wieder verzieht Young das Gesicht. Kein schöner Anblick. »Weiß irgendwer, wo die beiden sind?«, fragt er Greig.

»Nein. Sie haben jemanden ins Krankenhaus geschickt, aber die beiden Zeugen waren nicht mehr da. Sie haben bloß die Mutter des Toten vorgefunden. Die hat gesagt, ihr anderer Sohn wäre weg und würde nicht wiederkommen. Hat anscheinend einen ziemlichen Unsinn erzählt. Traumatisiert, schätze ich.« Greig klingt ziemlich gelangweilt. Er hat seine Schuldigkeit getan und Young alles berichtet. Jetzt ist es Youngs Aufgabe, zu retten, was zu retten ist.

»Wann legt Fisher mit den Verhaftungen los?«, will Young wissen.

»Keine Ahnung«, sagt Greig seufzend, »ich bin an den Ermittlungen nicht beteiligt. Er hält mich auf Abstand. Aber heute wohl nicht. Seine Vorgesetzten halten ihn noch zurück. Wahrscheinlich morgen. Abends, würde ich schätzen. Aber ich weiß es nicht – ist bloß eine Vermutung. Normalerweise will jemand, der sich bei so was Zeit lässt, alles richtig machen. Aber diesmal scheint er's eilig zu haben, also könnte es früher als erwartet passieren.«

Young legt auf. Er blickt aufs Display, lässt sich Zeit, bevor er mit Jamieson spricht, sucht nach den richtigen Worten. Doch es ist schwierig, sich eine Version der Ereignisse einfallen zu lassen, bei der er nicht die Schuld trägt. Er hat Hutton losgeschickt, um Calums Bruder zu verprügeln. Ein Killer, der jemanden einschüchtern soll. Wie die meisten Leute, mit denen es Shaun Hutton beruflich zu tun hat, ist William MacLean jetzt tot. Hutton muss einen Teil der Schuld auf sich nehmen. Er wusste, dass er den Mann nicht umbringen sollte. Aber letztlich trägt Young die Verantwortung. Er hätte es kommen sehen müssen.

»William MacLean ist tot«, sagt Young leise. Das Handy noch in der Hand, beugt er sich vor und blickt zu Boden.

»Tot?«, sagt Jamieson. »Wie kann das sein?«

Ein kurzes Seufzen. »Ich habe Hutton damit beauftragt. Offenbar ist er zu weit gegangen.«

»Hutton? Warum hast du Hutton hingeschickt?« Dann eine wegwerfende Handbewegung. »Egal. Was weiß die Polizei?«

Die mögliche Rettung. »Die wissen weder, wo Calum, noch, wo George ist. Haben mit beiden im Krankenhaus gesprochen«, sagt Young.

»Mit beiden?«

»George war zusammen mit Calum da. Ich weiß nicht, warum. Ich kann's mir denken, aber ich weiß es nicht. Die Polizisten haben mit ihnen gesprochen, ohne sich was dabei zu denken. Erst Fisher hat zwei und zwei zusammengezählt, als er von Williams Tod erfuhr. Er weiß, wer Calum ist. Glaubt es zumindest. Sie dürften Calum und George inzwischen suchen. Besonders Calum. Also müssen wir sie vor ihnen finden.« Er blickt Jamieson an und wartet auf eine Reaktion. Sieht, wie's in seinem Freund brodelt. Jamieson will grade was sagen, als Youngs Handy wieder klingelt. Young schaut aufs Display. »Das ist George«, sagt er und geht ran.

»Hallo?« Young klingt vorsichtig. Er weiß nicht, was er von einem Mann erwarten soll, dem er nicht traut.

»Hallo, John, ich bin's, George.« Er flüstert, klingt außer Atem. »Ich kann nicht lange sprechen. Will mich bloß melden. Hör zu, als Calum gestern aus dem Haus seines Bruders kam, hab ich ihn mitgenommen. Hab ihn zur Werkstatt gebracht. Da haben wir den Bruder halb tot vorgefunden. Also musste ich ins Krankenhaus fahren, bei ihm bleiben, den Anschein wahren. Inzwischen hat er das Krankenhaus verlassen. William ist heute früh gestorben. Du hattest recht. Er will abhauen. Die Stadt verlassen. Aber ich weiß nicht, was er jetzt vorhat. Jetzt, wo sein Bruder tot ist. Ich glaube, er sucht jemanden. Er ist bewaffnet, John, er ist bewaffnet. Ich folge ihm. Zu Fuß. Er darf mich nicht sehen.« Plötzlich eine Pause, nur noch Schritte, Georges Atem. »Mein Gott«, flüstert er. »Scheiße!« Dann geht das Handy aus.

Young starrt sein Handy an. »Wir müssen Calum finden.«

41

Das Erste und Letzte, was er braucht, ist eine Waffe. Er hat gehofft, es würde nicht dazu kommen. Gehofft, dass das letzte Mal, als er eine Waffe in der Hand hielt, tatsächlich das letzte Mal sein würde. Als er Kenny umgelegt hat. Wäre alles gutgegangen, hätte das auch gestimmt. Aber es ist nicht gutgegangen, denkt Calum. Er muss seine Strategie ändern. Der Traum vom unauffälligen Verschwinden ist ausgeträumt. Der falsche Ausweis nutzlos. Jetzt zählen andere Dinge. Zum Beispiel, dass ein paar Leute für ihre Taten büßen. Er sitzt auf dem Rücksitz eines Taxis und lässt sich durch die Stadt fahren. Er weiß, welchen Taxiunternehmen man trauen kann und welchen nicht. Manche stehen der Unterwelt ziemlich nahe. Man muss die meiden, die seine Fahrt melden könnten. Er weiß, welche sauber sind. Glaubt er jedenfalls. So was ändert sich oft blitzartig. Spielt aber keine große Rolle. Calum wird schnell vorgehen.

Das Taxi hält an der Adresse, die Calum dem Fahrer genannt hat.

»Warten Sie hier«, sagt er. Er steigt aus und blickt nach links und rechts. Keine anderen Autos auf der Straße. Niemand, der ihn beobachtet. Er geht durch den Vorgarten zur Haustür. Das hier ist sein üblicher Lieferant. Er hat überlegt, ob er zu jemand anderem gehen soll. Jemandem, der ihn nicht kennt. Sollte es sich in den letzten zwölf Stunden rumgesprochen haben, dass Calum von Jamieson gesucht wird, dann könnte der Lieferant Bescheid wissen. Er könnte Calum verraten, sobald er das Haus verlässt. Wenn er zu jemandem geht, der ihn nicht kennt, gibt's auch nichts zu verraten. Dann kennt der Mann nur seinen Namen, nicht sein Gesicht. Doch das birgt andere Risiken. Vielleicht würde er erkannt. Nicht sicher, dass der Mann verlässlich ist. Nicht sicher, dass er mit ihm Geschäfte macht. Sein eigener Lieferant hat vielleicht noch nicht gehört, dass Calum eine *Persona non grata* ist. Vielleicht ist es ihm auch egal. Leute im Waffengeschäft verstehen es, den Mund zu halten.

Eine ganze Branche basiert darauf, dass man sich blind und taub stellt. Calum verlässt sich darauf. Leute, die intuitiv schweigen. Er klingelt und wartet. Es gibt einen festen Ablauf. Man darf nichts tun, was den durcheinanderbringt. Doch das hier geht über den normalen Ablauf hinaus. Neun Tage, seit er das letzte Mal hier war und die Waffe kaufte, mit der er Hardy und Kenny umgelegt hat. Der Händler dürfte erwartet haben, dass die Waffe zurückgebracht wird. Calum macht das immer so – das ist das übliche Vorgehen. Aber nicht diesmal. Er hat die Waffe entsorgt. Dachte, er würde nie mehr eine brauchen. Und jetzt steht er wieder vor der Tür und will eine andere Waffe haben. So schnell nach dem letzten Job. Zum üblichen Preis. Das Geld hat er in seiner Tasche. Die Tür geht auf. Der Verkäufer sieht ihn an. Ein kleiner Mann in fortgeschrittenem Alter. Er bedeutet Calum mit einem Nicken, reinzukommen. Noch gibt es nichts zu sagen.

Im Haus ist es warm. Der Verkäufer wird die vorige Waffe nicht erwähnen. Den Umstand, dass sie nicht zurückgebracht wurde. Ist kein Problem für ihn. Das heißt, er kann das ganze Geld behalten. Calum ist ein zuverlässiger Kunde. Der Mann weiß, er kann sich darauf verlassen, dass Calum nichts sagt. Dass er kein Geld erwartet, wenn er die Waffe nicht zurückbringen kann. Manche Leute machen einen Riesenwirbel. Leute, die sich für was Besonderes halten. Die denken, dass sie einen Teil des Geldes wiederkriegen, ohne die Waffe zurückzubringen. Schwachköpfe. Die machen's nicht lange. Die denken, sie können die Regeln zu ihren Gunsten ändern. Die zuverlässigen Leute wie Calum sind die guten Kunden. Die behaupten sich, weil sie begreifen. Sie passen sich dem Geschäft an, nicht umgekehrt.

»Einzelstück, klein?«, fragt ihn der Alte.

»Einzelstück, klein«, sagt Calum nickend. Mehr wird nicht gesprochen.

Der Alte geht nach oben. Auf den Dachboden, um die Waffe zu holen. Er lässt den jüngeren Mann allein im Flur zurück. Der Alte könnte da oben alles Mögliche tun. Zum Beispiel Peter Jamieson anrufen, ihm sagen, dass er schnell jemanden vorbeischicken soll. Würde er so was tun? Das wäre das Ende seiner Laufbahn. Wenn jemand rausfände, dass er einem Kunden gegenüber illoyal war. Man muss seinem Lieferanten vertrauen können. Das ist die oberste Regel. Vielleicht würde er Jamieson anrufen, wenn er dächte, dass niemand es rausfinden würde. Jeder, egal wie erfahren er ist, kann sich einreden, dass er als Einziger bei einer Sache ungeschoren davonkommen kann. Jeder hält sich gern für was Besonderes. Doch ob ehrlich oder nicht, er ist Geschäftsmann, also wird er ihm die Waffe verkaufen. Ein Geschäft darf man nicht ablehnen. Deshalb wird er die Waffe holen. Und er wird sie Calum verkaufen und das Risiko auf sich nehmen, das daraus folgt. Es könnte die Waffe sein, mit der Jamieson oder Young erschossen wird. Dieses Risiko geht ein Händler ein.

Er kommt wieder nach unten. Eine kleine Handfeuerwaffe, in ein Tuch gewickelt und in eine dicke Plastiktüte gesteckt. Er reicht sie Calum. Calum greift in die Tasche, bezahlt. Er hat das Gefühl, das Richtige zu tun. Er wird nie wieder herkommen. Was als Nächstes passiert, bedeutet, dass er von diesem Mann nie mehr eine Waffe braucht. Das weiß er. Er könnte einfach gehen. Dem Alten sagen, dass er das Geld in den Wind schreiben kann. Der Alte könnte nichts unternehmen. Doch das wird er nicht tun. Der Mann war immer ehrlich zu ihm, deshalb wird Calum auch zu ihm ehrlich sein. Er holt das Geldbündel aus der Tasche und bezahlt. Der Alte nickt und hält seinem Kunden die Tür auf wie immer. Calum nickt zum Abschied und geht.

Der Alte schließt die Tür und hält einen Augenblick inne. In diesem Geschäft überlebt man nur, wenn man weiß, bei wem man sich einschmeicheln muss. Nicht immer leicht hinzukriegen. Vor etwa einer halben Stunde hat John Young ihn angerufen. Young weiß, dass er Calums üblicher Lieferant ist. Er hat gefragt, ob Calum vor kurzem eine neue Waffe geholt hat. Der Händler sagte, Calum habe sich vor zehn Tagen eine geholt und sie nicht zurückgebracht. Young fluchte leise. War offenbar keine gute Nachricht. Young dachte, dass Calum damit auf

George geschossen haben könnte. Dass er sie entsorgen und durch eine neue Waffe ersetzen könnte. Er sagte, der Lieferant solle ihm Bescheid geben, falls er Calum in den nächsten Tagen zu Gesicht bekomme. Der Alte geht wieder nach oben. Spielt keine Rolle, dass Calum loyal ist. Spielt auch keine Rolle, dass andere Kunden beunruhigt wären, wenn sie rausfänden, dass er Calum verpfiffen hat. Überleben ist das Wichtigste. Immer. Das schafft man nicht, wenn man jemanden wie Peter Jamieson gegen sich aufbringt. Der Alte wählt die Nummer, von der er vor Calums Besuch angerufen wurde.

»Ja?«

»Mr. Young, hier ist Roy Bowles. Ich hab Calum MacLean noch eine Waffe verkauft. Er ist grade in einem Taxi weggefahren.«

Calum hat dem Fahrer die nächste Adresse genannt. Er hat seinen Lieferanten immer gemocht. Darauf vertraut, dass der seinen Job richtig macht. Aber man darf Calum nicht für einen Vollidioten halten. Er kennt sich aus. Er weiß, was es für einen alten Überlebenskünstler wie Roy Bowles bedeutet, seinen Job richtig zu machen. Er muss die großen Bosse zufriedenstellen. Auf das größte, gefährlichste Pferd im Rennen setzen. Wenn er weiß, dass Calum auf der Flucht ist, dann wird er ihnen Bescheid geben. Klar. Das ist doch seine Aufgabe. An seiner Stelle würde Calum es genauso machen. Egal. Sie wissen nicht, wo er als Nächstes hinfährt. Am Ziel wird er die Fahrt bezahlen, und wenn er weiter muss, wird er ein anderes Taxi rufen. Alles eine Frage des Urteilsvermögens. Man muss davon ausgehen, dass Leute wie sein Lieferant einen verraten. Dass alle unzuverlässig sind. Wer alle für unzuverlässig hält, wird auch nicht enttäuscht.

Sie halten vor einem kleinen Eckladen. Da müsste er fündig werden. Das Taxi wartet draußen. Calum geht rein. Schäbiger Laden. Dunkler als ein Eckladen sein sollte. Nicht besonders einladend. Er wandert zu dem kurzen Gang mit den Reinigungsmitteln. Auf einem der unteren Regale sieht er die vertraute blaue Schachtel, ungefähr so groß wie ein Karton Papiertaschentücher. Dünne Handschuhe zum Saubermachen. Er trägt sie nach vorn. Die junge Frau hinterm Tresen ist der Inbegriff der Langeweile. Nicht interessiert an dem Mann, der reinkommt und außer Handschuhen nichts kauft. Nicht daran interessiert, ihn zu betrachten. Sie zieht die Schachtel über den Scanner und sagt, wie viel er zu zahlen hat. Nimmt den Schein, gibt Wechselgeld raus. Schon in zehn Sekunden wird sie keinen Schimmer mehr haben, wie er aussah oder gekleidet war. Irgendwo dürfte eine Videokamera installiert sein. Die nimmt ihr das Denken ab. Die weiß alles, was dem Mädchen entgangen ist, denkt Calum, während er zum Taxi zurückgeht. Sie fahren weiter, zur nächsten Adresse.

Er bezahlt den Fahrer und steigt aus. Geht in die falsche Richtung, bis er sicher ist, dass er nicht mehr zu sehen ist. Wenn der Händler ihn bei Jamieson verpfiffen hat, könnte er sich auch die Taxinummer gemerkt haben. Dann spüren sie es auf; fragen, wo ihn der Fahrer abgesetzt hat, in welche Richtung er gegangen ist und so was. Der Fahrer ist das nächste Glied in der Kette. Aber er wird nichts wissen. Er hat Calum zwanzig Minuten von seinem eigentlichen Ziel entfernt abgesetzt. Calum muss Vorsichtsmaßnahmen treffen, bis die Sache erledigt ist. Wenn er schlampig ist, können sie ihn immer noch erwischen. Er macht sich auf den langen Weg zum Haus. Ein großes freistehendes

Haus in einer guten Gegend. Er geht an der Seite lang nach hinten. Bisher hat ihn niemand gesehen. Der Schlüssel liegt unter dem Blumentopf neben dem Schuppen. Zur Hintertür rein in das große, leere, kalte Gebäude.

Hier haben ihn Jamieson und Young untergebracht, nachdem er Glen Davidson getötet hatte. Ihr sicherer Unterschlupf. Schickes Haus, aber kaum Möbel. Ein Ort, an dem er sich verstecken kann. Vielleicht muss er sogar hier übernachten. Er schaut auf die Uhr: Es ist schon Spätnachmittag. Das Timing für den nächsten Schritt liegt nicht in seiner Hand. Er muss darauf vertrauen, dass andere Leute gewillt und imstande sind, ihren Beitrag zu leisten. Er weiß, dass sie gewillt sein werden. Ob auch imstande, ist eine andere Frage. ER kann die Entscheidung erzwingen, wählt auf dem Handy eine Nummer. Steht in dem großen, luftigen Wohnzimmer und bittet eine Frau, ihn zu der betreffenden Person durchzustellen. Sie tut es. Das Handy klingelt und klingelt. Calum schurrt mit dem Fuß über den nackten Holzfußboden. Klingt laut. Hier klingt alles laut. Schließlich hebt jemand Falsches ab. Sagt, dass der Mann, den er sucht, nicht da ist. Dass er wahrscheinlich erst in ein paar Stunden wiederkommt. Schwer zu sagen, wann.

»In Ordnung«, sagt Calum. »Wenn er morgen früh da ist, rufe ich nochmal an.« Er blickt auf die Uhr. Er braucht ein bisschen Schlaf. Morgen wird ein langer, schwerer Tag. Der letzte Tag.

42

Sie müssen schnell sein. Alles, was sie dabei rausschlagen, ist sowieso eine Zugabe. Bei der Falle, die sie Shug stellen, ist das Wichtigste schon gelaufen. MacArthur hat sich am Morgen gemeldet, Jamieson mitgeteilt, dass er den Anruf erledigt hat. Shug abserviert ist. Aber das heißt nicht, dass damit alles erledigt ist. Solange man noch eine Trumpfkarte hat, spielt man sie aus. Bringt vielleicht nichts, schadet aber auch nicht. Jamieson sitzt in seinem Büro am Schreibtisch. Young sitzt auf dem Sofa an der Seite. Jamieson hält die Telefonnummer in der Hand. Es ist früher Abend. Vielleicht erreicht er ihn nicht. Vielleicht geht bei dieser Nummer nie wieder jemand ran. Leute hauen ab. Manche bleiben, weil Flucht wie Schwäche aussähe. Oder weil sie nicht glauben können, dass sie je zu Fall gebracht werden. Doch wer Grips hat, macht sich aus dem Staub. Jamieson würde das tun. Er würde das nie zugeben, aber wenn es hart auf hart käme, würde er verschwinden. Leb wohl, Unterwelt. Nett, dich kennengelernt zu haben. Warum auf die Konsequenzen warten?

Er wählt die Nummer. Der Mann könnte inzwischen sternhagelvoll sein. Jamieson würde sich besaufen, wenn er bis zum Hals in der Scheiße säße, ohne sich daraus befreien zu können. Es klingelt. Fast eine Überraschung. Er dachte, Shug hätte vielleicht den Stecker gezogen. Sich von der Welt abgeschottet, bevor er seine Sachen packt und aus der Stadt verschwindet. Er hat Frau und Kinder. Wenn er sich selbst schon nicht schützt, dann wenigstens sie.

»Hallo?« Shugs Stimme. Na ja, eine Männerstimme – Jamieson nimmt an, es ist Shug. Klingt schauderhaft.

»Hallo, spreche ich mit Shug Francis?«

»Ja«, sagt er, »was kann ich für Sie tun?«

Ja, er ist betrunken. Hat eine schwere Zunge. Ein Betrunkener, der sich vergeblich bemüht, nüchtern zu klingen. Jamieson versucht, höflich zu sein. »Shug, hier ist Peter Jamieson. Ich glaube, wir beide sollten uns mal unterhalten.«

Schweigen. Jamieson erwartet, dass Shug auflegt. Er würde das jedenfalls tun. Shug muss erkennen, dass er in einer ausweglosen Lage ist. Er hat keine Chance, sich aus der Falle zu befreien, in die er getappt ist. Jamieson würde das wissen. Er würde lieber zugrunde gehen, als sich noch ein letztes Mal manipulieren und erniedrigen zu lassen. Doch vielleicht kennt Shug das Geschäft nicht gut genug. Vielleicht greift er nach jedem Strohhalm, den er kriegen kann.

»Meinen Sie?«, fragt Shug.

»Ja.« Jamieson ist erleichtert. Mit seiner Antwort lässt Shug das Gespräch weiterlaufen. Gibt Jamieson eine Chance. Normalerweise braucht er nur eine einzige. »Für uns beide hat alles eine seltsame Richtung genommen. Sie haben versucht, mir ins Handwerk zu pfuschen, und das hat mir nicht gefallen. Gut, das gehört zum Geschäft. Angesichts der jüngsten Ereignisse bin ich bereit, das zu vernachlässigen. Jemand hat einen meiner Männer umgelegt. Jemand hat ihren Geldmann umgelegt. Wir wissen beide, wer dahintersteckt. Wissen beide, dass wir reingelegt worden sind.«

Wieder Schweigen. Es geht eigentlich nicht darum, was Shug glaubt. Eher darum, was er glauben will. Das arme Schwein wurde rumgeschubst. Im Moment dürfte er auf Alex MacArthur am wütendsten sein. Von ihm fühlt er sich hoffentlich am meisten verraten. Der Mann, der ihn grade im Stich gelassen hat.

»Sie glauben, dass MacArthur Sie auch getäuscht hat?«

»Er hat gesagt, er will mit mir Frieden schließen«, sagt Jamieson. Freut sich über das Wörtchen »auch«. Shug gibt MacArthur bereits die Schuld, muss gar nicht dazu gedrängt werden. »Er hat mir erzählt, dass er gegen Sie vorgeht. Gut, hab ich gesagt. Das lass ich Sie allein regeln, hab ich gesagt. Wenn er meine Probleme für mich lösen will, habe ich nichts dagegen. Aber dann hat er meinen Mann umgelegt. Da hab ich gewusst, dass mich der Scheißkerl für dumm verkauft hat. Hat meinen Mann direkt vor meiner Nase umgebracht. Damit es so aussieht, als könnte ich meine Leute nicht schützen. Wissen Sie, was das für meine Glaubwürdigkeit bedeutet? Die ist im Eimer. Deshalb werde ich jetzt zurückschlagen. Dafür sorgen, dass er nicht kriegt, was er will. Er hat sich so viel Mühe gemacht, Sie und mich hinters Licht zu führen, das muss doch einen Grund haben. Er will Ihr Geschäft übernehmen und mich als Schwächling dastehen lassen. Ich bin sein nächstes Opfer. Aber ich finde, wir lassen uns nicht von ihm täuschen. Wir schützen unsere Geschäfte, zeigen Stärke und lassen ihn wie einen Vollidiot aussehen.«

Das ist das Problem, wenn man sich mit Betrunkenen unterhält. Sie verfallen in Schweigen, während sie den nächsten Satz zu bilden versuchen. Das merken sie gar nicht. Sie glauben, dass sie flüssig sprechen. Dass sie bei dem, was sie sagen, bloß sorgfältig sind. Also wartet Jamieson. Und wartet. Nicht, dass er Shug vorwirft, sich Zeit zu lassen. Die Sache ist es wert, darüber nachzudenken. Selbst wenn er nüchtern wäre, würde ihm Jamieson etwas Zeit zum Nachdenken lassen.

»Sie wollen mir ein Angebot machen?«, fragt Shug. Er will wissen, was für ihn dabei rausspringt.

»Ja«, sagt Jamieson. »Ich schlage vor, dass Sie mir die Hälfte Ihrer Firma verkaufen. Oder sagen wir neunundvierzig Prozent. Sie werden sie weiterhin leiten. Ich kaufe das legale Geschäft. Ein legaler Deal. Und verspreche, dass ich nicht versuche, Ihnen alles übrige wegzunehmen. MacArthur will alles. Egal, was er Ihnen anbietet, er will alles. Aber ich garantiere Ihnen einen Deal, bei dem Sie weiter Geld verdienen. Was auch passiert, Ihre Familie ist versorgt, wenn Sie in den Knast kommen. Und Sie hätten was, wenn Sie wieder rauskommen.«

Niemand hört gern, dass er auf Gefängnis gefasst sein muss. Doch Shug wird nicht drum herum kommen. Das muss sogar er sehen, egal, wie betrunken er ist.

»Da könnten Sie recht haben. Was hab ich schon zu verlieren?«, sagt er mit Schnauben. Der selbstmitleidige Unsinn, den Jamieson erwartet hat. »Ich hab ja nichts anderes. Ich verliere alles. Scheiße! Ich hab schon alles verloren. Ja, verdammt, ich lass mich drauf ein.« Eine Pause, er lässt sich wohl seine Situation nochmal durch den Kopf gehen. »Aber nicht heute Abend. Nicht sofort. Wir treffen uns. Morgen.«

Jetzt hält Jamieson inne. Vielleicht gibt es für Shug kein Morgen. Wenn Fisher so ein Höllentempo vorlegt, könnte eine Verabredung für den nächsten Tag Zeitverschwendung sein. Aber wenn er Shug jetzt drängt, kommt der Deal sowieso nicht zustande.

»Okay. Morgen. Kommen Sie morgen früh in den Club. Sie können jemanden mitbringen. Eine Person. Natürlich unbewaffnet. Ihren Kumpel, wie heißt er noch gleich – Fizzy, Fuzzy oder wie auch immer. Das arme Schwein, wir haben gehört, was er durchgemacht hat.«

»Wie meinen Sie das?«, fragt Shug. Diesmal ein bisschen schneller.

Er muss vorsichtig sein. Darf es nicht übertreiben. »Na ja, ich weiß nicht, ob es stimmt. Wenn er's Ihnen nicht erzählt hat, dann ist es vielleicht gar nicht wahr. Ich hab bloß gehört, dass MacArthur es auf ihn abgesehen hat. Dass er untertauchen musste. Sie wissen schon, von der Bildfläche verschwinden. Shaun Hutton soll in MacArthurs Auftrag hinter Fizzy her sein. Wenn Sie nichts davon gehört haben, stimmt's vielleicht nicht. Aber wenn es stimmt, dann können wir ihm Schutz bieten. Wenn er auch in den Knast muss.«

Wieder eine Pause. »Nein, also, ich weiß nicht«, sagt Shug. Total unsicher. »Vielleicht.«

»Hören Sie«, sagt Jamieson und versucht das Gespräch zu beenden, »wir können das hinkriegen, Shug.«

Young lächelt. Sieht so aus, als würde sich die kleine Zugabe auszahlen. Shug auf sich allein gestellt. Paranoid und verängstigt. Weiß, dass das Ende dieses ungleichen

Rennens fast erreicht ist. Bereit, auf jeden Deal einzugehen. Will das Gefühl haben, den Leuten, die ihn reingelegt haben, eins auszuwischen. MacArthur die Schuld geben und mit Fizzy nochmal davonkommen. Dieses Gefühl der Rache – egal, wie fadenscheinig – ist mächtig.

»Ich glaube, wir haben ihn im Sack«, sagt Jamieson. »Aber er war besoffen. Vielleicht ist alles anders, wenn er wieder nüchtern ist.«

»Nein«, sagt Young und schüttelt selbstsicher den Kopf. »Auch wenn er wieder nüchtern ist, steht er immer noch allein da. Und er dürfte auf Alex MacArthur stocksauer sein. Er wird sich auf den Deal einlassen. Nur um MacArthur zu ficken. Kann sein, dass er sich's später wieder anders überlegt und versucht, Ärger zu machen. Aber ich bezweifle, dass das ein Problem sein wird. Nicht, wenn wir Fizzy an Bord haben und der für uns die Geschäfte führt. Dann ist Shug aus dem Spiel.« Er klingt ein bisschen selbstgefällig.

Das ärgert Jamieson. In kleinen Siegen zu schwelgen, wenn sich ein großes Problem auftürmt, ist ein Anfängerfehler. Die ganze Sache mit Shug bringt nichts, solange sie nicht wissen, wo Calum ist. Was er vorhat. Sie haben jemanden ins Krankenhaus geschickt, doch er hat nichts rausgefunden. Haben den Taxifahrer aufgespürt, der Calum vom Haus des Waffenhändlers weggebracht hat, doch er war nutzlos. Er hat ihnen gesagt, wo er Calum abgesetzt hat. Offenbar eine falsche Adresse. Nichts in der Nähe, wo Calum hingehen könnte. Wahrscheinlich hat er sich da ein anderes Taxi bestellt. Er ist clever. Sie können auch George nicht finden. Seit seinem Anruf ist er verschwunden. Liegt vielleicht irgendwo tot in einer Gasse. In einem Kanal. Weiß der Kuckuck.

»Ruf Fizzy an und sag ihm, dass er bei Shugs nächstem Anruf rangehen soll. Und sag ihm, dass er sich vor MacArthur und Hutton versteckt, nicht vor Shug. Sorg dafür, dass er ihm dieselbe Lüge auftischt wie wir.« Das sagt er ohne große Begeisterung. »Und wenn du das erledigt hast, müssen wir uns wieder auf das konzentrieren, was wichtig ist.«

43

Es war eine kalte Nacht in einem fremden Bett. Nicht grade die ideale Vorbereitung, aber das spielt keine Rolle. Calum steht auf und kontrolliert seine Waffe. Sie ist geladen und einsatzbereit. Dann wäscht er sich. Kaltes Wasser, ein Stückchen Seife, keine Zahnpasta. Am Ende des Tages dürfte er nicht besonders gut riechen. Aber wenn er stinkt, wird das nicht das Schlimmste sein, was passiert. Auf der Suche nach was Essbarem durchstöbert er alle Küchenschränke. Nichts. Sie legen nur Vorräte an, wenn sie wissen, dass sie jemanden hier verstecken werden. Offenbar haben sie das Haus seit einer Ewigkeit nicht mehr benutzt. Vielleicht schon seit Calum das letzte Mal hier war. Er wird sich unterwegs was zu essen besorgen. In einem Café oder einem Sandwichladen. Doch erst muss er aus diesem Haus verschwinden.

Er hat unruhig geschlafen. Hat ständig daran gedacht, dass jemand auftauchen könnte. Sich Sorgen gemacht, dass Young oder Jamieson rausfinden, wo er ist. Haben sie aber nicht, weil sie ihn nicht gut genug kennen. Sie begreifen nicht, wie sehr er sich abgekapselt hat. Wie wenige Möglichkeiten ihm bleiben. Er verlässt das Haus durch die Hintertür. Schließt ab, legt den Schlüssel wieder unter den Blumentopf. Die Gewohnheit, hinter sich aufzuräumen. Keine Spur zu hinterlassen. Hinten im Garten ruft er ein Taxi. Diesmal von einem anderen Unternehmen. Wartet zehn Minuten, bis er einen Wagen auf der Straße hupen hört. Er geht seitlich am Haus lang und wirft einen vorsichtigen Blick auf die Straße. Nichts Auffälliges. Nur das Taxi, das mit laufendem Motor mitten auf der Straße steht. Calum lässt sich auf den Rücksitz sinken.

»Cowcaddens, oder?«, fragt der Fahrer.

»Ja, stimmt«, sagt Calum nickend.

Er sitzt hinten und lässt die Stadt an sich vorbeiziehen. Früher Morgen. Leute gehen zur Arbeit, bringen die Kinder zur Schule. Ein paar Straßen erkennt er wieder. Er weiß, dass es nicht mehr weit ist. Ein seltsames Gefühl, durchs Fenster auf seine Stadt zu blicken. Hier ist er geboren und aufgewachsen. Doch jetzt bedeutet ihm das so gut wie nichts. Nichts als Ziegelsteine und Mörtel. In dieser Stadt lebt nur noch ein einziger Mensch, der ihm wichtig ist, und dessen Leben hat er zerstört. Man führt ein Leben, das einen von den anderen trennt, einen von der Stadt trennt – sie bedeutet einem nichts mehr. Bloß eine Stadt, ein beliebiger Ort. Ein Ort zum Arbeiten, zum Schlafen. Keine emotionale Verbindung. Kein Grund, seinen Abschied zu bedauern. Die Leute erzählen Lügengeschichten über ihre Verbindung zu einem bestimmten Ort, da ist Calum sich sicher. Man ist nicht mit dem Ort verbunden. Sondern mit den Leuten, der Zeit, den Dingen, die dort passieren. Oder es geht um einen selbst. Eine missverstandene Eigenliebe. Doch das scheidet aus.

»Fahren Sie rechts ran«, sagt Calum zum Fahrer. Er bezahlt und steigt an einem Sandwichladen aus. Er ist nur noch eine Straße von seinem Ziel entfernt. Egal. In ein paar Minuten kann Jamieson ihm nichts mehr anhaben. Er betritt den Laden und kauft ein Sandwich und einen Orangensaft. Isst im Gehen. Überquert die Straße und biegt um die Ecke. Er kann schon das Gebäude sehen. Geschäftiges Treiben. Das ist gut, denn es heißt, dass seine Zielperson wahrscheinlich da ist. Er geht zu einem Abfalleimer und wirft die leere Flasche und das Sandwichpapier weg. Bleibt stehen, um in beiden Richtungen die Straße lang zu blicken. Viel Betrieb. Jede Menge Leute, und jeder von ihnen könnte gefährlich sein. Jeder könnte es auf ihn abgesehen haben. Montagmorgen, massenhaft mürrische Gesichter. Calum tastet nach der Waffe in seiner Tasche. In der linken Manteltasche, wo sie immer steckt.

Doch er holt nicht die Waffe raus, sondern sein Handy. Er wählt die Nummer, die er am vorigen Abend angerufen hat. Diesmal meldet sich eine andere Frau. Calum bittet sie, ihn zu der betreffenden Person durchzustellen. Er steht auf der gegenüberliegenden Straßenseite und wartet. Das Telefon klingelt. Er lässt es weiterklingeln. Vielleicht geht wieder niemand ran. Das könnte ein Problem werden. Er hat keinen Plan B. Sollte er auch nicht brauchen. Aber dieser Mistkerl ist wirklich schwer zu erreichen. Egal, wie beschäftigt er ist, für diesen Anruf dürfte er Zeit haben.

»Ja?«, sagt eine Stimme kurz angebunden. Jemand, der was Besseres zu tun hat.

»Sind Sie Detective Inspector Michael Fisher?«

»Ja.«

»Hier ist Calum MacLean. Ich glaube, Sie suchen nach mir. Ich würde gern mit Ihnen sprechen. Gehen Sie allein zu Ihrem Wagen, bringen Sie ein Aufnahmegerät mit, dann gebe ich Ihnen weitere Anweisungen.«

MacLean legt auf. Fisher steht in dem geschäftigen Büro, das Telefon in der Hand. Er blickt sich um. Alle machen sich bereit. Heute wollen sie gegen Shug losschlagen. Sie haben ein Team, das Des Collins aufspüren soll. Die sollten ihn bald erwischen. Alles läuft gut, und jetzt das. Calum MacLean. Mit Sicherheit wichtig, wenn er der ist, der er sagt. Aber es könnte auch eine Falle sein. Die müssen schließlich was unternehmen. Es könnte ein abgekartetes Spiel sein. Fisher hält seit Monaten Ausschau nach MacLean, versucht rauszufinden, was er macht. Er gehört zum Geschäft, so viel ist sicher. Und seit Glen Davidsons Verschwinden lebt er nicht mehr in seiner Wohnung. Jetzt liegt sein Bruder im Leichenhaus und wartet auf die Autopsie und seine Beerdigung. Die Mutter steht unter Schock und kann ihnen keine brauchbaren Informationen geben. Calum und sein Kumpel George Daly werden vermisst. Daly ist einer von Peter Jamiesons Schlägern. Wahrscheinlich arbeitet auch Calum für Jamieson. Und plötzlich ruft er an und sagt, er soll zu seinem Wagen gehen.

Fisher muss auf seinen Bauch hören. Er hat nicht genug präzise Informationen. Der gesunde Menschenverstand sagt ihm, dass er sich nicht darauf einlassen sollte. Das Risiko ist viel zu groß. Jemand, der ihn zum Schweigen bringen will. Normalerweise gibt man sich mit so was nicht ab. Aber MacLeans Bruder ist gerade ums Leben gekommen. Das hat nichts mit der Polizei zu tun, sondern mit der Unterwelt. Wenn MacLean im Moment auf jemanden sauer ist, dann ist es jemand aus seiner Branche. Wenn MacLean irgendwann gewillt sein sollte, ihm Informationen zu geben, dann jetzt. Außerdem fällt Fisher zurzeit alles in den Schoß. Das hat er die anderen sagen hören. Eine Glückssträhne muss man ausnutzen. Sonst ist sie bald vorbei.

»Ich muss mal weg, ich weiß noch nicht, für wie lange«, sagt er zu DC Davies. Davies sieht ihn verwirrt an. »Mich hat grade jemand angerufen, der Calum MacLean sein könnte. Vielleicht hat er Informationen zu dem Mord an seinem Bruder. Könnte hilfreich sein.«

»Das ist riskant. Soll jemand mitkommen?«, fragt Davies und hofft, dass sein Vorgesetzter nicht ja sagt.

»Nein. Ich gehe allein. Wenn ich mich in den nächsten Stunden nicht melde, könnt ihr langsam nervös werden.«

Wenn DCI Reid das rausfindet, dürfte er Fisher gehörig zusammenstauchen. Das ist es wert. Die Chance auf wichtige Informationen. Der Tod von William MacLean kommt Fisher wichtig vor. Nicht bloß so ein zwielichtiger Werkstattbesitzer, der wegen Geld zusammengeschlagen wurde. Die Verbindung zu seinem Bruder ist wirklich wichtig. Kein Zufall. Fisher zieht seinen Mantel an, schnappt sich einen kleinen MP3-Player und geht die Treppe runter. Raus auf den Parkplatz. Ist das vielleicht alles, was sie wollen? Ihn aus dem Gebäude locken, schießen und sofort abhauen. Nee, so was passiert hier nicht. Viel zu riskant. Dafür sind die großen Bosse zu clever. Wenn man einen Polizisten erschießt, sind einem alle anderen Polizisten der Stadt auf den Fersen. Wollen einen zerquetschen. Mit allen Mitteln. Er schlendert im strahlenden Morgen zu seinem Wagen. Bleibt plötzlich stehen. Der junge Mann am Telefon hat gesagt, er soll zu seinem Wagen gehen und auf weitere Anweisungen warten. Wie will er ihm denn weitere Anweisungen geben? Er kennt

Fishers Handynummer nicht, sonst hätte er nicht im Büro angerufen. Scheiße, sie wollen ihn bloß im Freien haben.

»Detective.«

Eine Männerstimme. Fisher schießt herum und starrt den Mann an. Er hat an der Einfahrt des Parkplatzes an der Mauer gestanden. Als er näher kommt, erkennt ihn Fisher. Calum MacLean. Um ehrlich zu sein, er sieht beschissen aus. Blass und müde. Wie jemand, der viel durchgemacht hat und dessen Drama noch nicht zu Ende ist.

»Ich heiße Calum MacLean. Ob Ihnen das klar ist oder nicht, Sie suchen schon ziemlich lange nach mir. Ich glaube, wir sollten mal miteinander sprechen. Ich hab Ihnen viel zu erzählen.«

Klingt nicht bedrohlich. Sieht auch nicht so aus. Er scheint aufrichtig zu sein. »Okay. Warum gehen wir nicht rein, um zu reden?«

Calum lächelt. Ein wissendes Lächeln. »Nein, lieber nicht. Lassen Sie uns eine Spritztour machen. Ich werde reden, und wenn wir fertig sind, entscheiden wir, wo wir stehen.«

Es wäre ein Kinderspiel, ins Gebäude zu rennen und ein paar Polizisten zu holen, die MacLean festnehmen. Verdammt, da gehen gerade zwei Uniformierte zu einem Wagen und blicken im Gehen zu ihnen rüber. Er muss sie bloß rufen und den Typ verhaften lassen. Und was passiert dann? Nichts. Dann sagt der keinen Ton mehr, weil er seinen Willen nicht kriegt. Oder er steigt mit ihm in den Wagen und lässt es drauf ankommen. Gesunder Menschenverstand gegen Bauchgefühl, Runde zwei.

»Geht's um Ihren Bruder?«, fragt Fisher. Eigentlich dürfte eine Frage erlaubt sein.

»Ja«, sagt Calum mit traurigem Nicken. »Aber nicht

nur. Ich will Ihnen eine ganze Menge erzählen. Von Dingen, die noch viel weiter zurückreichen. Aber das, was William zugestoßen ist, hat mich hergeführt. Er ist meinetwegen gestorben. Und ich hab was wiedergutzumachen.«

44

Spätnachts hat er Fizzy endlich erreicht. Es war kein leichtes Gespräch. Auf beiden Seiten jede Menge Entschuldigungen. Bei Shug flossen sogar Tränen, doch während des Anrufs konnte er das gut überspielen. Fizzy sagte ständig, dass er sich wegen des Streits keine Sorgen machen sollte. Dass er das Ganze verstünde. Er gab zu, sich seit Tagen versteckt zu halten. Aus Angst vor MacArthur. Er hätte gehört, dass MacArthur ihn umlegen wollte.

»Ich wusste nicht mal, dass er hinter dir her ist«, sagte Shug.

»Niemand wusste das – darum ging's wohl. Ich glaube, er wollte jemanden aus dem Weg räumen, der dir nahestand. Wahrscheinlich hat er gedacht, dann wäre es einfacher, dein Geschäft an sich zu bringen.« Fizzy dachte, dass seine Worte nicht überzeugend klangen, aber Shug war zu nervös und wütend, um es zu merken.

»Ja«, sagte Shug. Wenn Fizzy das glauben will, soll er doch. Shug hat sonst alles verloren; das ist die Chance, eine Freundschaft zu retten. »Hör zu, ich komm in den Knast. Das weiß ich. Wahrscheinlich für eine ganze Weile. Ich brauche jemanden, der so lange die Geschäfte führt. Das sollst du für mich übernehmen.«

»Shug, ich könnte auch in den Knast kommen.«

»Nee. Vielleicht kriegst du eine kurze Strafe, mehr aber nicht. In den wesentlichen Punkten kann dir niemand was nachweisen.«

Inzwischen ist es Morgen, und sie sitzen in Shugs Arbeitszimmer. Nur sie beide. Fast wie in alten Zeiten. Aber die Stimmung ist anders. Das lässt sich nicht überspielen. Die Dinge haben sich geändert. Zum Teil wegen ihres Streits, der hängt über ihnen wie eine dunkle Wolke. Fizzy wird nie vergessen, dass Shug ihn umbringen lassen wollte. Er wird lächeln, witzeln und bei der Sache mitspielen, doch ihre Freundschaft hat sich erledigt. Ist tot. Das hier ist bloß geschäftlich. Schlechte Stimmung herrscht auch, weil sie wissen, was auf sie zukommt. Man kann nicht ganz normal weitermachen, wenn man weiß, dass die eigene Welt bald in die Brüche geht.

»Du könntest abhauen«, schlägt Fizzy vor.

»Nein«, sagt Shug entschieden. »Das geht nicht. Nicht mit Elaine und den Kindern. Damit muss ich mich abfinden. Ich hatte große Pläne und hab's vermasselt. Jetzt muss ich mit den Konsequenzen klarkommen. Das ist meine Strafe. Na schön, ich werde es wegstecken. Aber draußen brauche ich jemanden, dem ich vertrauen kann. Deshalb will ich, dass du bei diesem Treffen dabei bist.«

Fizzy treibt ein heikles Spiel. Er versucht, so zu klingen, als wüsste er nicht, was er von dem Deal mit Jamieson halten soll. Er weiß es auch nicht. Nach allem, was gelaufen ist, kann er Peter Jamieson nicht plötzlich vertrauen. Aber Shug darf nicht wissen, dass er an dem Betrug beteiligt ist. Unsicher klingen, aber seine Meinung nicht ändern. Wenn Shug in dieser Sache einen Rückzieher macht, ist Fizzy ein toter Mann. Dieser Deal entscheidet über sein Leben. Verärgert er Jamieson, ist er tot. Hält er ihn bei Laune, ist er reich und mächtig.

»Gut«, sagt Fizzy und tut so, als würde er widerwillig zustimmen. »Ich akzeptiere alles, was ihr, du und Jamieson, euch einfallen lasst. Aber du darfst nicht vergessen, wenn ich in den Knast komme, kann ich die Geschäfte nicht führen. Und wenn Jamieson deinen Anteil übernehmen will, während du hinter Gittern bist, muss ich kämpfen. Aus eigener Kraft.« Verlogener Unsinn, doch überzeugend vorgetragen.

Shug lächelt seinen Freund an – zum ersten Mal, seit Fizzy am Morgen herkam –, lächelt über seinen Entschluss, das Richtige für sie und das Geschäft zu tun. »Ist in Ordnung«, sagt Shug.

Die Fahrt zum Club verläuft schweigsam. Es gibt nicht viel zu sagen. Vor einer Woche haben sie vereinbart, einen Teil des Geschäfts MacArthur zu überlassen. Und jetzt ist es Jamieson. Austauschbare Mistkerle. Aber diesmal ist es ein bisschen anders. Bei MacArthur war es ein Anteil am Autoschieberring. Alles war schwammiger, es ging bloß darum, einen Deal unter Dach und Fach zu bringen. Weil MacArthur nie die Absicht hatte, eine Vereinbarung einzuhalten. Er wollte bloß den Fuß in die Tür kriegen und sich dann alles unter den Nagel reißen. Bei Jamieson ist es anders. Mehr Einzelheiten. Rechtsverbindlich, weil es um das legale Geschäft geht. Okay, er könnte ihnen trotzdem in den Rücken fallen, doch das ist unwahrscheinlich.

Das legale Geschäft ist ihm wichtiger, denn er will was aufbauen. Was Großes, mit dem man viel sauberes Geld verdient. MacArthur hat schon alles aufgebaut. Alles, was er wirklich braucht. Shug weiß, was Jamieson am wichtigsten ist, und das ist nicht das Geschäft. Sondern die Gelegenheit, MacArthur eins auszuwischen. Das ist der nächste große Kampf. Jamieson gegen MacArthur. Und das hier ist der Eröffnungsschlag, deshalb muss Jamieson den Deal einhalten. Muss der Mann sein, mit dem andere Geschäfte machen wollen.

Sie betreten den Club durch den Vordereingang und gehen die Treppe rauf. Fizzy stolpert und stürzt fast. Flucht leise über die verdammte Stufe und bringt Shug zum Lächeln. Sie durchqueren den Snookersaal und gehen den Flur runter zu Jamiesons Büro. Geführt von einem mürrisch aussehenden Barkeeper. Er klopft und hält ihnen dann die Tür auf. Jamieson sitzt am Schreibtisch und steht auf, als sie reinkommen. Young erhebt sich von einem Sofa, das an der Seite steht. Er kommt rüber, stellt sich vor, schüttelt Hände. Dann schütteln sie Jamieson die Hand. Es herrscht ziemliche Kühle. Eine unangenehme Stimmung hängt in der Luft. Shug glaubt, das liegt an dem, was zwischen ihnen gelaufen ist. Eine verständliche Annahme. Falsch, aber verständlich. Vor dem Schreibtisch stehen zwei Stühle, auf die Shug und Fizzy sich setzen.

»Ich bin froh, dass wir uns treffen«, sagt Jamieson. »Nicht bloß aus den offenkundigen Gründen. Die letzten Monate, was da zwischen uns gelaufen ist, war ein Fehler. Wir hätten das viel früher aus der Welt schaffen sollen. Ich nehme die Schuld auf mich. Ich bin schon so lange dabei, dass ich es hätte kommen sehen und was dagegen unternehmen müssen. Aber ich will Ihnen was sagen,

Shug: In diesem Geschäft ist kein Mensch vom Zurückblicken reich geworden. Kein einziger. Wir müssen sehen, was wir füreinander tun können. Das Ganze passt doch genau. Sie haben ein legales Geschäft, in dem wir zurzeit keine Rolle spielen. Ihr Geschäft kollidiert nicht mit unserem. Ergänzt es eher. Und wir können Ihnen vieles bieten, das Ihnen beim Vorankommen hilft. Polizeikontakte zum Beispiel. Wir können versuchen, die Vorwürfe gegen Sie abzumildern. Oder die Beweise zu entkräften. Und wir haben Schutz anzubieten. Für Sie und Ihre Familie. Für alle, die Ihnen wichtig sind.«

Alles, was Shug hören will. Hat keinen Sinn, so zu tun, als könnte Jamieson Shug vor dem Gefängnis bewahren. Sie wissen beide, dass das nicht stimmt. Er darf ihm keine Wunder versprechen. Muss ehrlich sagen, wo seine Grenzen liegen. Darf nur anbieten, was er auch einlösen kann. Damit er ihm vertraut. Shug nickt. Mehr hat er auch nicht erwartet.

»Und MacArthur?«, fragt er. »Was haben Sie mit dem vor?«

Jamieson lächelt. »Wir haben was gegen ihn in der Hand. Sobald wir erfahren haben, dass er gegen uns vorgeht, haben wir angefangen, uns zu verteidigen. Wir können mit ihm fertigwerden. Aber das wird kein Kinderspiel, sondern ziemlich unerfreulich«, sagt er und lehnt sich auf seinem Stuhl zurück. »Ich will Ihnen nichts vormachen; ich kann nicht garantieren, dass er mir keinen Schaden zufügt. Und ich befürchte, dass er's deshalb auf Ihr Geschäft abgesehen hat. Doch ich biete Ihnen den größten Schutz, den Sie in dieser Stadt kriegen können.«

Das beste Angebot, das Shug kriegen wird. Ein Mann, der schon bald in den Knast kommt. Ein Mann mit einem Geschäft, das unter Beschuss von Alex MacArthur steht. Wenn er neunundvierzig Prozent verliert, ist das ein geringer Preis. Er traut Jamieson nicht. Warum sollte er? Doch wenn's darum geht, ob Jamieson oder MacArthur ehrlicher ist, gibt's einen klaren Gewinner. Wenn er wüsste, was für Spielchen zwischen diesen beiden Männern laufen, würde Shug vielleicht anders denken, doch er kann nur mit den Informationen arbeiten, die ihm zur Verfügung stehen. Und außerdem gibt's noch was Wichtigeres als Vertrauen. Wenn ihm nach dem Knast noch irgendwas gehören soll, muss er sich beim nächsten Kampf für den Gewinner entscheiden. Der letzte Kampf lief zwischen Shug und Jamieson, und Jamieson hat gewonnen. Der nächste Gewinner wird Jamieson oder MacArthur sein. Der eine oder der andere. Er muss sich für einen von beiden entscheiden und hoffen, dass er nicht ausgeknockt wird. Wer von beiden hat das Talent, es bis zum Ende des Kampfes zu schaffen? Shug unterstützt Jamieson. Er weiß, dass das Jamieson stärkt, ihm mehr Glaubwürdigkeit verleiht. So hat Shug die Chance, nach dem Knast wenigstens was Ähnliches wie sein altes Leben zu kriegen.

»Sie sollen wissen, dass ich mich, wenn ich rauskomme, nur auf den Autoschieberring und die Werkstätten konzentrieren werde«, sagt Shug. »Nach allem, was gelaufen ist, will ich sonst nichts. Und es wäre wohl besser, wenn Sie das Autogeschäft nicht in Ihr eigenes ... Unternehmen einbinden würden.«

Jamieson nickt. Er hat sowieso nicht vor, das Autogeschäft für Drogen zu nutzen. Besser, er koppelt es ab, damit es eigenes Geld abwirft, ohne ins Visier von irgendwem zu geraten. Das war von Anfang an Shugs Fehler. Dass er ein gewinnbringendes, ungefährliches Geschäft ins Visier der Drogenhändler gebracht hat. Er hat seine Lektion gelernt. Dieses ganze Gerede ist das Lied des reuigen Sünders. Genau das, was Jamieson erwartet hat. Was er schon so oft zu hören gekriegt hat.

»Ich habe fest vor, es abzukoppeln. Zwischen meinen Geschäften soll es keine Überschneidungen geben. Um ehrlich zu sein, machen wir das schon meistens. Besser alles trennen, das erregt weniger Aufsehen. Und schafft keine Begehrlichkeiten.«

Es kam ihm nie wie ein Freundschaftstreffen vor. Jamieson schien mit dem Gespräch unzufrieden zu sein. Was Shug seltsam findet. Schließlich macht Jamieson hier den Reibach. Er ist es doch, der aus dem Kampf mit der Hälfte von Shugs Geschäft hervorgeht. Mit einem besseren Ruf. Mit der Gelegenheit, sich MacArthur vorzuknöpfen. Was will er denn noch? Und trotzdem wirkte er besorgt. Shug und Fizzy gehen zum Wagen zurück. Fizzy hat die ganze Zeit kaum was gesagt. Als Shug und Jamieson übereinkamen, dass Fizzy das Geschäft übernehmen sollte, hat er bloß genickt. Das Ganze scheint ihn zu deprimieren.

»Findest du nicht, dass sich Jamieson und Young seltsam benommen haben?«, fragt Shug.

»Seltsam?«

»Als ob schlechte Stimmung herrscht.«

Fizzy zuckt mit den Schultern. »Eine seltsame Stimmung, kann schon sein. Sie wissen ja, was jetzt passiert.«

Das beendet das Gespräch zwischen den beiden. Sie wissen, was jetzt passiert. Jeden Moment wird die Polizei losschlagen.

45

Calum hat den Ort ausgewählt. Nah am Fluss. Abgelegen natürlich, aber nicht so weit von Menschen entfernt, dass Fisher nervös werden könnte. Fisher glaubt tatsächlich immer noch, dass er die Situation unter Kontrolle hat. Er sitzt am Steuer, im wörtlichen und übertragenen Sinn. Sie fahren schweigend, und Calum zeigt dem Polizisten, wo er langfahren soll. Hin und wieder wirft Fisher einen verstohlenen Blick auf den jungen Mann neben ihm. Ihm sind die durchsichtigen Handschuhe aufgefallen, die Calum trägt. Ein bisschen besorgniserregend, aber er darf jetzt nicht überreagieren. Er hat sein Foto gesehen, war in seiner Wohnung, hat versucht zu verstehen, wer er ist und was er im Schilde führt. Nicht viel erfahren. Nicht genug. Und jetzt die Chance, alles rauszufinden. Die lässt er sich nicht entgehen. Der Wagen hält auf einem kleinen Parkplatz. Umgeben von wucherndem Unkraut, einem großen Holzzaun und der Rückseite eines Lagerhauses. Neben dem Gebäude arbeiten zwei Leute, die ihnen keine Beachtung schenken. Zur Linken können sie den Fluss sehen. Vor ihnen Unkraut, rechts der Zaun. Fisher schaltet den Motor aus.

»Ich hab Ihnen einiges zu erzählen«, sagt Calum und starrt geradeaus, »also sollten Sie's vielleicht aufnehmen.«

Fisher holt sein kleines Aufnahmegerät aus der Tasche. Schaltet es ein und stellt es auf die Konsole zwischen den Sitzen. »Können Sie sich bitte vorstellen?«, sagt Fisher.

»Ich heiße Calum MacLean. Ich habe circa sechs Monate lang für Peter Jamieson gearbeitet.« Warum sich mit der Vorstellung aufhalten? Er weiß, was er sagen will. Er ist nicht hier, um sich von Fisher verhören zu lassen – das führt bloß zu Konflikten. Manche Dinge will Calum sagen, andere nicht. Er muss einfach weitererzählen. »John Young, seine rechte Hand, hat mit mir Kontakt aufgenommen. Ich bin in den Club gegangen und habe mich dort mit Jamieson und Young im Büro getroffen. Sie haben mir gesagt, dass Lewis Winter sterben soll. Das war meine Aufgabe. Ihn zu töten.«

Ein rascher Blick auf Fisher, der ihn anstarrt. Den Mund öffnet, was sagen will. Calum fährt fort. Er darf keine Fragen zulassen, sonst wird er mit der Geschichte nie fertig. Er schildert die Einzelheiten des Mordes an Winter und was danach geschah. Wirft Fisher ein paar Namen hin, hält aber nicht inne, um seine Reaktion abzuwarten. Wenn er ihn von der Seite ansieht, dürfte dieser das als Einladung betrachten, Fragen zu stellen. Er muss Fisher alles sagen, was er über Winter wissen muss – das war Fishers Fall, und der Mann tappt noch immer im Dunkeln. Er muss erfahren, warum. Namen. Damit kann Calum dienen, kein Problem. Jamieson und Young. Shug und Fizzy. Winter und Davidson. Und er kann die Namen verschweigen, die er nicht nennen will. George. Dass George an der Sache beteiligt war, wird er für sich behalten. Sich an ein Datum zu erinnern, fällt ihm schwerer. Wer als Killer arbeitet, führt ein isoliertes Leben. Da merkt man sich keine Ereignisse, an denen man die Zeit ablesen kann. Lange Phasen, in denen nichts passiert. Deshalb weiß er keine Daten, doch das kann Fisher selbst rekonstruieren. Er liefert ihm so viel, wie er kann.

Calum hält inne. Nicht absichtlich. Das Ganze ist bloß sehr unangenehm. Nicht, weil er es einem Bullen erzählt, sondern weil er es überhaupt erzählt. Wenn man ein Leben voll großer Geheimnisse führt, dann prägt einen das. Sie plötzlich jemanden zu verraten, ist anstrengend. Er muss weitermachen; wenn er innehält, kommt er vielleicht nicht mehr in Gang. Er redet über den Unterschlupf, die neue Wohnung, den spätnächtlichen Anruf. Kein Wort über Emma. Wenn irgendwer verdient hat, da rausgehalten zu werden ...

Als Calum Frank erwähnt, spürt er, wie Fisher sich bewegt. Er muss es runterrasseln. Tommy Scott und Andy McClure. Noch zwei Namen. Er erläutert die Umstände jener Nacht. Jede Menge zu erklären. Dann Frank. Schwer auszusprechen, für Fisher schwer anzuhören. Ein paar Pausen, aber Fisher unterbricht ihn nicht. Er muss das erfahren. In allen Einzelheiten. Und er kann sehen, wie schwer es Calum fällt, darüber zu reden. Ihm gefällt nicht, was er da hört, doch er respektiert, wie schwierig es ist, davon zu erzählen. Weil er hört, dass Calum ehrlich ist. Der ist inzwischen bei Kenny und Hardy angelangt.

»Jamieson hat gewusst, dass Kenny mit Ihnen redet. Das wusste er von einem seiner Informanten auf Ihrem Revier. Keine Ahnung, von wem. Er wollte Kenny beseitigen, ihn bestrafen. Wollte auch Hardy beseitigen, wusste, das würde Shug Francis schaden. Über Jamieson und Shug wurde schon geredet. Niemand konnte verstehen, warum Jamieson so lange brauchte, um mit Shug fertigzuwerden. Jamieson hatte auch Alex MacArthur an Bord. Er wusste einfach alles über Shugs Operation. Sobald sich Shug mit MacArthur treffen wollte, erfuhr er davon. Also rief er MacArthur an und machte einen Deal mit ihm. Sie wollten Shug reinlegen. Doch Jamieson hatte eigene Pläne. Sobald er mit Shug fertig war, wollte er gegen den alten MacArthur losschlagen. Er wollte die Verbindung zu Shug benutzen, um MacArthur ins Visier zu nehmen. MacArthurs vorgetäuschter Deal mit Shug sollte sein Vorgehen rechtfertigen. Also haben Kenny und ich Hardy abgeholt. Ihn umgelegt. Kenny hat das Grab ausgehoben, dann habe ich auch ihn getötet.

Ich wusste schon seit etwa zwei Monaten, dass ich wegwollte. Aus dem Geschäft aussteigen. Aus der Stadt verschwinden. Ich habe zu viel aufgegeben, damit ich in meinem Job gut bin. Also hab ich beschlossen, die beiden Morde zur Flucht zu nutzen. Jamieson und Young würden erst nach einer Woche oder noch später damit rechnen, von mir zu hören. Das gab mir Zeit, alles Nötige zu besorgen und abzuhauen. Aber ich brauchte Hilfe von jemandem, dem ich vertrauen konnte. Deshalb wandte ich mich an meinen Bruder William. Er freute sich, mir helfen zu können. Wollte schon seit einer Ewigkeit, dass ich aussteige. Er hat mir den falschen Ausweis besorgt, den ich benutzen wollte, bei jemandem namens Barry Fairly. Der muss uns bei Jamieson verpfiffen haben. Sie sollten glauben, ich wäre in jener Nacht ums Leben gekommen. In der Nacht, in der ich Hardy und Kenny getötet habe. Sie sollten im Ungewissen sein. Fairly hat mir das vermasselt. Also schickte Jamieson einen Mann namens Shaun Hutton los, um meinen Bruder zum Reden zu bringen. Aber Hutton hat ihn umgebracht.«

Calum hält inne und blickt Fisher an. Fisher sagt kein Wort. Er sitzt bloß da und erwidert den Blick. Ist verwirrt. Leicht geschockt. Weiß nicht genau, wie viel er davon glauben kann. Normalerweise würde er nichts glauben. Wenn jemand aufkreuzt und einem Geschichten über die Leute erzählt, die er für den Tod seines Bruders verantwortlich macht, kann man das meiste davon ignorieren. Aus dem Wunsch nach Rache geben Leute allen möglichen Unsinn von sich. Doch das hier ist was anderes. Was Calum über sich gesagt hat, macht das Ganze so viel glaubwürdiger. Niemand liefert als Teil einer Lügengeschichte so viel Belastungsmaterial. Und vieles, was er gesagt hat, passt zu Fishers Vermutungen. Zum Beispiel, dass jemand in Calums Wohnung gestorben ist. Dass Calum verschwunden ist und die Wohnung gründlich gereinigt wurde. Fisher hat gewusst, dass dort was passiert ist, das eine sorgfältige Vertuschung erforderte.

»Und was war vor Jamieson?«, fragt Fisher. Ist selbst überrascht über diese Frage. Die sollte nicht am Anfang stehen. Er muss sich auf das konzentrieren, was direkt vor ihm liegt. Doch er hat das Bedürfnis, mehr über diesen jungen Mann zu erfahren.

»Vor Jamieson hab ich gearbeitet«, sagt Calum schulterzuckend. »Aber ich bin nicht hier, um über die Zeit davor zu reden, sondern über Jamieson.«

»Ich habe Indizien, die belegen, dass Shug die Morde an Kenneth McBride und Richard Hardy befohlen hat.«

»Ihre Indizien sind gefälscht«, sagt Calum. »Die können alles Mögliche manipulieren, um Sie in die falsche

Richtung zu schicken. Telefonverbindungsnachweise. Hinweise von Informanten an Polizisten. Das haben sie eine ganze Weile getan. Wahrscheinlich hatten Sie mich deshalb nicht auf dem Radar. Sie haben nicht gewusst, dass ich der Mann bin, den Sie suchen. Haben nicht mal gewusst, dass es jemand war, der für Jamieson arbeitete. Die sind vorsichtig. Hecken ständig was aus. Treiben ihre Spielchen.«

Fisher reibt sich die Stirn. Er weiß, dass das Gespräch nicht ins Stocken kommen darf, aber er muss über zu vieles nachdenken. Er braucht mehr Einzelheiten – das ist nur der Anfang. »Die Mordwaffen ...«, beginnt er, doch Calum fällt ihm ins Wort.

»Alle weg. Schon lange. Ich hab meine Waffen immer von einem Mann namens Roy Bowles gekriegt«, sagt er. Fairly hat ihn verpfiffen, jetzt hat er's ihm heimgezahlt. Nun ist der Alte an der Reihe. »Er ist ein Profi, schon jahrelang im Geschäft. Ich habe keine der Waffen mehr, die ich von ihm gekriegt habe. Keine Ahnung, wo die sind.«

Fisher nickt. Klingt sinnvoll. So ziemlich das Einzige, wovon man das sagen kann. Er betrachtet Calum wieder. Der Mann hat grade seinen Bruder verloren, klar, das macht ihn unberechenbar. Aber das hier? Ein erfahrener Killer, erfolgreich und nicht auf dem Radar der Polizei, gesteht und wirft mit Namen um sich. Das ergibt keinen richtigen Sinn. Nicht mal, wenn der Junge aufgewühlt wäre, und das ist nicht der Fall. Er hat das Ganze in kühlem Ton erzählt. Als wär's keine große Sache.

46

Hutton hält vorm Club. Er bleibt etwa fünf Minuten im Wagen sitzen. Tut so, als würde er sich die Nachrichten auf seinem Handy ansehen. Doch das stimmt nicht. Er sammelt sich. Der Anruf von Young kam vor einer halben Stunde. Er braucht nicht nervös zu sein. Es dürfte um Calum gehen. Er hat den Bruder bestraft, jetzt ist es endlich an der Zeit, gegen den entscheidenden Mann vorzugehen. Das ist das, was Hutton kann. Irgendwie freut er sich darauf – will sich bei seiner Arbeit wieder wohl fühlen. Bis jetzt bloß der Seitenwechsel und ein Job, der ihm nicht gefallen hat. Sie müssen doch wissen, dass es ihm nicht gefällt, den Schläger für sie zu spielen. Kein Grund, paranoid zu sein, aber er ist überzeugt, dass sie mit seiner Arbeit unzufrieden sind. Das hier dürfte das Blatt wenden. Sie haben ihn als Killer angeheuert, und wenn er gegen einen renommierten Mann wie Calum MacLean gute Arbeit leistet, sind die Unzulänglichkeiten der Vergangenheit vergessen.

Er überquert die Straße und geht auf den Eingang zu.

Bleibt stehen, sieht John Young die Straße lang kommen. Young scheint ihm einen bösen Blick zuzuwerfen. Kein gutes Zeichen. Hutton nickt ihm zu.

»Komm«, sagt Young und führt ihn in den Club. Ohne ein Wort gehen sie die Treppe rauf. Young ist schneller als Hutton, weil er die Treppe kennt.

»Geht's um Calum?«, fragt Hutton. Außer ihnen ist niemand da. Hutton sieht keinen Grund, warum er nicht fragen soll. Dennoch wirft ihm Young einen zornigen Blick zu.

»Könnte man sagen.« Dann stößt er schweigend die Tür zum Snookersaal auf. Geschäftliche Fragen stellt man nur im Büro. Jedenfalls nicht auf der Treppe des Clubs, wo jeder kommen und gehen kann. Doch seine Verärgerung hat tiefere Wurzeln. Hutton hat Young in ein schlechtes Licht gerückt. Wegen Huttons Unfähigkeit ist Youngs Urteilsvermögen in Frage gestellt. Einen schlimmeren Fehler kann ein Mitarbeiter kaum machen.

Sie durchqueren den Snookersaal. Hutton weiß, dass er sich hinter ihm halten muss. Sie gehen den Flur lang und klopfen. Betreten das Büro und setzen sich. Auf ihre üblichen Plätze. Young sitzt auf dem Sofa an der Seite, Jamieson hinter seinem Schreibtisch. Hutton schmort auf dem Stuhl vor Jamieson. Die Stimmung kommt ihm unpassend vor. Wenn's hier um einen Auftrag geht, dann sollten sie sich anders verhalten. Natürlich sollte Anspannung herrschen, doch es müsste eine nervöse Anspannung sein. Man müsste das Gefühl haben, dass die Leute geschäftig sind. Dass sie das Treffen schnell über die Bühne bringen wollen. Um nicht mit dem Killer gesehen zu werden.

Aber nichts dergleichen. Alles eher träge und aggressiv.

Jamieson sieht mürrisch aus. Blickt Young nicht mal an. Die Stimmung zwischen den beiden macht Hutton Sorgen. Der Groll gegenüber ihm ist beängstigend, klar. Das bedeutet, dass sie unzufrieden mit ihm sind und er sich ins Zeug legen muss. Doch Unstimmigkeiten zwischen Jamieson und Young könnten ernste Probleme für das Geschäft aufwerfen. Könnten Konsequenzen für alle haben, die für sie arbeiten.

»William MacLean ist tot«, sagt Jamieson zu Hutton. Sieht ihn vorwurfsvoll an. Es dauert ein paar Sekunden, bis sich Shaun Hutton an den Namen erinnert.

»Oh«, sagt er. Und dann nichts mehr, denn was soll er noch sagen? Jamieson hat ihm grade mitgeteilt, dass er einen Job vermasselt hat. Total vermasselt. Er hat ihnen eine Mordermittlung eingehandelt. Alles, was er jetzt sagt, macht die Sache nur schlimmer.

»Oh? Ist das alles? Oh? Und das soll erklären, warum du den Scheißkerl umgebracht hast?«

Anscheinend ist auch Schweigen keine Lösung. »Ich hatte nicht das Gefühl, dass ich zu fest zugetreten habe. Ich bin hingefahren, habe dafür gesorgt, dass er allein ist, und hab den Auftrag erledigt. Er sollte nicht sterben. Hör zu, das war Arbeit für einen Schläger. Ich habe nie behauptet, dass ich mich damit auskenne.« Er hält inne, weil seine Zunge schneller war als sein Hirn. Und das Hirn ist mit dem Gesagten unzufrieden. Er hat grade angedeutet, dass es Youngs Fehler ist, weil der ihm den Auftrag gegeben hat. Eingestanden, dass man ihm so einen Job nicht anvertrauen kann.

Jamieson blickt Young an. Er sieht, dass Young wütend ist, doch nichts sagen wird. Er hält sich ans Protokoll. Aber Jamieson nicht. Nicht heute. Er hat einiges zu sagen.

Wäre ein Pflichtversäumnis, wenn er's unterlässt. Und er muss Luft ablassen.

»Also ist jemand anders schuld, dass du nicht weißt, wie man jemanden verprügelt, ohne ihn umzubringen? Willst du mir das sagen?«

»Das hab ich ...«, beginnt Hutton, verstummt aber angesichts von Jamiesons wachsender Wut.

»Das war eine rhetorische Frage.« Er steht auf. »Du hast Scheiße gebaut. Große Scheiße. Riesige Scheiße. Du hast verdammt nochmal den Falschen umgelegt. Calum ist jetzt irgendwo da draußen und er ist mehr als sauer auf uns. Was meinst du wohl, wie das ausgeht? Das ist auch rhetorisch gemeint«, brüllt Jamieson, bevor irgendwer was sagen kann. »Du hattest einen ganz simplen Job. Und hast versagt, total versagt. Das war's für dich.«

Hutton weiß, was das bedeutet. Sein Ruf ist zerstört. In dieser Stadt wird ihn niemand mehr einstellen. Auch als Freischaffender wird er um Aufträge kämpfen müssen. Kann sein, dass er wegziehen muss, aber vielleicht ist das noch nicht alles. Er könnte ins Visier geraten. Der Mann, der zu viel weiß. Er will was sagen, aber Young kommt ihm zuvor.

»Na komm schon, Peter.« Er sieht Jamieson an. Versucht ihn zu beruhigen, wohlwissend, dass es vergeblich sein dürfte. Jamieson ist nicht unbeherrscht. Im Gegenteil. Er hat sich das gut überlegt. Er weiß genau, was er tut. Kalte Wut. Sieht so aus, als würde er um sich schlagen, aber das stimmt nicht. Er hat das geplant und übermittelt jetzt die Botschaft. Young meint, dass man dem Schuldigen so was verschweigen sollte. Man darf niemandem sagen, dass er ein potentielles Opfer ist.

»Raus«, sagt Jamieson zu Hutton. »Los. Steh auf und

verschwinde. Und lass dich hier nicht mehr blicken. Du und ich, wir sind fertig. Ein für alle Mal. Na los, verpiss dich!«

Hutton steht langsam auf. Blickt Young an. Young nickt ihm kurz zu. Als Zeichen, dass er gehorchen soll. Dass er gehen soll und Young versuchen wird, die Sache wieder hinzubiegen. Vielleicht ist es nicht so schlimm, wie's aussieht, denkt Hutton. Hofft er. Er geht zur Tür und verlässt das Büro. Betet, dass es nur eine ausgeklügelte Warnung ist. Guter Bulle, böser Bulle. Der Boss feuert einen, und seine rechte Hand ruft ein paar Stunden später an und sagt, dass man wieder dabei ist. Er darf sich bloß nichts mehr zuschulden kommen lassen und muss gute Arbeit leisten. Klingt einleuchtend. Die rechte Hand ist der, mit dem man's meistens zu tun hat. Mit dem man klarkommen muss. Den Boss fürchten. Mit seinem zweiten Mann Frieden halten. Und Hutton kann alles ändern. Er kann bestimmt was tun. Doch er braucht erst mal einen Drink, muss seine Nerven beruhigen. Während er die Treppe runtersteigt, sagt er sich, dass es noch nicht vorbei ist. Fühlt sich bloß so an.

Sobald Hutton die Tür geschlossen hat, macht Young Jamieson Vorwürfe. »Das war dumm. Auch wenn du ihn rausschmeißen willst, sagst du ihm das nicht. Verdammt nochmal, wir haben sonst niemanden. Wenn du ihn feuerst, haben wir keinen Schutz mehr.«

»Ja«, sagt Jamieson leise, »und wessen Schuld ist das?« Er lässt die Frage im Raum stehen.

Young holt tief Luft. »War nicht meine Schuld, dass Frank sich als Verräter erwiesen hat. Dass Calum sich nicht an uns binden wollte. Er war Franks Empfehlung. Hutton mag nicht die beste Wahl sein, aber er hat uns immer gute Dienste geleistet. Das könnte er immer noch. Hör zu, wir bringen die Sache mit Calum in Ordnung ...«

»Ha, und wie soll das gehen, John? Sag's mir. Hast du dieses kleine Problem gelöst?«

Jamieson will einen Streit vom Zaun brechen. Das weiß Young. »Ich streite mich nicht mit dir, Peter. Wir finden Calum. Die Sache ist halb so wild.«

Jamieson greift in seine Schublade und holt eine Flasche und ein kleines Glas raus. »Ja. Halb so wild. Komm wieder, wenn du alles geregelt hast. Und jetzt geh mir aus den Augen.«

47

»Das mit Ihrem Bruder tut mir leid«, sagt Fisher. Klingt vielleicht nicht ernst gemeint, doch er meint es. Fisher begegnet ständig Leuten wie William MacLean. Leute, die nicht sehr involviert sind. Randfiguren. Manchmal auch Leuten, die gar nicht an kriminellen Handlungen beteiligt sind. Doch sie sind mit jemandem aus dem Geschäft verwandt. Oder befreundet. Und am Ende müssen sie für das Verhalten eines anderen bezahlen. Eigentlich hat Fisher es satt, Leute wie William MacLean zu sehen. Zu sehen, dass Leute, die nicht viel falsch gemacht haben, auf dem Seziertisch landen, weil irgendein Gangster glaubt, er könnte das vor sich rechtfertigen. Peter Jamieson. Shaun Hutton. Gangster, die Fisher aufhalten muss.

»Danke«, sagt Calum. Klingt nicht so, als ob er's glauben würde. Muss er auch nicht. Fisher ist nicht aus Mitgefühl hier. »Ich möchte was über meinen Bruder sagen«, fährt Calum fort. »Er war in nichts involviert. Nicht richtig. Er hat mir geholfen, aber nur, weil ich's war. Für einen anderen hätte er das nicht getan. Vielleicht hat er in der Werkstatt hin und wieder kleine Sachen gemacht, um sich ein bisschen dazuzuverdienen. Aber das war nichts Schwerwiegendes. Nie. Er hat nicht verdient, was ihm passiert ist, und hat es auch nicht verdient, dass man ihn jetzt in den Schmutz zieht. Ich weiß, dass die Leute das tun wollen, weil er tot ist. Und ich weiß, dass Sie's wollen, weil er mein Bruder ist. Aber das hat er nicht verdient. Er hat Respekt verdient. Denn er war ein guter Kerl. Kein Verbrecher. Kein Gangster, sondern ein guter Kerl.«

Fisher nickt. »Wir werden Ihren Bruder nicht in den Schmutz ziehen. Ich weiß, dass er nicht zum Geschäft gehörte.« Er wird nicht leugnen, dass sie manchmal den Ruf von Leuten zerstören, denn so was kommt vor. Manchmal ist es nötig, die unangenehme Wahrheit über jemanden zu sagen. Aber nicht in Williams Fall. Nicht jetzt.

Geht's hier um einen guten Nachruf für seinen Bruder? Offenbar auch um Rache. Aber sich einem Polizisten so an den Hals zu werfen? Das ist wirklich neu. Vielleicht aus Gram, vermutet Fisher, Calum kann nicht klar denken und sagt deshalb die Wahrheit. Gram kann einen zu seltsamen Dingen treiben. Doch er wirkt gar nicht gramgebeugt. Ein bisschen deprimiert vielleicht.

»Ist das alles, was Sie mir sagen wollen?«, fragt Fisher. Calum hat seine Geschichte erzählt und schweigt. Zeit, dass Fisher wieder die Kontrolle übernimmt.

»Das ist alles.«

»Und was wird Ihrer Ansicht nach jetzt passieren?« In Fishers Stimme liegt eine leichte Ironie. Als würde Calums Ansicht dazu keine Rolle spielen, weil er's sich nicht aussuchen kann.

»Ich denke, Sie werden aussteigen, und ich fahre weg«,

sagt Calum. »Und ich denke, dass wir uns nie wiedersehen.«

Fisher ist drauf und dran loszulachen. Was Spöttisches zu sagen, nichts Aggressives. Aber er hat's hier mit einem gefährlichen Mann zu tun. Er schweigt. Er sieht Calum in die Innentasche seines Mantels greifen und glaubt zu wissen, was das bedeutet. Seltsamerweise fürchtet er auch beim Anblick der Waffe nicht um sein Leben. Ein Killer mit einem Polizisten im selben Wagen, und der Polizist hat keine Angst. Warum sollte er ihm diese lange Geschichte erzählen und ihn dann erschießen? Er wird ihn gehen lassen, macht aber klar, wie gefährlich er ist. Die Pistole im Schoß auf Fisher gerichtet. Er sagt nichts. Überlässt der Waffe das Reden.

»Okay«, sagt Fisher ruhig. »Aber versprechen Sie mir, das Ding nicht zu benutzen. Sie haben gesagt, Ihr letzter Auftrag soll auch Ihr letzter bleiben. Ich glaube, ich weiß, warum Sie mir das gesagt haben. Ich glaube, ich weiß auch, was Sie vorhaben. Das ist in Ordnung. Aber benutzen Sie das Ding nicht, okay?«

Calum sieht ihn an. Ein durchdringender Blick. »Ich bin schon fast weg«, sagt er.

Fisher öffnet die Wagentür und steigt aus. Geht langsam um den Wagen herum. Umklammert das Aufnahmegerät. Das immer noch läuft. Aufnimmt, wie Calum den Motor anlässt. Hoffentlich hat das Gerät funktioniert. Fisher denkt nach. Wie viel davon kann er überhaupt verwenden? Kein besonders verlässlicher Zeuge. Und jetzt ein verschwindender Zeuge. Natürlich werden sie ihn verfolgen, doch Fisher hat bei diesem Jungen so ein Gefühl. Kaltblütig und gerissen. Jemand, der weiß, wie man sich aus dem Staub macht. Wie man vom Radar verschwindet.

Leute wie ihn gibt's nicht viele. Nur so wenige, dass die, denen man begegnet, einem ins Auge springen. Er könnte ihm grade Jamieson und Young ans Messer geliefert haben. Shug war schon am Ende, doch Calum hat auch MacArthur erwähnt. Es geht nicht so sehr darum, wer wem was angetan hat. Das Wichtigste war, die Beziehungen zu klären. Wer mit wem zusammenarbeitet. Wer gegen wen vorgeht. Das entwirrt ein kompliziertes Bild. Sagt Fisher, was er als Nächstes tun muss.

Calum rutscht auf den Fahrersitz. Beobachtet, wie Fisher vor den Wagen tritt. Fisher ist clever. Der steht nicht zufällig da – außer Reichweite der Türen. Er will zeigen, dass er ihm nicht in die Quere kommt. Nicht versucht, ihn aufzuhalten. Calum setzt zurück und dreht. Fährt an dem Lagerhaus entlang und blickt in den Rückspiegel. Fisher steht immer noch da und beobachtet, wie der Wagen wegfährt. Er wird erst was unternehmen, wenn das Auto nicht mehr zu sehen ist. Sobald Calum weg ist, wird er nach seinem Handy greifen. Gut für ihn. Spielt aber keine Rolle. Calum wird den Wagen irgendwo abstellen, sobald es ungefährlich ist. Fisher kriegt ihn unbeschädigt zurück. Wenn sie nicht verfolgt wurden. Solange ihn nicht eine Schar Polizisten erwartet, wenn er vor dem Gebäude auf die Straße biegt.

Doch da ist niemand. Er biegt ab und fährt davon.

Sobald der rote Renault außer Sichtweite ist, greift Fisher in seine Tasche. Holt das Handy raus. Hält inne und erinnert sich an den kleinen MP3-Player in der anderen Hand. Auf dem winzigen Display steht, dass er immer noch aufnimmt. Seit vierundsiebzig Minuten. Plötzlich nehmen seine Gedanken eine andere Richtung. Wie soll er die Leute anhand dieser Aufnahme vor Gericht bringen? Das geht nicht. Doch diese Informationen können ihn zu besseren Beweisen führen, die er wirklich benutzen kann. Alles liegt klar vor ihm. Winter hat für Shug gearbeitet, also hat Jamieson ihn beseitigt. Shug hat Glen Davidson angeheuert, um Calum auszuschalten. Scott und McClure wurden auf Jamiesons Befehl umgebracht, genau wie Frank MacLeod. Und Kenny McBride und Richard Hardy ebenfalls. Jamieson scheint ziemlich eifrig gewesen zu sein. Fisher lächelt, doch dann fällt ihm ein, dass er hier ohne Wagen festsitzt.

Er ruft auf dem Revier an, den Apparat auf seinem eigenen Schreibtisch. Dort müssen sie doch auf ihn warten. Sich fragen, wo er ist. Sich um ihn Sorgen machen. Herrgott, das kann er ihnen nur raten. Das Telefon klingelt und klingelt. Vielleicht ist niemand da. Alle auf der Suche nach ihm? Nicht sehr wahrscheinlich. Sollte jemand beschlossen haben, die Verhaftung von Shug und Fizzy in seiner Abwesenheit durchzuziehen, wird Fisher einen Höllenspektakel machen, wenn er wieder im Büro ist. Vielleicht will niemand an sein Telefon gehen. Er hat ihnen gesagt, dass sie das nicht tun sollen. Er hat's nicht gern, wenn sich andere Polizisten mit seinen Angelegenheiten befassen, auch wenn sie nur eine Nachricht entgegennehmen. Doch er lässt das Telefon schon so lange klingeln, dass jemand rangehen muss.

»Hallo, hier ist der Anschluss von DI Fisher, DC Davies am Apparat.« Er klingt nervös und ein bisschen aufgeregt. Als wüsste er, dass er nicht rangehen soll, und wollte es dennoch tun.

»Davies, hier ist Fisher. Kommen Sie mich abholen.«
»Okay, wo sind Sie?«

Schweigen.

Fisher muss zur Straße und dann zur nächsten Ecke gehen, um ein Schild zu entdecken. Er sagt Davies, dass er an der Straßenecke steht.

»An welcher denn?«

»Fahren Sie einfach die verdammte Straße lang – dann finden Sie mich schon.« Fisher ärgert sich langsam. Weil er seinen Wagen nicht hat. Weil Zeit verlorengeht, während er wartet, dass Davies ihn abholt und zum Revier zurückbringt. MacLean hat das vermutlich eingeplant. Cleverer kleiner Scheißkerl. So sehr er ihm auch geholfen hat, sie müssen ihn im Visier behalten. Ziemlich verlockend, ihm einen Vorsprung zu lassen. Er ist hier nicht am wichtigsten. Der Bedeutendste ist jetzt Jamieson. Doch Calum MacLean ist ein Killer, und Fisher wird ihn zur Strecke bringen.

Während er an der Straße steht und auf Davies wartet, hat er Zeit zum Nachdenken. Er überlegt, wie er vorgehen will. Zuerst muss er Shug schnappen. Es ist eine große Verlockung, erst Jamieson zu verhaften. Aber nein. Auf dem Revier gibt's undichte Stellen. Er muss so vorgehen, wie Jamieson es erwartet. Erst Shug und seine Leute. Und wenn Jamieson glaubt, seine kleine Schlacht gewonnen zu haben, dann schnappt er sich auch ihn. Er darf sich nicht in die Karten blicken lassen. Er schaut auf die Uhr: schon elf vorbei. Shug können sie gegen halb zwei auf dem Revier haben. Dann Jamieson. Fisher braucht viele Leute, aber er muss schnell zuschlagen. Er hat Calums Geschichte. Je schneller er sie rumerzählt, umso größer ist die Chance, sie zu Fall zu bringen. Sie dürften wissen, dass Calum abhauen will. Verdammt nochmal, sie haben seinen Bruder umgebracht. Sie können doch nicht so dumm sein zu glauben, dass Calum nichts gegen sie unternimmt. Aber es ist seltsam, denkt Fisher, während er Davies kommen sieht. Viele dieser Verbrecher denken nicht an die Polizei, wenn's um interne Angelegenheiten geht. Sie können sich nicht vorstellen, dass einer von ihnen zur Polizei geht. Wahrscheinlich glauben sie, dass Calum mit seiner Waffe hinter ihnen her ist. Mit Fisher dürften sie gar nicht rechnen.

48

Seit ihrer Rückkehr sitzen sie im Hobbyraum. Trinken Bier, essen ein Sandwich und reden über alte Zeiten. Die Henkersmahlzeit. Shug sieht nicht nervös aus. Er muss wissen, dass ihn mehrere Jahre erwarten. Er trinkt und lacht und genießt den Augenblick. So kommt's Fizzy zumindest vor, doch Fizzy weiß nicht, was in Shugs Kopf vorgeht. Da ist Verbitterung. Nicht gegenüber Fizzy. Nicht mal gegenüber Peter Jamieson. Ein bisschen gegenüber Alex MacArthur, aber die größte Verbitterung gilt ihm selbst. Das hier – dasitzen, lachen, sich amüsieren – war früher ganz normal. Noch vor kurzem hätte es nichts Außergewöhnliches gehabt. Sie hätten über Autos geredet. Ein bisschen übers Geschäft. Schon seltsam, zurückzublicken und sich zu erinnern, wie wenig sie über die Arbeit gesprochen haben. Es gab nicht viel, worüber sie reden mussten. Alles lief so leicht. Und er hat es weggeworfen.

Beide achten auf ihre Worte. Jedes Thema hat zu diesem Schiffbruch geführt. Nichts von Shug, das auf Hutton anspielt. Nichts von Fizzy, das darauf hindeutet, dass er Bescheid weiß. Nichts, das hindeutet auf das, was ihnen bevorsteht. Sie müssen das jetzt genießen, denn es wird so schnell nicht wieder stattfinden. An diesem Morgen sind drei Anrufe eingegangen. Alle von Greig. Er hat sie alle ignoriert. Dieser Mistkerl hat zu viele Spielchen getrieben. Hat versucht, für beide Seiten zu arbeiten. Soll er sich doch jemand anderen suchen. Shug will mit ihm nichts mehr zu tun haben. Wie viel wird Shug kriegen? Wenn sie ihm den Mord an Hardy anhängen, könnten es zwölf, fünfzehn Jahre oder noch mehr werden. Shug gibt MacArthur die Schuld. Das macht Fizzy Sorgen, aber er wird es nicht erwähnen. Wenn man MacArthur für alles verantwortlich macht, gerät man in sein Visier. Im Knast ist man ein wehrloses Opfer. Vielleicht hat er's schon auf sie abgesehen. Vielleicht bereitet MacArthur schon Aktionen gegen Shug vor. Ah, verdammt, zu viele Vielleichts. Genieße das Bier und das Gespräch. Man muss der Zukunft unerschrocken entgegensehen, darf nicht die Gegenwart mit Sorgen verdüstern. Die kommt noch früh genug, egal, wie man sie angeht. Fizzy genießt den Schutz Jamiesons, das müsste was wert sein. Und wenn Shug im Knast umgelegt wird, wer übernimmt dann dauerhaft die Geschäfte? Fizzy.

Um zehn nach eins stellt die unangenehme Zukunft sich ein. Sie hören es klingeln. Hören, wie Elaine aufmacht. Wenn man sich anstrengt, kann man Stimmen hören, versteht aber nicht, was sie sagen. Weder Shug noch Fizzy steht auf. Wozu? Die Bullen kommen sowieso gleich reingestürmt und fordern sie dazu auf. Sollen sie doch ihren Spaß haben, wenn sie die üblen Kriminellen verhaften. Leute rennen den Flur lang. Klingt, als wären es ziemlich viele. Shug ist froh, dass seine Kinder in der Schule sind. Die Tür geht auf, und zwei Detectives kommen rein. Im Flur warten zwei Uniformierte; man kann sie hinter dem korpulenten Detective erkennen. Sehen ziemlich nutzlos aus.

»Ich bin Detective Inspector Michael Fisher, und das ist Detective Constable Ian Davies«, sagt der Schmalere. Fisher sieht älter aus, als Shug erwartet hat. Er wirkt erschöpft. Shug hat Mitgefühl.

»Ich weiß, weshalb Sie da sind«, sagt er und steht auf. »Sie müssen wissen, dass ich mit Richard Hardys Tod nicht das Geringste zu tun habe. Ich habe ihn gemocht. Er war ein guter Mann, und ich hätte ihm nie ein Haar gekrümmt.«

»Hugh Francis?«, fragt Fisher. Ein Nicken als Antwort. »Dann müssen Sie David Waters sein«, sagt er zu Fizzy. Sieht aus, als wäre er in seinem Element. Leute verhaften. Leute, die nicht wissen, weswegen sie verhaftet werden. »Okay. Nun, das glaube ich Ihnen. Ich bin nicht gekommen, um Sie wegen Richard Hardys Tod zu verhaften. Ich denke, wir sollten über Ihre Geschäftsunterlagen reden, die wir in seinem Büro gefunden haben, aber das muss warten. Ich verhafte Sie beide im Zusammenhang mit Glen Davidsons Tod. Und wegen Ihrer Beteiligung am Verkauf harter Drogen. Sie haben doch bestimmt nichts dagegen, mit aufs Revier zu kommen, oder?«

Shug sieht, dass die Sache den Bullen Spaß macht. Die Freude, den Verhafteten zu verwirren. Glen Davidson. Scheiße! Er dachte, das wäre Schnee von gestern. Begraben und vergessen. Er hat Davidson ja nicht umgebracht. Oder seine Ermordung angeordnet. Davidson sollte einen Job für ihn erledigen, und dieser Riesentrampel hat's vermasselt. Aber Davidson sollte jemanden für ihn umlegen. Da hat er sich schuldig gemacht. Plötzlich wird er richtig nervös. Er hatte sich damit abgefunden, wegen Richard Hardy angeklagt zu werden. Und davor hatte er keine Angst, denn er weiß, dass er in dieser Sache unschuldig ist. Aber bei Davidson nicht. Es ließ sich nicht leugnen, dass er ihn losgeschickt hatte, um Calum MacLean zu töten. Von Anfang bis Ende ein einziges Desaster. Er hat bloß nicht begriffen, dass es das Ende sein würde. Er blickt Fizzy an. Fizzy hat Davidson in jener Nacht kutschiert. Plötzlich sieht es für ihn viel schlimmer aus. Doch er kann nichts sagen, denn die beiden Uniformierten kommen, um ihm Handschellen anzulegen.

Sie führen ihn aus dem Büro den Flur lang und bleiben neben der Haustür stehen. Dort wartet Shugs Frau Elaine. Beobachtet sie. Will ihrem Mann sagen, dass sie den Anwalt verständigt. Die Kinder von der Schule abholt. Dass sie was unternehmen wird. Aber sie kann nichts sagen, weil ihr Fisher zuvorkommt.

»Elaine Francis. Ich glaube, Sie sollten auch mit aufs Revier kommen. Sie dürften Informationen haben, die sich für unsere Ermittlungen als wertvoll erweisen. Sie brauchen ihr keine Handschellen anzulegen«, raunt er einem der Uniformierten zu. Shug will was sagen, doch das ist sinnlos. Sie weiß wirklich einiges, was die Polizei brauchbar finden wird. Keine Einzelheiten, aber wann Shug zu Hause war. Wann ihn jemand besucht hat. Sie ist intelligent. Sie kommt damit klar.

Vor dem Haus parken drei Wagen. Nur einer davon ein Streifenwagen. Dahin wird Shug gebracht, und die beiden Uniformierten steigen mit ihm ein. Erst als er auf dem Rücksitz des Wagens sitzt und über die Schulter blickt, sieht er, dass in den beiden anderen Autos ein Fahrer sitzt. Also zwei Detectives und vier weitere Polizisten, bloß um ihn, Fizzy und Elaine zu verhaften. Kommt ihm wie eine Farce vor. Er hält sich noch immer für harmlos. Sechs Polizisten loszuschicken, um ihn festzunehmen, das ist doch ein Witz. Plötzlich fällt ihm ein, weshalb er verhaftet wurde. Weil er Davidson beauftragt hat, MacLean umzulegen. Weil er versucht hat, sich ins Drogengeschäft zu drängen. Bei diesem Gedanken könnte man zu dem Schluss kommen, sie hätten mehr als sechs Leute schicken sollen. Er sieht, wie der DC mit Fizzy in Handschellen hinten in einen der Wagen steigt. Und Fisher mit Elaine in den anderen Wagen.

Eine schweigsame Fahrt zum Revier. Die beiden jungen Polizisten sagen kein Wort. Wahrscheinlich gut, dass Greig nicht dabei ist. Shug weiß nicht, ob er sich diesem hinterhältigen Scheißkerl gegenüber beherrschen könnte. Sie fahren auf den Parkplatz des Reviers. Alle stapfen in das Gebäude.

»Bringt ihn in Verhörraum eins«, sagt Fisher zu den Uniformierten, »und sperrt die beiden anderen ein.« Sie führen Shug einen Flur lang zu einem Verhörraum. Die beiden Polizisten setzen ihn auf einen Stuhl.

»Kümmer du dich um ihn, ich muss mal pinkeln«, sagt der eine zum anderen. Jetzt nur noch Shug und ein Polizist. Die beiden Jüngeren sehen aufgeregt aus. Das ist wahrscheinlich ein Riesending für sie, denkt Shug. Wie riesig? Sie sind wegen Davidson hinter ihm her. Dafür könnten sie ihn drankriegen, aber was für Beweise haben sie? Hat ziemlich lange gedauert, bis sie ihn verhaftet haben. Vielleicht haben sie gar nichts. Und es gibt einen Silberstreif am Horizont. Fisher glaubt, dass er mit dem

Mord an Hardy nichts zu tun hat. Dann müsste er MacArthur im Visier haben.

Der Uniformierte kommt wieder, und kurz darauf betritt Fisher den Raum. Mit dem korpulenten Detective im Schlepptau. Er nickt den beiden Polizisten zu, und sie gehen. Fisher setzt sich Shug gegenüber. Schaut ihn an. Versucht, ihn einzuschätzen.

»Ihr Anwalt kommt in ein paar Minuten«, sagt er. »Sie brauchen aber nicht auf ihn zu warten, wenn Sie uns vorher was sagen wollen.«

Shug weiß, was er meint. Das Aufnahmegerät noch ausgeschaltet, noch kein Anwalt dabei: Das ist die einzige Gelegenheit, um ihm inoffiziell was zu sagen. Ein Hinweis, dass sich alles, womit er ihnen jetzt weiterhilft, später positiv auswirken wird. Shug wägt ab. »Elaine weiß nichts«, sagt er. »Ich hab sie da rausgehalten. Und Fizzy weiß auch nicht viel.«

Fisher nickt. »Bei Ihrer Frau könnte ich mich davon überzeugen lassen, bei Ihrem Kumpel eher nicht. Da müssen Sie mir schon was anbieten.«

»Ich weiß eine ganze Menge«, sagt Shug. »Dinge, die für Sie interessant sein dürften.«

Fisher will es nicht sofort hören. Zu viel zu tun. Shug soll sich verpflichten, zu reden; die Aussage selbst muss bis später warten. Wenn Fisher sich jetzt festbeißt, dann wird die Hauptaufgabe dieses Tages vielleicht um Stunden verzögert. Das kann er nicht zulassen. Sie müssen zuschlagen, bevor Jamieson die Gelegenheit hat, es rauszufinden. Das heißt jetzt. Er hat allen gesagt, dass sie in der Einsatzzentrale auf ihn warten sollen. Auf Anweisungen. Als er und Davies reinkommen, stehen die vier Polizisten und zwei Neuankömmlinge da.

»Gut. Wir verhaften Peter Jamieson und John Young. Wir wissen, dass Jamieson in seinem Nachtclub ist. Er hat Vorrang. Bei Young wissen wir's nicht genau. Wir glauben, er ist unterwegs. Im Moment konzentrieren wir uns auf Peter Jamieson. Wir müssen schnell sein. Er darf uns nicht entwischen. So eine Chance bietet sich nur ein einziges Mal.«

49

Young ist mit dem Wagen unterwegs. Er hat sich mit einer Informantin getroffen, die nützlicher war als erwartet. So wie die Dinge laufen, müssten eigentlich alle verzweifelt sein. Aber nicht diese Frau. Sie arbeitet für ein Taxiunternehmen. Eine saubere Firma – hat mit der Unterwelt nichts zu tun. Sie sitzt in der Zentrale, nimmt Anrufe entgegen und so. Ihr Bruder hat mit Angus Lafferty zu tun, Jamiesons größtem Importeur. Lafferty muss dem Bruder gegenüber Calum erwähnt haben, der Bruder hat seiner Schwester davon erzählt, und sie hat Young angerufen. Hat ihm erzählt, dass sie am Morgen einen jungen Mann gefahren haben, auf den die Beschreibung passt. Als sie erwähnte, wo sie ihn abgeholt haben, wusste er, dass sie auf der richtigen Spur waren. Dieser kleine Scheißkerl! Fand es wahrscheinlich zum Totlachen, die Nacht in einem von Jamiesons Häusern zu verbringen. Ein Scherz, den man nur einmal macht. Der Fahrer hat Calum in Cowcaddens abgesetzt. Das sagt Young nichts, muss aber als Nächstes überprüft werden.

Plötzlich klingelt sein Handy. Er ignoriert es, bis er eine Stelle sieht, wo er halten kann. Er ist Profi. Will nicht von der Polizei rausgewunken werden, weil er während der Fahrt telefoniert. Sonst haben sie seinen Namen auf dem Radar und schikanieren ihn bei jeder Gelegenheit. Heute früh hat er schon einen Anruf ignoriert. Der kam von Greig. Der verlogene Mistkerl soll in dem Feuer verbrennen, das er durch sein Gekuschel mit Shug entfacht hat.

Er hat einen geeigneten Ort gefunden. Hält am Straßenrand und nimmt das Handy vom Armaturenbrett. Es klingelt immer noch, muss also dringend sein. Eine Nummer auf dem Display, kein Name. Irgendwie kennt er die Nummer, kann sie aber nicht einordnen.

»Hallo?«

»Hallo, John«, sagt der junge Mann am anderen Ende. Plötzlich fällt es Young ein. PC Joseph Higgins. Higgins hat Young immer auf einem alten Handy mit Guthabenkarte angerufen, dessen Nummer nur Higgins kannte. Aber diesmal nicht. Im Moment ist viel los, und Higgins ist jemand, der wichtige Informationen hat, deshalb hat er Youngs normale Handynummer. Die hat Young ihm gegeben, um sicherzugehen, dass er ihn erreicht. Wenn das hier erledigt ist und Higgins wieder ein Informant unter vielen ist, muss er wieder das ihm zugeordnete Handy anrufen. Nicht so praktisch, aber sicherer. Young spricht mit gedämpfter Stimme in sein Handy.

»Was ist los, Joseph?«, fragt er. Denkt unwillkürlich, dass der junge Polizist überreagiert.

»Sie haben Shug verhaftet. Er ist auf dem Revier«, sagt Higgins. Er redet schnell und leise. »Ich war bei der Verhaftung dabei. Irgendwas stimmt da nicht. Sie haben ihn nicht wegen Hardy verhaftet, sondern wegen Glen Davidson. Fisher war am Morgen weg und ist mittags wiedergekommen. Irgendwas ist anders. Ich glaube, Fisher denkt weiter als nur bis Shug.« Dann legt er auf. Er hat Young gewarnt und widmet sich jetzt wieder seiner Arbeit. Und Young sitzt in seinem Wagen am Straßenrand und versucht zu verdauen, was er grade erfahren hat. Irgendwas ist anders. Herrgott, das ist so vage, dass es alles Mögliche bedeuten kann. Doch der Junge hätte nicht angerufen, wenn's eine gute Nachricht wäre. Eine gute Nachricht ist gar keine Nachricht. Die Lage hat sich verschlechtert. Fisher denkt weiter als nur bis Shug? An wen? Erst als ihm die Bemerkung über Glen Davidson wieder einfällt, fügt sich alles zusammen.

Aber nicht die Bemerkung über Davidson ist entscheidend, sondern die über Fisher. Er hat am Morgen das Revier verlassen und ist mittags wiedergekommen. Nach diesem Treffen war irgendwas anders. Das Revier liegt in Cowcaddens. Young hat plötzlich ein flaues Gefühl im Magen. Calum hat's auf sie alle abgesehen. Will sie alle fertigmachen. Klar, Fisher hat Shug verhaftet, weil er von Calum Informationen hat, die Shug betreffen. Jede Wette, dass sein Blick über Shug hinausgeht. Weit hinaus über diesen leichtgläubigen, weinerlichen kleinen Scheißkerl. Hinter ihm sind wesentlich wichtigere Leute ins Visier geraten. Scheiß auf die Verkehrsregeln, Young muss sich beeilen. Er fährt los und rast die Straße lang. Er muss zurück zum Club. Unterwegs ruft er Jamieson an, doch der geht nicht dran. Er ruft im Büro an, wieder nichts. Verdammt nochmal! Er weiß, dass Jamieson da ist. Warum zum Teufel hebt er nicht ab? O Gott, hoffentlich ist Calum nicht schon da. Langsam begreift er alles. Los, er muss sich beeilen.

Mit quietschenden Reifen hält er vor dem Club. Ein Glück, dass er nicht von der Polizei angehalten wurde. Er wurde bestimmt geblitzt, doch das ist im Moment seine geringste Sorge. Ein bisschen überrascht und erleichtert, dass vor dem Club noch kein Krankenwagen und keine Streifenwagen stehen. Die Treppe rauf und durch den Snookersaal. Die üblichen Trinker an der Bar. Sieht so aus, als hätte nichts die ewige Düsternis ihres Lebens durchdrungen, das ist ein gutes Zeichen. Als er den Flur langgeht, entspannt er sich etwas. Er klopft nicht, stürmt einfach rein. Und bleibt abrupt stehen. Jamieson auf dem Sofa, ein Glas in der Hand. Neben ihm Deana Burke. Sie lächelt Jamieson an. Will er sie bei Laune halten? Nee, Young ist mit seiner Geduld am Ende.

»Deshalb bist du also nicht an dein verdammtes Telefon gegangen?«, brüllt er und knallt die Tür hinter sich zu. »Wegen dieser dummen Kuh hast du zwei Anrufe von mir ignoriert? Wir stecken in ernsten Schwierigkeiten, Peter, und du machst mit dieser Schlampe rum? Mein Gott, es ist noch keine Woche her, dass wir Kenny umgelegt haben.« Tja, das dürfte das Ende einer Romanze sein.

Jamieson steht auf. In kalter Wut. Normalerweise bedeutet das Ärger. »Wovon zum Teufel redest du?«

»Davon, dass Calum heute früh Fisher sein Herz ausgeschüttet hat. Davon, dass die Polizei wahrscheinlich schon unterwegs ist. Die haben Shug wegen Glen Davidson verhaftet, nicht wegen Hardy. Wenn sie über Davidson Bescheid wissen, dann wissen sie auch alles andere.«

Deana steht jetzt neben Jamieson, ist aber unwichtig für ihn. Jetzt ist er nur noch Profi. Er starrt Young an. Seine Wut ausgelöscht von Ungewissheit. Calum war bei Fisher. Wenn er von Davidson, von seinen Morden geredet hat, dann muss er in Gewahrsam sein. Hat sich wohl gestellt. O Scheiße! Er hat sich in die Flammen gestürzt, um seinen Bruder zu rächen. Sich die Kehle aufgeschlitzt, damit sie alle in seinem Blut ersaufen.

Einen Moment herrscht Schweigen. Er holt tief Luft. Dann sagt er zu Young: »Ruf den Anwalt an. Sie sollen sich sofort darum kümmern. Alles verschwinden lassen, Fisher darf nichts in die Finger kriegen. Los! Sie müssen sämtliche Aktivitäten einstellen. Und dann sollten wir uns alle ein bisschen beruhigen, okay?«

Sie behandeln Deana wie Luft. Als wäre sie bloß eine leere Hülle im Raum, die zufällig ihr Gespräch mitbekommt. Wer zu dieser Sache nichts beizutragen hat, existiert nicht.

»Wenn sie nur Calums Aussage haben, dann haben sie nicht viel. Wir haben ihn immer auf Abstand gehalten. Er weiß einen Scheiß. Sein Wort ist vor Gericht nichts wert. Gar nichts. Wir müssen cool bleiben.« Er sieht Young bedeutungsvoll an. Sie haben lange nicht mehr besprochen, wie sie vorgehen wollen, wenn die Polizei aufkreuzt. Früher haben sie oft darüber geredet. Je besser es läuft, umso weiter schiebt man diese Möglichkeit von sich. Deshalb haben sie in letzter Zeit nicht darüber geredet, doch sie wissen beide, welchen Maßstäben sie in einem Verhörraum genügen müssen. Welche Ausweichmanöver erforderlich sind.

»Was hat er über Kenny gesagt?«, fragt Deana leise. Sie hat es gewusst. Um ehrlich zu sein – tief im Innern war sie immer misstrauisch. Sie wollte glauben, dass es MacArthur war. Zu glauben, dass es nicht Kennys eigener Boss war, sondern irgendein ferner Feind, gab ihr ein besseres Gefühl. Und Jamieson war nett. Er bot ihr eine Gelegenheit, ihr Leben weiterzuleben. Aber sie kann nicht ignorieren, was Young gesagt hat. Schon gar nicht nach Jamiesons Kommentar. Er steckt in Schwierigkeiten, das ist offensichtlich. Sie will nicht dabei sein, wenn seine Welt einstürzt. Jamieson sieht sie an, doch sie geht Richtung Tür. Sie hat genug gehört, um zu wissen, dass sie nicht hier sein will. Young streckt die Hand aus, will sie aufhalten, aber Jamieson schüttelt den Kopf. Sie weiß nichts. Jamieson ist nicht auf den Kopf gefallen. Er hat in ihrem Beisein nichts gesagt, was er nicht mühelos leugnen kann. Nichts, was sie beweisen könnte.

Deana geht die Treppe runter zum Eingang. Raus auf die Straße, wo sie abrupt stehenbleibt. Timing ist alles. Wäre sie zwei Minuten früher gegangen, wäre sie weg gewesen. Doch so steht sie direkt vor DI Fisher, der grade aus einem Zivilwagen steigt.

»Deana, das ist aber eine Überraschung«, sagt er mit wissendem Lächeln. Erst vor zwei Tagen hat sie behauptet, Alex MacArthur und Des Collins stünden hinter dem Mord an Kenny. Und jetzt kommt sie aus dem Büro des Mannes, der für die Tat verantwortlich ist. Nach Fishers Meinung wurde sie entweder hinters Licht geführt, oder sie ist eine verdammte Lügnerin. Fisher glaubt eher Letzteres, und dennoch könnte sie nützlich sein. »Matheson«, sagt er zu einem der Polizisten, die aus einem Streifenwagen steigen, »bieten Sie Miss Burke einen Platz auf dem Rücksitz Ihres Wagens an und bleiben Sie bei ihr.« Matheson stöhnt. Er muss bei diesem Weibsstück sitzen, während die anderen reingehen und Peter Jamieson verhaften. Manchmal ist das Leben einfach ungerecht.

Sie betreten das Gebäude und gehen die Treppe rauf. Einer der Polizisten – Fisher kennt seinen Namen nicht –

stolpert. Stürzt und zerkratzt sich die Hand. Die anderen lachen. Fisher hat nichts dagegen. So gut ist seine Laune. Er weiß, wo das Büro ist, das hat er längst rausgefunden. Er wollte es wissen, für den Fall, dass dieser Tag wirklich käme. Die alten Säufer, die ihn anglotzen, beachtet er nicht. Er marschiert durch den Snookersaal und den Flur lang.

»Kontrollieren Sie diese Räume«, sagt Fisher zu denen, die hinter ihm gehen. Er weiß, das Büro ist die letzte Tür am Ende des Ganges. Ist trotzdem besser zu überprüfen, ob sich in den anderen Räumen jemand versteckt. Er hört, wie hinter ihm Türen geöffnet werden. Mehrfach der Ruf »Sauber«. Ohne das Tempo zu drosseln, geht er zur Bürotür. Die anderen dürfen nicht sehen, dass er nervös ist. Verhaftungen wie diese sind Stoff für Legenden. Die Nachwelt soll glauben, dass er nervenstark war.

Jamieson sitzt am Schreibtisch. Young auf dem Sofa an der Seite. Beide blicken zur Tür. Beide stehen auf. Offenbar haben sie die Wagen kommen sehen; die Bürofenster liegen zur Straße. Sie haben hier gesessen und geduldig gewartet.

»Detective Inspector Fisher.« Jamieson versucht, die Initiative zu ergreifen. »Womit können wir Ihnen helfen? Was immer Sie wollen.« Seine Worte sind von einem dreisten Lächeln begleitet. Er strickt an seiner eigenen kleinen Legende. Der Mann, der eiskalt war, als die Bullen aufkreuzten. Der wusste, dass er alle Vorwürfe gegen sich entkräften konnte. Das dürfte großartig klingen, aber nur wenn es sich als wahr erweist.

»Sie können mich und meine Kollegen zum Revier begleiten und ein bisschen mit uns plaudern. Meinen Sie, Sie beide kriegen das hin?«

Wie schnell sein dreistes Lächeln auf einmal verschwindet. Nicht wegen der Verhaftung, damit hat er ja gerechnet. Sondern weil Fisher seinen Ton aufgreift und ihm zurückspielt.

»Bin ich verhaftet?«, fragt Jamieson.

»Ja«, sagt Fisher, dann folgt das übliche Ritual. Er genießt es, klar, doch das ist nicht das, was zählt. Man kann jederzeit jemanden verhaften; das heißt aber nicht, dass man die Vorwürfe auch beweisen kann. Die Festnahme bedeutet nicht viel. Es geht um die Verurteilung. Fisher rasselt die Namen runter. Lässt Jamieson nicht aus den Augen. Lewis Winter. Thomas Scott. Andrew McClure. Frank MacLeod. Richard Hardy, Kenneth McBride. William MacLean. Keinerlei Reaktion. Jamieson steht da und betrachtet Fisher. Diesmal mit ausdruckslosem Gesicht. Die Lage ist ernst. Außerdem wirft er ihm Drogenhandel und Geldwäsche vor. Auch da keinerlei Reaktion.

Jamiesons Verstand arbeitet mit Hochdruck. Er überlegt, was er leugnen kann und was nicht. Ist zuversichtlich, alle schweren Vorwürfe entkräften zu können. Zuversichtlich, aber nicht sicher. Und er weiß nicht, was ihm das nützt. Alle werden erfahren, dass er verhaftet wurde. Dass Fisher mit allen Anschuldigungen recht hat. Selbst wenn Jamieson nicht lange hinter Gitter muss, wird es eng für ihn.

Fisher liest Young dieselben Namen vor. Young sagt nichts, starrt die Polizisten an. Er hat Higgins entdeckt, wird sich aber nichts anmerken lassen. Ein guter Kontaktmann bei der Polizei ist jetzt wertvoller denn je. Higgins dürfen sie auf keinen Fall auffliegen lassen. Beiden Männern werden Handschellen angelegt. Fisher genießt es, sie in Ketten aus ihrem Club abzuführen. Schade, dass nur die nachmittäglichen Säufer da sind. Nachts, wenn der Laden voll ist, wäre das viel wirkungsvoller. Trotzdem, diese grauhaarigen, vom Whisky aufgedunsenen Versager werden die Geschichte der Verhaftung allen, die's hören wollen, erzählen. Diese traurigen Mistkerle tun nichts lieber, als vom Unglück anderer Leute zu berichten. Jetzt die Treppe runter. Fast völlige Stille. Nur das Scharren von Schuhen. Alle konzentriert, alle vorsichtig. Sie treten raus auf die Straße und bugsieren die beiden in verschiedene Wagen. Fisher setzt sich zu Jamieson auf den Rücksitz. Jamieson wird kein Wort sagen, nicht bevor er sich mit seinem Anwalt beraten hat. Egal. Fisher genießt den Moment.

50

Seit zwei Stunden sitzen sie in ihren Zellen. Alle haben mit ihren Anwälten gesprochen. Fisher wartet voller Ungeduld, doch er wird sich noch etwas länger gedulden. Verlockend, zuerst Peter Jamieson zu verhören, denn er ist der größte Fisch. Aber das ist nicht immer der ergiebigste Ansatz. Erst mal die kleinen Fische. Sehen, was man denen über den großen Boss entlocken kann. So viel Munition wie möglich zusammentragen, bevor man's mit dem bedeutendsten Mann aufnimmt. Fisher geht mit DC Davies in den Verhörraum. Shug und sein Anwalt sitzen am Tisch, sind bereit. Sein Anwalt ist gut. Fisher kann ihn nicht ausstehen. Je höher in der Hierarchie diese Dreckskerle stehen, umso besser sind ihre Anwälte. So ist das nun mal – die Gier folgt dem Geld. Davies wird tun, was ihm gesagt wurde, also nichts. Er wird dasitzen und die Klappe halten, Fisher die Fragen stellen lassen.

Fisher informiert Shug, dass das Bandgerät und die Kamera eingeschaltet sind. Dann stellt er sich und Davies vor, nennt Shugs Namen und den des Anwalts. Shug weiß, wie der Hase läuft. Wenn er was Brauchbares liefert, kann seine Frau gehen. Keine Anklage gegen sie. Und wenn er was Besonderes liefert, tut er sich auch selbst einen Gefallen. Das weiß auch der Anwalt. Er dürfte ihn entsprechend beraten haben.

»Sie wissen, warum Sie hier sind«, sagt Fisher. »Gibt's irgendwas, das Sie uns gern sagen würden?«

Ein Nicken des Anwalts, und Shug beugt sich vor. »Ich weiß, dass ich in meinem Leben ein paar Fehler begangen habe, aber ich habe niemanden umgebracht und auch keinen Mord in Auftrag gegeben«, sagt er. Enttäuschend, dass er die ganze Sache mit Davidson leugnet, aber nicht sonderlich überraschend. Das heißt, Fisher muss Beweismaterial liefern. »Aber ich habe dumme Dinge getan. Nicht aus eigenem Antrieb. Ich wurde von Alex MacArthur verleitet ... er hat mich dazu gezwungen.«

Volltreffer! Fisher hat Mühe, ein Lächeln zu unterdrücken. »Reden Sie weiter«, sagt er.

Shug hält inne. Wägt seine Worte sorgfältig ab. »Ich besitze eine Kette von Werkstätten. Natürlich haben wir's mit einer Menge Fahrzeugen zu tun. Wir helfen, sie woanders zu verkaufen. MacArthur glaubte, davon profitieren zu können. Er nahm durch Don Park, seine rechte Hand, mit uns Kontakt auf. Ich gebe zu, dass ich mich von dem Geld blenden ließ, das da zu verdienen war, aber ich hatte auch Angst. Jeder weiß, was den erwartet, der sich mit Alex MacArthur anlegt. Ich musste tun, was mir gesagt wurde.« Er bemüht sich, reumütig zu klingen. Er weiß, der Einzige, der ihm widersprechen wird, ist MacArthur, und der ist noch unglaubwürdiger als er. Und Fizzy dürfte seine Version bestätigen.

»Sind Sie bereit, vor Gericht auszusagen, dass Ihnen MacArthur diesen Deal aufgezwungen hat?«, fragt Fisher.

»Ja. Das ist die Wahrheit. Ich werde die Wahrheit sagen.«

Er zieht gegen den alten Knastbruder vom Leder, dem er die Schuld gibt an seinem Untergang. Fisher weiß es besser. Jedenfalls ein bisschen. Shug hat recht; MacArthur hat ihn, doch er glaubt, in Jamieson einen Freund zu haben. Da irrt er sich. Was Calum ausgeplaudert hat, könnte Shug zum Reden bringen, was Jamieson angeht.

»Erzählen Sie mir von Ihrer Beziehung zu Peter Jamieson«, sagt Fisher.

Shug hält inne. Ein leichtes Schulterzucken. »Ich weiß, wen Sie meinen. Er ist Geschäftsmann. Wir haben eine Investition ausgehandelt. Alles legal. Ich weiß, dass Jamieson nicht ganz astrein sein soll, aber ich weiß nicht, mir kommt er ziemlich anständig vor. Ein aufrichtiger Kerl.«

»Hm-hmm«, sagt Fisher. Lehnt sich auf seinem Stuhl zurück. Fühlt sich in jeder Hinsicht wohl. »Das behaupten Sie, aber ich habe eine andere Information. Und die besagt, dass Peter Jamieson und Alex MacArthur vor einer Weile abgemacht haben, Ihnen eine Falle zu stellen. Die beiden haben sich zusammengetan. Sich gegen Sie verschworen. Sie wollten Ihnen die Schuld am Verschwinden von Richard Hardy in die Schuhe schieben. MacArthur lässt Sie im Stich und kriegt Ihr Geschäft. Und Jamieson ist einen Rivalen los.«

Shug sagt nichts. Er starrt die Tischplatte an. Versucht, ein ausdrucksloses Gesicht aufzusetzen, wirkt aber nur gequält.

»Ich weiß nicht, wovon Sie reden«, sagt er plötzlich.

Die Standardantwort von Leuten, die in diesem Raum schlechte Nachrichten kriegen.

»Doch«, sagt Fisher. »Sie dachten, dass Sie einen Deal mit Jamieson hätten. Dass es MacArthur war, der Sie getäuscht hat. Ist ja richtig, aber Jamieson eben auch. Die beiden haben Ihnen eine Falle gestellt. Die wollten Sie eine Weile hinter Gitter bringen. Wollten Ihnen die Morde an Hardy und McBride anhängen. Aber die gehen auf Jamiesons Konto. Klar, MacArthur wusste davon, aber er war's nicht. Jamieson hat Sie ziemlich lange an der Nase rumgeführt. Und jetzt frage ich Sie nochmal nach Ihrer Beziehung zu Peter Jamieson.«

Shug starrt noch immer den Tisch an. Nicht mehr gequält, sondern wütend. Das ist gut. Das Erste, was unter der Wut leidet, ist der gesunde Menschenverstand. »Einer der Leute, die für mich gearbeitet haben«, sagt Shug und hält dann inne. Er muss seine Lüge aufrechterhalten. Muss in erster Linie MacArthur verantwortlich machen. »Da war so ein Kerl namens Lewis Winter. Vermutlich Drogendealer. Ich mochte ihn nicht. Hat zu MacArthur gehört. Jamieson ließ Winter umbringen, weil der ihm ins Handwerk pfuschte. Da war noch ein Kerl. Hat wohl von Winter übernommen. Tommy Scott. Den hat Jamieson auch umgebracht. Sie sagen, Jamieson hat Richard Hardy getötet. Könnte stimmen, keine Ahnung. Ich weiß nur, dass ich nichts damit zu tun hatte. Ich habe Richard gemocht. Ein guter Mann.«

Fisher lässt das Gespräch kurz ruhen. Shug mag wütend sein, ist aber trotzdem vorsichtig. Versucht, sich nicht zu belasten, sondern MacArthur. Und lügt dabei, offensichtlich. MacArthur hatte nichts mit Lewis Winter zu tun. Das war eine Sache zwischen Shug und Jamieson – das hat

Calum klargemacht. MacArthur ist erst später ins Spiel gekommen. Shug ist zu vorsichtig, um für Fisher nützlich zu sein. Doch er hat ihm Munition geliefert.

Noch eine letzte Frage. »Erzählen Sie mir von Ihrer Beziehung zu PC Paul Greig«, sagt Fisher. Shug blickt ihn böse an. Davies rutscht auf seinem Stuhl herum. Das erste Mal seit Jahren, dass er bei einem Verhör ein Lebenszeichen von sich gibt.

Shug lacht. »Beziehung! Ja. Das ist noch so einer. Noch so ein Lügner und Betrüger. Jeder weiß, dass dieser Mistkerl korrupt ist. Absolut jeder. Sie bestimmt auch. Na klar, sonst würden Sie ja nicht fragen. Er hat mich reingelegt.« Der Anwalt berührt ihn am Arm, aber das ändert nichts. »War angeblich mein Freund. Sollte mir helfen. Mich vor Schwierigkeiten bewahren. Echt zum Totlachen! Er war nie mein Freund, sondern ein Freund von Don Park, das kann ich Ihnen flüstern. Fragen Sie Park. Der kann Ihnen bestimmt ein paar Geschichten erzählen.«

»Und hat Greig für seine Hilfe Geld von Ihnen genommen? Für Informationen?«

»Er hat mir nicht groß geholfen«, sagt Shug mit bitterem Lachen. »War seine Aufgabe, hat er aber nicht getan. Informationen schon. Ja, immer mal wieder. Klar hat er Geld genommen.«

Fisher geht raus auf den Flur. Mit Shug werden noch viel längere Verhöre folgen. Dann geht's um die Einzelheiten, anstelle des Überblicks, den er sich jetzt verschafft hat. Dürfte nicht schwierig sein, ihn in mehreren Punkten dranzukriegen. Einen Sieg in der Tasche, das ist ein gutes Gefühl. DCI Reid kommt aus dem zweiten Verhörraum. Da drin sitzt er mit John Young. Jetzt, wo die Hauptarbeit gemacht ist, mischt sein Vorgesetzter sich ein. Na gut, was soll's. Alle wissen, wer das hier bewerkstelligt hat. Wenigstens hat Reid den Anstand, Peter Jamieson ihm zu überlassen.

»Hat er was gesagt?«, fragt Fisher.

»Nichts«, sagt Reid mit einem Kopfschütteln. »Kein Wort. Immer wieder ›Kein Kommentar‹. Aus dem ist nichts rauszukriegen. Zu gerissen. Ein echter Profi. Ich hab ihm gesagt, wir wissen, dass sie Telefonlisten gefälscht haben müssen, um Francis und Collins eine Falle zu stellen. Nichts. Jemand kontaktiert gerade die Telefongesellschaften. Vielleicht gibt es da noch jemanden, den wir ins Visier nehmen müssen. Und bei Ihnen?«

»Francis singt«, sagt Fisher lächelnd. »Er könnte uns noch mehr über Jamieson erzählen, hat aber so viel damit zu tun, den Unschuldigen zu spielen, dass er kaum was Aufrichtiges von sich gibt.« Er verstummt, als ein Uniformierter vorbeigeht. Vorerst soll außer Reid niemand davon erfahren. »Doch er redet bei was anderem. MacArthur.«

Reids Augen leuchten auf. In den letzten Monaten hat er manchmal an Fisher gezweifelt. Er hat ihn immer für einen guten Polizisten gehalten, aber wenn jemand nicht mehr liefert, muss man sich Gedanken machen. Jetzt liefert er Shug Francis. Das dürfte für eine Verurteilung reichen. Er könnte auch Peter Jamieson liefern. Das wäre ein Riesenerfolg. Wenn dann noch MacArthur dazukommt, hätte man ein Ergebnis, von dem noch lange gesprochen wird.

»Wird er das vor Gericht bezeugen?«, fragt Reid.

»Sagt er zumindest. Mag er sich noch anders überlegen, aber wir haben gefilmt, was er über MacArthur gesagt hat. Über ihren Deal. Mit dem, was wir von Shug haben, können wir MacArthur vor Gericht bringen. Wenn wir noch was von Young oder Jamieson hätten ...«, sagt er und verstummt voller Wehmut. Das ist Wunschdenken, doch heute ist schon mancher Wunsch in Erfüllung gegangen.

»Übrigens wurde Ihr Wagen gefunden«, sagt Reid. »Auf einem Parkplatz nicht weit von der Stelle, wo sie mit MacLean gesprochen haben. Seine Waffe lag im Handschuhfach; anscheinend wurde sie nicht benutzt.«

Fisher nickt. Er ist erleichtert. Calum MacLean wollte mit der Waffe niemanden erschießen. Er hatte sie bloß dabei, um dem Polizisten zu entkommen, dem er seine Sünden gebeichtet hat. Alles geplant. Der Junge hat sich nicht von seinen Gefühlen leiten lassen, ist aus Pragmatismus zu Fisher gekommen. Er wollte aus der Stadt verschwinden. Konnte Jamieson nicht entwischen. Doch jetzt ist Jamieson auf dem Revier, seine Organisation hängt total in der Luft, und Calum MacLean kann abhauen.

»Wir suchen nach dem Jungen«, sagt Reid, »hatten aber bis jetzt kein Glück.«

Fisher nickt. »Ich bezweifle, dass er noch in der Stadt ist. Er ist zu clever, hat diese Gelegenheit genutzt. Wir müssen noch etliche Leute hochnehmen«, sagt Fisher. »Die Zeit drängt. Die Ratten werden sich davonmachen, wenn sie hören, dass Jamieson im Gefängnis sitzt.«

DCI Reid will gerade antworten, als ein anderer Detective den Flur langkommt. Ein Dickwanst. Fisher versucht sich an seinen Namen zu erinnern. Nee, nichts zu machen.

»DC Baird, wie kann ich Ihnen helfen?«, fragt Reid. Das unterscheidet Fisher von seinen Vorgesetzten: Er kann sich die Namen seiner Leute nicht merken.

»Wir haben grade einen Anruf von der Telefongesellschaft erhalten, Sir. Sie sollten William MacLeans Handy orten. Er hat damit ein Taxi gerufen und ist dann ostwärts gefahren. Hat es ausgeschaltet. Und vor ein paar Minuten wieder ein. Es war ein paar Sekunden an und wurde dann wieder ausgeschaltet. Es war grade lange genug an, um das Signal empfangen zu können, dann wieder aus.«

Die beiden anderen blicken ihn stirnrunzelnd an. Er hat es versäumt, ihnen die wichtige Information zuerst zu geben. »Wo?«, will Reid wissen.

»Im East End, Sir. Dürfte noch ein bisschen dauern, bis sie's genau sagen können.«

Reid sieht Fisher an. Fisher starrt an die Decke. Im Osten, wird ihm schlagartig klar. Genau das passt zu diesem dreisten Mistkerl. »Schicken Sie zwei Streifenwagen zur Werkstatt seines Bruders«, sagt Fisher rasch. Reid nickt. Baird rennt den Flur lang.

»Sieht so aus, als hätten wir MacLean. Wenn wir jetzt noch MacArthur und Jamieson hinter Gitter bringen können«, sagt Reid, »Gott, das wäre wirklich ein Ding.«

Es dürfte schwierig sein, die beiden lange wegzuschließen, das weiß Fisher. Spielt aber vielleicht keine Rolle. Auch ohne Verurteilung könnte die Karriere eines alten Mannes wie MacArthur beendet sein. Wenn jemand dieses Alters schwach und verwundbar wirkt, hat er keine Zeit, sich davon zu erholen. Bei Jamieson dürfte es ohne lange Gefängnisstrafe schwerer werden. Ist aber nicht ausgeschlossen.

»Da ist noch was, Sir«, sagt Fisher und denkt tatsächlich daran, »Sir« zu sagen, so gute Laune hat er. »Shug Francis beschuldigt außerdem PC Paul Greig, Geld für Gefälligkeiten angenommen zu haben. Ging anscheinend hauptsächlich um Informationen. Aber auch um anderes.

Er behauptet, dass Greig ein Freund von MacArthurs rechter Hand Donald Park ist.«

Darüber scheint Reid nicht glücklich zu sein. Darauf hat er keine Lust. Ein Korruptionsvorwurf verdüstert einen ansonsten perfekten Tag. Das wirft ein schlechtes Licht auf die Polizei. »Was für eine verdammte Schande! Sind Sie sicher, dass es nicht bloß eine Verleumdung ist?«

»Ja«, sagt Fisher. »Ich habe ihn schon eine Weile verdächtigt. Am Freitagmorgen bin ich Greig sogar zu Shugs Haus gefolgt. Er hat ihnen geholfen, Sir. Allen.«

»Scheiße!«, murmelt Reid. Alle haben es vermutet, aber Greig war immer sehr nützlich. So was wirft man nur weg, wenn es nicht anders geht. »Er hat mich angerufen, vor anderthalb Stunden«, sagt Reid leise. »Ich habe ihn vertröstet. Hatte wegen dieser Angelegenheit keine Zeit. Wahrscheinlich wollte er sich noch rechtzeitig rausreden.« Ein lautes Seufzen. »Das wird manchen Leuten nicht gefallen«, sagt Reid in unheilverkündendem Ton.

»Mir gefällt's auch nicht, Sir«, sagt Fisher und klingt fast aufrichtig. »Aber das ändert nichts daran, dass es stimmt.«

»Na schön. Solange es sich auf Greig beschränkt.«

Fisher hält inne. Nickt mit einem kurzen Schulterzucken. Das kann er nicht garantieren. Reid runzelt die Stirn. Fisher kann nicht aufhören, an Calums Worte zu denken. Young habe von einem Informanten auf dem Revier erfahren, dass Kenny geredet hat. Wer wusste davon? Reid. Davies. Higgins. Sonst fällt ihm niemand ein. Greig jedenfalls nicht. »Ich glaube bloß, dass wir etwas genauer hinsehen sollten«, sagt Fisher.

Als er geht, bleibt Reid im Flur zurück und murmelt vor sich hin. Fisher folgt Davies in den Verhörraum, in dem

Peter Jamieson und sein unvorstellbar reicher Anwalt warten. Jamieson sieht ihn an. Mehr nicht. Der Anwalt neben ihm scheint der Herausforderung entgegenzublicken. Fisher stellt sich und Davies vor.

»Ich weiß, worum's hier geht«, sagt Jamieson.

»Tatsächlich?«

»Ja. Man hat Sie reingelegt. Ich weiß, dass Sie Calum MacLean nicht in Gewahrsam haben«, sagt er und sieht seinen Anwalt an, der offenbar ein paar ärgerliche Dinge weiß. »Ich weiß, dass er bei Ihnen war. Ein unzufriedener früherer Mitarbeiter, der sich Geschichten ausdenkt. Der den Tod seines Bruders gegen mich benutzen will. Ekelhaft, würde ich sagen. Ich weiß, dass Sie keine Beweise gegen mich haben. Er hat sein Spielchen mit Ihnen getrieben.«

Fisher lächelt. Er hat genug Beweismaterial. Für alles Mögliche. Und ja, Calum MacLean hat sein Spiel mit ihm getrieben. Sie treiben alle ihr Spiel. Aber diesmal könnte Fisher am Ende gewinnen.

51

Calum hat den Wagen auf dem ersten Parkplatz abgestellt, an dem er vorbeikam. Klein und ruhig, nichts, keine Überwachungskamera dürfte in der Nähe sein. Der Wagen ist viel zu heiß. Jeder Polizist der Stadt dürfte Ausschau danach halten. Sicherer, zu Fuß zu gehen. Manchmal kann man dicht an einem Polizisten vorbeigehen, ohne dass er weiß, dass man der ist, nach dem er suchen soll. Aber darauf wird er's nicht ankommen lassen. Nicht so kurz vor dem Abgang. Er darf kein dummes Risiko eingehen. So kurz vor dem Ende denkt man leicht, dass das Schlimmste vorbei ist, und nimmt alles auf die leichte Schulter. Und plötzlich stolpert man. Er muss noch eine Sache erledigen, bevor er verschwinden kann. Er hat überlegt, ob er die Waffe behalten soll. Hat beschlossen, dass es sinnlos ist. Wenn ihn die Polizei erwischt, wird er sie nicht einsetzen. Niemals. Führt bloß dazu, dass sie alles tun, um einen zu erwischen.

Doch er würde sie gegen jeden benutzen, den ihm Jamieson auf den Hals hetzt. Dort liegt die wahre Bedrohung.

Aber wer könnte das sein? Hinter Hutton ist jetzt, wo sie seinen Namen hat, die Polizei her. Weiß der Kuckuck, wo George ist. Aber Calum vertraut ihm. George steht mit dem Rücken zur Wand. Wegen Calum. Er kann nicht zu Jamieson und Young zurück. Da bleibt ihnen kaum noch jemand. Niemand, vor dem Calum Angst hat. Niemand, der imstande sein dürfte, ihn zu erwischen. Moment, er darf nicht überheblich werden. Könnte durchaus irgendein kleiner Arsch ohne jegliches Talent sein, der ihn zu Fall bringt. Könnte das einzig Nützliche sein, was dieser Typ im Leben zustande bringt, und er könnte das Opfer sein. Das darf man nie vergessen. Nie. Dennoch lässt er die Waffe zurück. Wenn er nicht verschwinden kann, ohne sie einzusetzen, dann ist es halt so. Er schiebt sie ins Handschuhfach, damit niemand sie sehen kann. Steckt den Schlüssel unter die Sonnenblende und steigt aus.

Voll im Paranoia-Modus. Er darf niemandem trauen. Mit niemandem sprechen. Bei jedem, der sich ihm nähert, muss er vom Schlimmsten ausgehen. Muss vorsichtig sein. Es ist nicht mehr weit. Noch ein Grund, warum er sich für diesen Treffpunkt entschieden hat. Das erste Stück kann er zu Fuß gehen, ohne in belebte Gegenden zu geraten. Doch das gilt nicht für den ganzen Weg. Und belebte Straßen bedeutet Kameras. Kameras, die vielleicht nach ihm Ausschau halten. Davon muss er ausgehen. Er ist schon an drei Leuten vorbeigekommen und an einer Kreuzung in die nächste Straße gebogen. Noch alles ruhig. Zum Glück beachten die Leute ihn nicht. Nur ganz wenig Verkehr. Hinter ihm kommt ein Lieferwagen die Straße lang. Beschleunigt stärker als nötig. Calum dreht sich um, bereit zu reagieren. Der Wagen fährt vorbei. Bloß jemand, der schnell zur Arbeit will.

Okay, so kann er nicht mehr weitermachen. Zu langsam. Viel zu riskant. An der nächsten Straßenecke bleibt er stehen. Wie lange müsste er warten, bis ein Taxi vorbeikommt? Wahrscheinlich zu lange, aber er will keins rufen. Die Polizei überprüft vielleicht, wer Taxis anfordert. Nee; er steht hier schon fast fünf Minuten, und es ist kein einziges Taxi vorbeigefahren. Er benutzt Williams Handy, um eins zu rufen. Sie dürften versuchen, das Handy zu orten. Pech. Er ist noch zu nah an dem Ort, an dem er den Wagen gelassen hat. Verdammt! Jetzt geht's um Glück und das richtige Timing. Wenn Fisher aufs Revier zurückkehrt und all seine Leute nach Calum, nach dem Wagen suchen lässt, dann könnte dieser Anruf ein großer Fehler sein. Wenn er aufs Revier zurückkehrt und hinter Peter Jamieson her ist, dann wird Calum weniger wichtig. Der Wagen ein Nebengedanke. Wenn alles funktioniert hat, dann dürfte Calum bei denen, die sich für ihn interessieren, Chaos gestiftet haben. Hoffentlich stimmt das auch. Er ruft das Taxi, sagt, wo er abgeholt werden will. Nennt ein Fahrtziel, das ein Stück entfernt ist von dem Ort, an den er wirklich will. Kein Problem. Er hat den Weg zu seinem Ziel deutlich vor Augen.

Die erste Hürde ist genommen. Den Taxifahrer kennt er nicht. Sie gleiten durch die Straßen, und Calum sieht sich aufmerksam um. Wenn der Wagen irgendwo falsch abbiegt, wird's ungemütlich. Es wäre die ideale Falle. Das Taxi holt ihn ab und liefert ihn seinen Feinden aus. So was ist anderen schon passiert. Der Fahrer redet die ganze Zeit. Lästig, aber beruhigend. Er setzt ihn an der richtigen Stelle ab, und Calum bezahlt. Wartet, bis der Wagen nicht mehr zu sehen ist, geht dann weiter. Blickt die Straße rauf und runter. Kein Anzeichen, dass ihm jemand folgt. Er geht jetzt schnell. Seine Nerven liegen blank. Zu viele Leute, die nach ihm suchen. Das Ganze dauert schon zu lange. Dabei hat er mehr zu verlieren, als er gewinnen kann. Er muss sich weiter einreden, dass er all das für William tut. Er geht durch Seitenstraßen – ein Industriegebiet. Viele Leute, doch alle arbeiten. Noch eine Gasse lang. Er blickt auf die Uhr. Fünf nach eins. Hat länger gedauert, als er dachte. Aber jetzt ist er da.

Die Gasse lang. An der Hintertür bleibt er stehen. Horcht. Nichts zu hören. Calum ist darauf vorbereitet, die Tür aufzubrechen, doch er lässt es drauf ankommen und drückt die Klinke. Die Tür geht auf. Calum seufzt. Dass sie nicht zugesperrt ist, liegt an dem, was passiert ist. William war gestern früh hier. Er dürfte die Türen aufgeschlossen haben; ist hinten und vorn rausgegangen und hat nach den Autos gesehen; hat das Haus verlassen, um seine Nerven zu beruhigen. Dann ist Shaun Hutton aufgetaucht. Offenbar hat seither niemand daran gedacht, wieder abzuschließen. Die Polizei dürfte sich überall umgesehen haben. Kann sein, dass noch jemand da ist. Er zieht die Tür hinter sich zu. Still hier drin. Und dunkel. Das Eingangstor ganz zugezogen. Calum betritt lautlos die Werkstatt, wachsam, bereit zu flüchten. Ein Blick zum Büro. Niemand da. Er sieht in der ganzen Werkstatt nach. Alles sauber.

Auf der linken Seite bleibt er stehen. Hier haben sie ihn gefunden. Da sind noch Spuren. Markierungen auf dem Boden, die von der Polizei stammen. Zwei Blutflecke, mit gelber Sprühfarbe umkringelt. Calum starrt auf den Boden. Denkt an William. Daran, wie er gestern herkam und ihn gefunden hat. Er weiß, dass alles seine Schuld ist. Wie kann er das wiedergutmachen mit dem, was er vorhat? Daran darfst du nicht denken, sagt er sich. Auf ihn wartet Arbeit. Er geht ins Büro. Jetzt zahlt sich aus, dass er sich in Williams Werkstatt auskennt. Calum weiß, wo alle Schlüssel sind. In der Halle stehen keine Autos, die Polizei hat sie rausgefahren, aber draußen dürften einige sein. Er greift in die unterste Schublade des ramponierten Schreibtischs. Holt ganz hinten den Schlüssel raus. Öffnet damit die abgeschlossene oberste Schreibtischschublade. Sechs verschiedene Autoschlüssel, sorgfältig aufgereiht. Die BMW-Schlüssel ignoriert er. Er darf nichts Ausgefallenes nehmen. Nichts, was man wiedererkennen kann. Er entscheidet sich für die Schlüssel mit der Ford-Plakette und schließt die Schublade wieder.

Dann geht er runter zum Tor. Zieht es vorsichtig einen Spaltbreit auf. Späht raus wie ein verängstigter Schuljunge. Niemand da. Keine Polizisten, das ist das Wichtigste. Und keine Videokameras. William hat immer über die Vorstellung gelacht, dass in dieser Straße Kameras installiert werden sollten. Die wären wertvoller als die Gebäude, die sie bewachen. Er schiebt das Tor ganz auf und geht an den Wagen entlang, die am Straßenrand aufgereiht sind. Drückt beim ersten Ford auf die Entriegelungstaste des Schlüssels. Nichts. Auf der anderen Straßenseite ist ein weiterer Focus geparkt. Er geht rüber, drückt die Taste. Die Blinker leuchten auf, und die Tür wird entriegelt. Calum fährt den Wagen rückwärts in die Werkstatt, ganz nach hinten. Steigt aus und schließt das Tor. Schaltet das Licht an. Geht zu den Metallregalen an der Wand. Sucht dort alle Kennzeichen durch, will zwei finden, die zusammengehören. Zwei, die für den Focus nicht viel zu alt sind. Die Kennzeichen austauschen ist ein Kinderspiel, und die Finte muss ja nur funktionieren, bis er im Süden ist. In London wahrscheinlich. Dort will er in der gewaltigen Menschenmenge untertauchen. Und von da aus seine Zukunft planen.

Er geht auf das Werkstatttor zu, als es plötzlich von außen geöffnet wird. Nur einen Spaltbreit. So weit, dass jemand durchschlüpfen kann. Oder reinstolpern, um genauer zu sein. Shaun Hutton. Er ist ziemlich betrunken und schiebt das Tor wieder zu, bevor er Calum auch nur bemerkt. Zieht ein Messer aus der Manteltasche.

»Ich hab's gewusst«, sagt Hutton grinsend. »Ich denke wie du. Ich hab's gewusst. Du willst abhauen. Und wo kriegst du ein Auto her? Du benutzt keine öffentlichen Verkehrsmittel, stimmt's?«

Calum bleibt schweigend stehen. Versucht zu begreifen, was zum Teufel hier vor sich geht. Das Ganze ist nicht geplant, das ist offensichtlich.

»Ich sollte hier einen Job erledigen«, sagt Hutton. »Hab's verbockt. Tut mir leid, okay. Aber jetzt muss ich den zweiten Teil durchziehen. Geschäft. Du weißt schon.«

Und Calum weiß es tatsächlich. Er lächelt. Hutton hat's vermasselt, als er William umgebracht hat. Jamieson dürfte fuchsteufelswild sein. Und jetzt will Hutton das zerbrochene Porzellan kitten. Was für ein jämmerlicher Versuch.

»Du verschwendest deine Zeit«, sagt Calum leise. »Jamieson wurde verhaftet. Young auch. Die sind erledigt. Und du auch.«

Hutton weicht einen Schritt zurück. Eine Mischung aus Schock und Betrunkensein. Jetzt wäre der richtige Moment. Warum denken diese massigen Typen bloß immer, sie können ungestraft mit einem Messer rumfuchteln? So betrunken wie Hutton ist, könnte Calum ihn überwältigen. Das Messer nehmen. Ihn erstechen. Hier und jetzt. Dort wo Hutton William umgebracht hat. Fast poetisch. Aber Calum lässt den Moment verstreichen. Nicht seinetwegen, sondern William zuliebe. Klar, William hätte Hutton gern leiden sehen, aber im Knast. Dass Calum seinen Tod als Vorwand benutzt, um wieder zu töten, wäre das Letzte, was er wollte. Kein Blutvergießen mehr.

»Du lügst«, sagt Hutton.

Calum hat eine Idee. Er zieht Williams Handy aus der Tasche. Schaltet es ein. Vergewissert sich, dass ein Signal da ist. Wirft Hutton das Handy rüber. »Ruf ihn an. Da wird sich ein Polizist melden.«

Hutton fängt das Handy. Eine ziemliche Leistung. Er blickt aufs Display. Wirft das Handy auf den Boden. Brüllt irgendwas, das Calum nicht versteht.

Hutton nuschelt. Stolpert zu einer Werkbank an der Seite der Halle und setzt sich. Calum geht zum Tor. Schiebt es weit auf. Hutton sitzt da und starrt auf den Boden. Er hat seine Entscheidung getroffen, und es war die falsche. Das kann Calum nachempfinden. Vor nicht allzu langer Zeit hätte Hutton ihm vielleicht leidgetan. Doch jetzt braucht er seine ganze Energie, um ihn nicht zu töten. Die letzte Versuchung. Eine Prüfung, die er bestehen wird. Sobald er von hier verschwunden ist, wird es in seinem Leben keinen Hutton mehr geben. Nur Leute, denen er trauen kann. Die er mögen kann. Das ist ein angenehmer Gedanke. Er geht langsam zum Wagen. Behält Hutton die ganze Zeit im Auge. Zwei Killer ohne Waffe. Ohne Auftraggeber.

Er fährt raus zur Straße. Guckt rechts und links. Noch keine Spur von der Polizei, aber sie kann nicht mehr weit sein. Er blickt auf die Uhr im Armaturenbrett. Zwölf Minuten vor zwei. Fisher hatte genug Zeit, um einige der Leute zu schnappen, auf die er's abgesehen hat. In der Stadt dürfte es hoch hergehen. Auch bei den Leuten, die eigentlich Calum suchen sollten. Sie werden nicht nach einem schwarzen Focus suchen. Erst wenn jemand ihn als gestohlen meldet, oder die Polizei es rausfindet. Das könnte noch Stunden dauern. Sie dürften das Handysignal in der Werkstatt orten, aber nicht merken, dass der Wagen weg ist. Wenn sie das entdecken, werden sie das Kennzeichen durchgeben, das er eigentlich haben müsste. Mit etwas Glück schafft er's mit dem Wagen über die Grenze. Dort wird er ihn rasch irgendwo stehenlassen. Er wird ihn nicht abfackeln. Ein ausgebrannter Wagen wird sofort gemeldet, wenn er entdeckt wird. Ein hübsches sauberes Auto auf einem Parkplatz bleibt vielleicht wochenlang unbeachtet. Wäre schön gewesen, mit dem Wagen bis nach London zu fahren, doch das kann er nicht riskieren. Nicht, seit er in der Werkstatt war.

Viel Verkehr, aber alles normal. Nichts Verdächtiges. Kein Anzeichen eines Verfolgers. Er beginnt sich zu entspannen.

Als er auf die Autobahn fährt, schaut er wieder auf die Uhr. Viertel nach zwei an einem Montagnachmittag. In einem unauffälligen Wagen unterwegs nach Süden. Fühlt sich falsch an, die Stadt so zu verlassen. Zum Teufel, ist doch völlig egal. Er lächelt, als er an das Chaos denkt, das er hinterlässt. Er denkt an Peter Jamieson und John Young. Die beiden haben geglaubt, sie könnten ihn übers Ohr hauen. Haben gedacht, das wäre ganz einfach. Aber er hat sie ausgetrickst; in ihrem eigenen Spiel. Sein Lächeln wird breiter. Doch dann verblasst es. Der Preis des Sieges. William – er hat sich gesagt, dass alles, was er getan hat, die Rache für William ist. Immer und immer wieder. Aber Fisher kannte die Wahrheit. Bevor er aus dem Wagen stieg, hat er gesagt, er wüsste, warum Calum das tut. Um sich eine Gelegenheit zur Flucht zu verschaffen. So leicht war Calum zu durchschauen.

Er trommelt aufs Lenkrad, während er seine Stadt hinter sich lässt. Das ganze Chaos hat er nicht seinem Bruder, sondern sich selbst zuliebe gestiftet. Ist er wirklich so egoistisch? Er lacht in sich rein, weil er sich überhaupt diese Frage stellt. Gut, hierbei ging's um ihn selbst, und es hat geklappt. Aber dieser Autodiebstahl ist seine letzte Straftat. Jetzt muss er sich bei William revanchieren. Jetzt muss er so werden, wie sein Bruder ihn sich immer gewünscht hat.

Epilog

Seit dreieinhalb Wochen ist er in Untersuchungshaft. Sitzt in einer Gefängniszelle und langweilt sich zu Tode. Sie halten Jamieson in einem anderen Trakt fest als die Leute, die für ihn gearbeitet haben. In einem anderen Gefängnis als John Young. Na und? Jamieson weiß, wie man allein klarkommt. Nicht, dass er allein wäre. In seinem Trakt gibt's Leute, die auf ihn aufpassen. Sobald man draußen wusste, wo er war, wurden Schritte ergriffen. Anrufe bei Häftlingen. Passt auf den Mann auf – das wird sich auszahlen für euch. Deshalb ist er geschützt. Hat Leute, die ihm helfen, die ihm Sachen besorgen. Man muss davon ausgehen, dass auch das Gegenteil zutrifft. Dass es Leute gibt, die ihn im Auftrag anderer im Auge behalten. Leute, die nicht sein Bestes wollen. Es gibt sie bestimmt, aber er hat sie noch nicht entdeckt. Das dürfte an dem Chaos liegen, das draußen herrscht. Ein Chaos, das er nutzen sollte.

Er erfährt alles. Die Informationen sprudeln ungehindert, und Jamieson muss bloß das Wichtige zusammensetzen. Er geht jetzt zu einem Treffen mit seinem Anwalt.

Wird durch den Flur in den Besprechungsraum geführt. Sein Anwalt sitzt auf der anderen Seite des Tischs. Steht auf, um ihm die Hand zu schütteln. Der Gefängniswärter geht raus und schließt die Tür. Ein guter Anwalt ist wichtig.

»Wie geht's Ihnen, Peter?«, fragt er.

»Wie immer. Was gibt's Neues?« Keine Höflichkeitsfloskeln, sie kommen gleich zur Sache.

»Habe gestern mit Kevin Currie gesprochen«, sagt der Anwalt und setzt sich. »Er hat seinen Teil vorerst unter Kontrolle, aber er macht sich Sorgen. Zu viele Leute, die rumschnüffeln.«

»Irgendwelche Attacken?«

Der Anwalt schüttelt den Kopf.

Er ist ziemlich korpulent. Heißt Charles Simpson. Ist in seinem Job gut. Ihm gefällt dieses Leben. Wer Peter Jamieson hilft, opfert seine Moral, wird aber gut entlohnt. Machen wir uns nichts vor: Wenn er's nicht täte, wäre es jemand anders. Weil Simpson Jamieson hilft, geht der Welt nichts verloren. So sieht er das zumindest.

»Hast du mit Lafferty gesprochen?«

Simpson nickt. »Hat eine Weile gedauert. Ich glaube, er ist mir ausgewichen. Vielleicht wusste er nicht, wer ich bin.«

»Das wusste er.«

»Ich hab ihn ein paarmal angerufen. Heute früh hat er sich gemeldet. Hat gesagt, dass sich nichts geändert hätte. Alle möglichen Leute hätten ihn angesprochen, aber niemand Ernstzunehmendes.«

Jamieson nickt. Das passt. Die großen Bosse halten sich noch bedeckt. Die unbedeutenden Leute versuchen die Situation auszunutzen, aber ohne Erfolg.

Chaos. Das ist die Nachricht, die Simpson ihm überbringt. Das, was die anderen Häftlinge erfahren. Fishers Name fällt oft. Der Scheißkerl hat seinen großen Tag. Verhaftet alle möglichen Leute. Jamieson ist der Wichtigste: sozusagen der große Fang. Doch Fisher arbeitet sich in der Hierarchie nach unten. Verhaftet Waffenhändler und Fälscher. Ist hinter Alex MacArthur her. Angeblich macht er ihm richtig die Hölle heiß. Lässt ihm keine Luft zum Atmen. Auf einmal hat MacArthur zu kämpfen. Die Leute sagen, es wird langsam Zeit, dass Don Park ihm das Kommando abnimmt. Das ist eine gute und eine schlechte Nachricht. MacArthur hat genug mit sich selbst zu tun, das heißt, dass er nicht gegen Jamiesons Organisation vorgehen kann. Doch wenn Park das Kommando hat, muss er zeigen, dass er was unternimmt. Für einen guten ersten Eindruck wäre es am besten, wenn er die Überreste von Jamiesons Geschäften zusammenfegt. Die anderen großen Bosse lehnen sich alle zurück. Sehen zu und warten ab. Niemand wird vorschnell handeln. Das wäre töricht, falls Jamieson in vierzehn Tagen wieder draußen ist. Besser abwarten und sehen, was passiert. Wenn er verurteilt wird, kommen die Geier.

Und er kommt in den Knast. Das weiß er. Simpson weiß es auch. Es geht nicht darum, ob er eine Freiheitsstrafe kriegt, sondern wie lange er hinter Gitter muss. Simpson ist überzeugt, dass er die schwersten Anschuldigungen entkräften kann. Dass sie deswegen nicht mal vor Gericht kommen. Im Grunde steht Calum MacLeans Wort gegen das von Peter Jamieson. Und Calum MacLean ist nirgends zu sehen. Es ist nicht so, dass die Geschworenen Peter Jamieson eher glauben würden als Calum, aber Calum muss anwesend sein, um die Anschuldigungen zu erheben. Fisher hat nach ihm gesucht. Ein Wagen ist nach Süden gefahren. Wurde direkt hinter der Grenze abgestellt. Von da aus muss er mit dem Zug weitergefahren sein. Sie werden Calum nicht finden. Er ist weg. Für immer. Clever genug, um verschwunden zu bleiben. Wahrscheinlich wird nicht mal Jamieson nach ihm suchen.

Hutton hat dichtgehalten. Das ist wichtig. Er wird lange hinter Gitter kommen. Für den Mord an William MacLean. Er leugnet, aber das dürfte ihm nichts bringen. Er ist geliefert. Sie haben ihn in Williams Werkstatt erwischt. Er saß bloß da. Sternhagelvoll, heißt es. Auf dem Boden der Halle haben sie Williams Handy gefunden. Hutton hat nichts erzählt. Er hat weder gesagt, ob Calum da war, noch warum er das Handy hatte. Jamieson ist überzeugt, dass es was zu erzählen gäbe, aber Hutton sagt nichts.

Deana Burke schweigt. Muss sie auch. Nur so kann sie verhindern, dass sie wegen Unterschlagung von Beweisen angeklagt wird. Auch Young hat dichtgehalten. Das Gute an seinem zweiten Mann – in alles, was er einem anlasten könnte, ist er auch selbst verstrickt. Auch er wird hinter Gitter kommen.

Irgendwer hat geplaudert. Über Drogen geredet. Könnte jeder gewesen sein. Jemand hat der Polizei die Beweise geliefert, die Jamieson und Young hinter Gitter bringen werden. Simpson rechnet mit zwei, vielleicht auch zweieinhalb Jahren. Kommt auf den Richter an. Und darauf, wie viel Beweismaterial dem Gericht vorliegt. Das ist jetzt die Herausforderung. Er muss seine Kontakte nutzen, um zu bestechen, einzuschüchtern und Beweise verschwinden zu lassen. Maximal drei Jahre. Ist ja Jamiesons erstes Vergehen. Dealen, aber sie können nicht beweisen, in welchem Ausmaß. Haben nicht genug Indizien. Doch drei

Jahre reichen aus, um Fisher zufriedenzustellen. Schon zwei würden reichen, wenn er sich auch Young vom Hals schaffen kann. Jamieson und Young waren die Organisation. Wenn man beide einsperrt, ist es sehr gut möglich, dass alles, was sie hinterlassen haben, in die Binsen geht.

Darüber denkt Jamieson oft nach. Zwei Jahre Knast. Was ist danach noch übrig? Normalerweise gar nichts. Die meisten Organisationen überleben nicht so lange ohne Führung. Da draußen gibt's gute Leute, die sich für Jamieson um Teile der Organisation kümmern. Aber auch die schaffen das nicht zwei Jahre lang. Leute wie Currie und Lafferty dürften Gelegenheiten bekommen. Chancen, Jamieson in den Rücken zu fallen. Und die werden sie nutzen.

Aber da ist noch ein anderer Gedanke. Der sich in Jamiesons Hinterkopf festgekrallt hat. Auch Young kommt in den Knast. Aber Simpson hat mit seinem Anwalt gesprochen. Er dürfte höchstens achtzehn Monate kriegen. Erstes Vergehen. War Befehlsempfänger. Soll Verbrechen ermöglicht haben. Man kann ihm weder Tatbeteiligung noch die Hauptverantwortung nachweisen. Also kommt er als Erster auf freien Fuß. Vielleicht ein Jahr früher. Das beschäftigt Jamieson mehr als alles andere: dass Young als Erster rauskommt. Er übernimmt alles, was von der Organisation noch übrig ist; Jamieson kommt erst ein Jahr später raus. Und dann?

Simpson erzählt ihm noch mehr. PC Paul Greig hat bei der Polizei gekündigt. Er wird nicht strafrechtlich verfolgt, weil ihnen seine Kündigung manche Peinlichkeit erspart. Man schützt seine Leute. Fisher soll darüber ziemlich wütend sein. Das Einzige, was in letzter Zeit nicht nach seiner Nase gelaufen ist. Keine Spur von Calum. Keine Spur von George Daly. Vor fünf Tagen wurde William MacLean beerdigt. Wegen der Mordanklage hat es lange gedauert, bis die Leiche freigegeben wurde. Jede Menge Leute auf der Beerdigung. Aber Calum war nicht da.

»Soll ich irgendwas ausrichten?«, fragt Simpson, bevor er geht. Jamieson hat mit seiner Frau gesprochen. Macht er regelmäßig. Kein Problem, ein Handy zu kriegen. Simpson will wissen, ob er der Welt im Ganzen was sagen soll. Dem Geschäft. Besonders John Young.

»Du musst bloß dafür sorgen, dass alle wissen, was sie zu tun haben. Sag ihnen, dass ich immer noch das Kommando habe. Dass ich nicht hinnehmen werde, wenn jemand spinnt, bloß weil ich im Knast bin.«

»Okay. Und was soll ich Mr. Young sagen?«

Jamieson hält inne. »Nichts.« Und das wird auch so bleiben. Young, der, mit allem, was er weiß, als Erster rauskommt, hat sich von seinem besten Freund in seine größte Bedrohung verwandelt. Und Jamieson weiß mit Bedrohungen umzugehen.

Danksagung

Ich bin so vielen Menschen zu Dank verpflichtet, dass ich nicht alle erwähnen kann, deshalb möchte ich hiermit allen, die mir geholfen und mich unterstützt haben, und allen, die daran beteiligt waren, dass diese Trilogie zum Abschluss kam, danke sagen.